Bosquejos Expositivos
de la
– BIBLIA –

Bosquejos Expositivos

DE LA

— BIBLIA —

ANTIGÜO TESTAMENTO

TOMO II: ESDRAS – MALAQUÍAS

Warren W. Wiersbe

Grupo Nelson
Desde 1798

Para otros materiales, visítenos a:
gruponelson.com

Bosquejos expositivos de la Biblia, Tomo II: Esdras a Malaquías
© 2002, 2011 por Grupo Nelson
Publicado por Grupo Nelson en Nashville, Tennessee, Estados Unidos de América.
Grupo Nelson es una marca registrada de Thomas Nelson.
www.gruponelson.com

Título en inglés:
Wiersbe's Expository Outlines of the Old Testament, Volume II: Ezra-Malachi
©1992 por SP Publications, Inc. Publicado por Victor Books

Traducción: *Miguel Mesías*

ISBN: 978-1-41859-893-8

Impreso en Estados Unidos de América
17 18 19 20 21 LSC 9 8 7 6 5 4 3 2 1

CONTENIDO

CONTENIDO

DEDICADO CON APRECIO
Y AGRADECIMIENTO
A LA MEMORIA DEL
DR. D.B. EASTEP (1900-1962),
AMOROSO Y FIEL PASTOR,
TALENTOSO EXPOSITOR
DE LA PALABRA
Y PIADOSO MENTOR
DE TODOS LOS PASTORES.

PREFACIO

El propósito de esta colección es llevarle a través de la Biblia, darle la oportunidad de estudiar cada libro y capítulo, y descubrir cómo encajan en la revelación total que Dios nos ha dado de Cristo y de su obra redentora. Los estudios son concisos y prácticos, especialmente apropiados para clases de Escuela Dominical y grupos de estudio bíblico que deseen examinar la Palabra de Dios de una manera sistemática.

Estos estudios surgieron de las lecciones que preparé para la Calvary Baptist Church, Covington, Kentucky, Estados Unidos, cuando ministré allí entre 1961 y 1971. Mi piadoso predecesor, el Dr. D.B. Eastep, había confeccionado «The Whole Bible Study Course» [El curso de estudio de toda la Biblia], el cual llevaba al estudiante a recorrer toda la Biblia en siete años, tres en el Antiguo Testamento y cuatro en el Nuevo. Las lecciones se reproducían y se distribuían semana tras semana a los estudiantes de la Escuela Bíblica. Finalmente, cuando empezaron a llegar peticiones de parte de otras iglesias que querían seguir el mismo plan de estudios, las lecciones fueron compiladas en forma de cuadernos y publicadas por Calvary Book Room [Sala de lectura Calvario], el ministerio de literatura de la iglesia. Miles de juegos de estos bosquejos se han distribuido por todo el mundo y el Señor se ha complacido en bendecirlos de manera singular.

Cuando decidí que era tiempo de publicar estos estudios en una forma más permanente, hablé con Mark Sweeney, de la Editorial Victor Books; y él se mostró más que dispuesto a trabajar junto a mí en el proyecto. He revisado y puesto al día el material, y añadido bosquejos en 1 y 2 Crónicas que no estaban en los estudios originales; pero no ha habido ningún cambio en la posición teológica o las interpretaciones básicas.

Si usted ha usado alguno de los volúmenes de mi serie *Usted puede*, reconocerá en estos estudios un enfoque similar. Sin embargo, en esta colección hay material que no se halla en dicha serie; y el enfoque aquí es capítulo por capítulo antes que versículo por versículo. Incluso, si tiene mi *Bible Exposition Commentary* [Comentario expositivo de la Biblia], hallará este volumen útil en sus estudios.

Quiero dejar constancia de mi profundo aprecio a la esposa del Dr. D.B. Eastep, por los muchos años que dirigió el Calvary Book Room, y quien supervisó la publicación y distribución de la obra original *Bosquejos expositivos de la Biblia*. Ella y su personal aceptaron esta difícil tarea como un ministerio de amor, por el cual el Señor les recompensó abundantemente. No puedo ni empezar a nombrar a cada una de las amadas personas de la Calvary Baptist Church que han tenido parte en producir las hojas originales de las lecciones y luego los cuadernos, pero ellas saben quiénes son y que los amo y aprecio su ministerio sacrificial. Algunos ya están en el cielo y saben de primera mano cómo Dios ha usado en todo el mundo estos sencillos estudios para ganar a los perdidos y edificar a su Iglesia.

Robert Hosack, mi editor en la editorial Victor Books, merece un agradecimiento especial por su paciencia y estímulo, particularmente cuando batallaba por conseguir que el programa de la computadora trabajara de manera adecuada para poder editar el material con rapidez.

Finalmente, a mi esposa Betty que con toda seguridad la están considerando para una corona especial de manera que la recompensen por todas las horas que me dio para estudiar la Biblia y escribir mientras estos estudios estaban en preparación. No fue fácil para el pastor de una iglesia grande y en crecimiento, y padre de cuatro hijos activos, encontrar tiempo para escribir estas lecciones; pero Betty siempre estuvo lista para mantener la casa marchando normalmente, para controlar las llamadas telefónicas y las interrupciones, y para estimularme a practicar la filosofía de Pablo de «una cosa hago».

Mi oración es que esta nueva edición de los *Bosquejos expositivos de la Biblia* tengan un ministerio amplio y fructífero para la gloria de Dios.

Warren W. Wiersbe

ESDRAS

Bosquejo sugerido de Esdras

I. Restauración nacional bajo Zorobabel (1–6)

A. Regreso a la tierra (1–2)
  1. Decreto de Ciro (1)
  2. Registro del pueblo (2)

B. Reconstrucción del templo (3)
  1. Establecimiento del altar (3.1-6)
  2. Se colocan los cimientos de nuevo (3.7-13)

C. Resistencia al enemigo (4–6)
  1. Se detiene la construcción (4)
     (Nota: 4.6-23 es un paréntesis que describe la oposición
     en una fecha posterior)
  2. Los profetas empiezan su ministerio (5)
  3. Se termina el edificio (6)

II. Reforma espiritual bajo Esdras (7–10)

A. Esdras llega a Jerusalén (7–8)

B. Esdras confiesa los pecados del pueblo (9)

C. Esdras limpia a la nación (10)

Notas preliminares a Esdras y Nehemías

I. Trasfondo

Esdras y Nehemías forman un solo libro en la Biblia hebrea debido a que cuentan una sola historia: el regreso del remanente a Jerusalén y la reconstrucción de la ciudad y del templo. El cautiverio babilónico empezó en el 606 a.C.; Jerusalén cayó ante el enemigo en el 587 a.C. Los babilonios deportaron a muchos del pueblo entre 606 y 586, incluyendo a Daniel y Ezequiel. Jeremías predijo un período de setenta años de cautiverio (Jer 25.12-14; 29.10-14). Este se extendería desde el principio de la invasión en 606 hasta el regreso del remanente en 536, en dicho tiempo el altar se reedificó y los sacrificios de animales empezaron a ofrecerse de nuevo. Así, Esdras y Nehemías relatan la historia del regreso a la tierra y a la ciudad y la reconstrucción del templo y las murallas. El libro de Ester también encaja en este período, así como también los libros de los profetas Hageo y Zacarías (véase Esd 5.1ss).

II. Cronología

Una breve cronología del período se vería así:

606–605 Babilonia empieza a invadir y a deportar personas
587 Jerusalén cae ante el enemigo
539 Babilonia cae ante Ciro y empieza el Imperio Medo Persa
538 Ciro permite el regreso de los judíos; regresan alrededor de 50.000
535 Los judíos empiezan a reconstruir el templo, pero la obra se detiene
520 Después de quince años la obra empieza de nuevo
515 El templo se termina y dedica
476 Ester llega a ser reina de Persia
458 Esdras viaja a Jerusalén (véase Esd 7–10)

III. Los líderes

A Esdras se lo presenta como un judío consagrado y patriota que era sacerdote y escriba (Esd 7.1-6). Era un devoto estudioso de las Escrituras y ayudó a restaurar la ley en la nación. También era un hombre de oración (8.21-23) y que sentía una gran carga por el bienestar espiritual de su pueblo (9.3-4). Su nombre significa «ayuda». La fe de Esdras en el Señor se ve en su disposición de acometer el peligroso viaje de Babilonia a Jerusalén sin la ayuda de escolta militar. Por favor, nótese que Esdras no dirigió el primer grupo de judíos que regresó a Jerusalén; esto lo hicieron Zorobabel y Josué. Esdras no entra en escena sino hasta el capítulo 7 de su libro, cuando dirige un segundo grupo (y más pequeño) a la Tierra Santa. Esdras se quedó allí para trabajar y finalmente unió sus esfuerzos con Nehemías (Neh 8.9; 12.26). Nehemías era un oficial de la corte del rey cuando Dios lo llamó para que volviera a Jerusalén y reconstruyera las murallas. Era lo que hoy llamaríamos un «laico», puesto que no tenía llamado profético ni linaje sacerdotal. Lo promovieron de copero a gobernador. Zorobabel fue uno de los líderes bajo Esdras (2.2; 3.8); también se le llama Sesbasar (1.8,11; 5.16). Su título oficial era «tirshata» que significa «gobernador» (2.63). En 1 Crónicas 3.17-19 se indica que Zorobabel era del linaje real de David. Sirvió como líder político de la nación restaurada. Josué era el sumo sacerdote en ese tiempo (Esd 3.2; Hag 1.1,12,14; véase Zac 3.1-10). Como mencionamos antes, los dos profetas fueron Hageo y Zacarías.

IV. Las lecciones

Dios prometió cautiverio a una nación pecadora y cumplió su promesa. También prometió que un remanente volvería. (Véanse Jer 25.12-14 y 29.10-14.) Fue la profecía de Jeremías la que Daniel leyó en Babilonia y le estimuló a orar por el regreso del pueblo (Dn 9.1ss). Dios mantuvo una «lámpara encendida» en Jerusalén para que su Hijo pudiera nacer a través de la nación hebrea y salvar al mundo. El cautiverio curó a los judíos de la idolatría y les dio el deseo de saber y obedecer la Palabra. Es triste, ¡pero pronto se olvidaron de las lecciones!

ESDRAS 1–5

Estos capítulos describen cuatro sucesos clave en la historia del remanente de Israel que regresó a su tierra.

I. El regreso a la tierra (1–2)

A. El decreto (1.1-4).

Estos versículos son casi idénticos a 2 Crónicas 36.22-23. En Isaías 44.28–45.3 encontramos una sorprendente profecía de Ciro antes de que el gran monarca persa naciera. En el 539 a.C. Ciro conquistó Babilonia y estableció el Imperio Persa. Su método con los prisioneros de guerra fue lo opuesto al de Babilonia, porque animó a los judíos a regresar a su tierra, reconstruir su templo y orar por su bienestar. Sin duda, Ciro concedió el mismo privilegio a otras naciones desplazadas y a sus dioses. Su decreto se emitió en el 538 a.C. No confunda esto con el decreto mencionado en Daniel 9.25, que se refiere a la reconstrucción de la ciudad y está fechado en el 445 a.C. El decreto de Ciro se relaciona al pueblo que regresa a la tierra y a la reconstrucción del templo. Este decreto fue un maravilloso cumplimiento de las Escrituras.

B. Las cosas preciosas (1.5-11).

El Espíritu de Dios obró en los corazones del pueblo y sus captores. A los judíos se les devolvió los tesoros del templo y los gentiles también les dieron contribuciones de buena voluntad para su templo. Véanse 2 Crónicas 36.7; Daniel 1.2. «Sesbasar» en los versículos 8 y 11 es Zorobabel, el gobernador nombrado. Los judíos no podrían restaurar la adoración en el templo sin los enseres necesarios. Cuán diferente a la adoración del NT (Jn 4.19-24).

C. El pueblo (cap. 2).

Alrededor de cincuenta mil judíos tenían suficiente interés como para dejar la seguridad y el lujo de Babilonia y regresar a su tierra. Esta misma lista aparece en Nehemías 7.6-73. Nótese que se anota en grupos especiales: los líderes (vv. 1-2); ciertas familias (vv. 3-19); ciertos pueblos (vv. 20-35); los sacerdotes (vv. 36-39); los levitas (vv. 40-42); los sirvientes del templo (vv. 43-54); los siervos de Salomón (vv. 55-58); y los que no tenían genealogía (vv. 59-63). La palabra «gobernador» en el versículo 63 se refiere a Zorobabel. En los versículos 64-70 tenemos los totales de hombres y bestias: habían 49.897 personas registradas, junto con una multitud de animales. Mucho se ha dicho acerca de las llamadas «tribus perdidas de Israel», pero el NT aclara que *las doce tribus* estuvieron representadas en este remanente (véanse Hch 26.7 y Stg 1.1). Esdras 2.70 dice: «todo Israel». En Esdras 6.17 vemos a los sacerdotes ofreciendo doce machos cabríos por las doce tribus; véase también 8.35. Jesús un día juzgará a las doce tribus (Lc 22.30). La mayoría de los judíos se habían establecido en Babilonia y no deseaban regresar a la tierra prometida. Contentos con la seguridad y la ganancia material, abandonaron la tierra de sus padres y se quedaron con los cautivos en Babilonia.

II. Reconstrucción del templo (3)

A. Establecimiento del altar (vv. 1-6).

El altar era el centro de la adoración judía porque sin sus sacrificios no podían acercarse a Dios ni esperar su bendición. Los exilados temían a sus poderosos vecinos, pero sabían que Dios los protegería si le obedecían. Usted recordará que Elías había levantado de nuevo el altar (1 R 18.30ss). Josué y Zorobabel guiaron al pueblo a establecer los sacrificios y también a observar las festividades. Era el séptimo mes (nuestro septiembre-octubre), el mes de la Fiesta de las Trompetas y de la Fiesta de los Tabernáculos (Nm 29.1-6; Lv 23.23-25).

B. Colocación de los cimientos (vv. 7-13).

El pueblo evidentemente ofrendaba, añadiéndolas a los regalos del rey (1.5-11) que también proveía los materiales para reconstruir el templo. En el año 535 empezaron la obra, en el segundo mes (nuestro abril-mayo). Los levitas estaban al frente de la obra, ayudando a los otros trabajadores en la tarea. Tan agradecido estaba el pueblo que cantaron y gritaron cuando se colocaron los cimientos. Dios estaba haciendo lo imposible en esta situación (Jer 33.1-11). Por supuesto, habían ancianos que recordaban el templo anterior y su gloria, y no pudieron sino llorar al ver la sencillez de este segundo templo (véase Hag 2.3). Sin embargo, no es bueno vivir en el pasado.

III. Resistencia al enemigo (4)

Nuestro enemigo, Satanás, nunca quiere que prospere la obra del Señor. Cristo es el Constructor; Satanás es el destructor. Ahora vemos la manos del enemigo procurando oponerse y estorbar la obra.

A. Compromiso (vv. 1-3).

El pueblo de la tierra ofreció ayudar a los judíos en su obra, pero Zorobabel y Josué rechazaron esa ayuda. Estas personas eran los samaritanos, una nación mezclada con judíos y gentiles. Léase en 2 Reyes 17 una descripción de los samaritanos y su falsa religión. (En Juan 4.20-24 Jesús claramente rechaza la religión samaritana.) Los samaritanos a la larga construyeron su templo en el monte Gerizim y permanecieron separados de los judíos.

B. Interferencia (vv. 4-5).

El pueblo de la tierra contrató a hombres en la corte para resistir a los judíos y esta artimaña tuvo éxito al detener la obra; véase 4.24. Casi quince años (534-520) estuvo detenida la obra del templo.

Los versículos 6-23 presentan un problema a los estudiosos de la Biblia, porque parecen estar fuera de lugar cronológicamente. El gobierno de los reyes mencionados en los versículos 6-7 fue posterior al tiempo que abarca

Esdras 4. Hay dos explicaciones posibles. Quizás los reyes tenían más de un nombre, de modo que Asuero y Artajerjes de los versículos 6-7 son en realidad los nombres de los reyes que gobernaron durante esa era. Merril Unger cree que «Asuero» era un título oficial (como Faraón) y que Artajerjes era otro nombre para Cambises. Estos versículos, entonces, contendrían los informes oficiales presentados por el enemigo para detener la obra de los judíos. Una segunda posibilidad es que estos versículos tal vez se incluyeron como ejemplos de oposición en un tiempo subsiguiente, para mostrar que los judíos tuvieron constantes problemas con sus enemigos. En cualquier caso, la lección es clara: la gente del mundo usa todo medio posible para estorbar la obra del Señor. El rey escuchó las acusaciones y la obra cesó.

IV. La obra vuelve a empezar (5)

Quince años pasaron entre los capítulos 4 y 5. No fue sino hasta que los profetas Hageo y Zacarías proclamaron la Palabra de Dios, que la obra del templo empezó de nuevo. La Palabra de Dios comenzó la obra (Esd 1.1) y ahora la Palabra de Dios animaba a los trabajadores y al fin y al cabo terminó la obra (6.14). Desde 520 a 515 el pueblo trabajó y concluyó el templo. La predicación de la Palabra de Dios por parte de sus siervos es el secreto para la victoria en cualquier obra de Dios. La Palabra de Dios animó a Josué y Zorobabel, y los ojos de Dios estaban sobre ellos (Esd 5.5).

Usted notará en Hageo cuatro mensajes diferentes: (1) reproche al pueblo por construir sus casas y descuidar la casa de Dios, 1.1-15; (2) estímulo a Zorobabel porque Dios está con él, 2.1-9; (3) condena a los sacerdotes por rehusar purificarse de contaminación, 2.10-19; y (4) promesa a Zorobabel de que el Mesías un día reinará en gloria (2.20-23). Hageo incluso fechó estos mensajes.

El libro de Zacarías es más complejo, pero también trata del mismo período. En Zacarías 1.1-6 el profeta llamó a la nación al arrepentimiento; esto fue en noviembre. Más tarde, en febrero, dio varias visiones de aliento al pueblo (1.7–6.15). En la última parte de su libro (caps. 9–14), Zacarías da un cuadro de Cristo en su rechazo, Segunda Venida en gloria y reino futuro. Todos estos mensajes, por supuesto, tenían el propósito de animar al pueblo a ponerse a trabajar y terminar el templo.

Tatnai el gobernador estaba en su derecho al preguntar respecto al programa de construcción, puesto que los materiales en parte venían del tesoro real. Tenemos su carta al nuevo gobernante, Darío, y en el capítulo 6 la respuesta del rey. El versículo 8 indica que el ministerio de los dos profetas entusiasmó al pueblo, porque la obra progresaba con rapidez. «Sesbasar» en el versículo 16 es Zorobabel. Los judíos sabían que estaban en lo correcto y sugirieron al gobernador que investigara en los archivos para hallar el decreto del rey. No es incorrecto que el pueblo de Dios reclame sus derechos como ciudadanos; véanse Hechos 16.35-40 y 22.25.

ESDRAS 6-10

I. Terminación del templo (6)

Darío llegó al trono en el 522 a.C.; y fue quien estableció el gran Imperio Persa al derrotar a Babilonia. (Este *no es* el Darío de Media mencionado en Daniel 5, 6 y 9.) Tuvo una actitud amistosa hacia sus súbditos y se inclinó amablemente hacia los judíos. En 6.3-5 tenemos un análisis detallado del decreto original de Ciro, mencionado en Esdras 1.1. A este decreto original Darío añadió el suyo (6.8-12): el gobernador debía ayudar a los judíos en su obra y ver que no haya oposición, y las provisiones debían darse del tesoro del rey. Por supuesto, Darío tenía un motivo fuerte para esta amabilidad: quería que los judíos oraran a Jehová por la salud del rey y por el bienestar de su familia.

El gobernador se dio prisa para obedecer el decreto. Hageo y Zacarías proveyeron el estímulo espiritual; el gobernador suplía las necesidades materiales; y así se terminó el trabajo. Los judíos dedicaron con gozo la casa del Señor, aun cuando el edificio no era tan grande ni tan glorioso como fue el templo de Salomón. Observaron la Pascua y la Fiesta de los Panes sin Levadura. Dios contestó la oración y convirtió el corazón del rey (véase Pr 21.1); la nación tenía de nuevo su templo. Entre los capítulos 6 y 7 hay un período de cincuenta y ocho años. El libro de Ester encaja aquí.

II. La venida de Esdras a Jerusalén (7-8)

El Artajerjes de 7.1 es «Artajerjes Longimano», quien gobernó a Persia desde el 465 hasta el 425 a.C. En su séptimo año le permitió a Esdras, el sacerdote escriba, que regresara a Jerusalén para ayudar al pueblo en sus necesidades espirituales. En los versículos 1-5 tenemos la genealogía de Esdras, prueba de que era sacerdote de la familia de Aarón. También era un dedicado estudiante de la ley, un escriba; véase Jeremías 8.8. Es evidente que Esdras pidió permiso al rey, dándose cuenta de que el remanente en la nación restaurada necesitaba con desesperación dirección espiritual. Le llevó a Esdras cuatro meses realizar el viaje de más de 1.500 km de Babilonia a Jerusalén. La buena mano de Dios estaba con él y prosperó; véanse Nehemías 1.10; 2.8,18).

El rey decretó que cualquier judío podía ir con Esdras y regresar a la tierra. Estos judíos llevarían consigo una jugosa ofrenda voluntaria de Babilonia para ayudar en la obra del Señor. Darío también le dio a Esdras una «cuenta de gastos» (vv. 20-22) de alrededor de $100.000, a ser tomada del tesoro real. La tarea de Esdras era establecer el orden y la adoración religiosa en la tierra (vv. 25-26). La doxología de Esdras en 7.27-28 muestra cuán agradecido estaba al Señor por contestar su oración.

El capítulo 8 menciona los nombres de las familias y los hombres que acompañaron a Esdras en su peligroso viaje a Jerusalén. Era importante que los levitas fueran también, porque era su deber estudiar la Palabra y enseñarla al pueblo. Por desgracia, Esdras tuvo que «reclutar» a algunos de los levitas, porque no querían ir voluntariamente (vv. 15-20). Esdras proclamó ayuno, porque sabía que sólo Dios podía prosperar su viaje. El mismo testimonio de la nación estaba en juego; porque Esdras le dijo al rey que no necesitaría escolta militar, por cuanto el Señor los cuidaría. Su ayuno y oración, así como la respuesta de Dios, debe ahora motivarnos a una conducta similar (vv. 21-23). Esdras escogió a veintidós hombres piadosos para llevar los tesoros (vv. 24-30) y les advirtió que Dios les pediría cuentas cuando llegaran a Jerusalén. Qué hermoso cuadro de la mayordomía cristiana de hoy. Dios nos ha confiado los tesoros espirituales y en el tribunal de Cristo daremos cuenta de nuestra mayordomía. El grupo partió en abril de 458 y llegó a Jerusalén en julio, viajando un promedio de 11 km diarios. El pueblo depositó los tesoros y se halló que cada hombre fue fiel. Atendieron la advertencia de Esdras: «¡Vigilad y guardadlos!» (8.29).

III. La confesión de pecado (9)

En cuanto llegó un maestro de la Palabra, esta empezó a revelar el pecado (Heb 4.12). Esdras descubrió que los judíos se habían mezclado con sus vecinos y se habían casado con mujeres paganas. Véanse Deuteronomio 7, Éxodo 19.5-6 y Salmo 106.35. Esdras sintió tanto pesar al oír este informe, que públicamente rasgó sus vestidos en tristeza y arrepentimiento, y se sentó angustiado hasta la hora del sacrificio de la tarde. El pueblo que conocía la Palabra de Dios empezó a temblar (v. 4; véase Is 66.1-2), temiendo lo que el Señor pudiera hacer a la débil nación.

La oración de confesión de Esdras puede compararse a la de Daniel (Dn 9) y a la de Nehemías (Neh 9). «Confuso y avergonzado estoy para levantar, oh Dios mío, mi rostro a ti», oró Esdras. Miraba a los pecados pasados de Israel (v. 7) y admitía que la nación merecía el cautiverio. Pero ahora el Señor había enviado liberación; habían sido restaurados por su gracia; y sin embargo la nación estaba de nuevo en pecado. El futuro del reino estaba en juego, como si estuvieran prendidos con alfileres, así de débil era el remanente restaurado de Israel. Dios les dio una muralla de protección (v. 9) y con gracia respondió sus oraciones. ¿Qué más podría decir Esdras? «No hemos aprendido nuestras lecciones», dijo, «porque Dios nos ha castigado por nuestros pecados y, sin embargo, ¡continuamos pecando!»

Es interesante notar que Daniel, Esdras y Nehemías confesaron el pecado nacional y suplicaron perdón. Aquí se aplica 2 Crónicas 7.14. No obstante, no era suficiente que oraran los líderes religiosos. Toda la nación debía enfrentar su pecado y arreglar las cosas con el Señor.

IV. La purificación de la nación (10)

Léase en Nehemías 8-13 los relatos paralelos del avivamiento religioso en Jerusalén. Dios contestó la oración de Esdras al tocar y convencer los corazones de las personas. Algunos de los hombres vinieron abiertamente y confesaron que se casaron con mujeres paganas y desobedecieron la ley de Dios. Ofrecieron hacer un pacto con Dios y despedir a sus mujeres paganas. ¡Qué gran avivamiento vendría a nuestras iglesias hoy si todo el pueblo de Dios se humillara delante del Señor, confesara sus pecados y obedeciera la Palabra!

El resultado fue una proclamación por toda la tierra, llamando al pueblo a congregarse en Jerusalén para arreglar este importante asunto. El que fuera culpable y no viniera, renunciaría a su lugar en la tierra. Fue el 20 de diciembre de 457 cuando la gran multitud se reunió, a pesar de la terrible lluvia que por lo general cae en esa temporada. Pero el pueblo temblaba no sólo por la lluvia, sino también por su temor al Señor. Esdras presentó un ultimátum al pueblo: confiesen sus pecados y sepárense de sus esposas. Esto es arrepentimiento y restitución, y ambas cosas deben ir juntas. El pueblo acordó obedecer, pero admitieron que el problema era demasiado grande y complicado como para resolverlo en un día. El pueblo sugirió que los gobernantes arreglaran primero sus casas (v. 14) y entonces, después de arreglar las cosas, ayudaran a Esdras en la tarea de purgar el pecado en la nación. El versículo 15 nos dice que sólo cuatro hombres «se opusieron» a esta sugerencia; el resto de los líderes lo aprobaron. No podemos esperar siempre el ciento por ciento de cooperación, especialmente en asuntos de disciplina.

Llevó desde diciembre hasta abril arreglar el problema. Los versículos 18-44 indican que diecisiete sacerdotes, diez levitas y ochenta y siete hombres fueron hallados culpables de casarse con mujeres paganas. Es espeluznante hallar a sacerdotes desobedeciendo a propósito a Dios, porque cuando los líderes espirituales se descarrían, ¿qué se puede esperar del resto del pueblo? Tan completa fue la investigación que hasta se descubrió a los niños paganos y se los expulsó. Por supuesto, nos damos cuenta de que los esposos y padres judíos hicieron provisión para el bienestar de las personas expulsadas, pero ya no vivirían más con ellas como esposos o padres. ¿Cuánto duró esta reforma? Alrededor de veinticinco años más tarde Nehemías enfrentó el mismo problema (Neh 13.23ss). Fue un pecado que se repitió y requirió que se repitiera la disciplina. Los siervos de Dios deben «vigilar y orar» para que la obra del Señor prospere.

Reconstruir el templo sin reformar a la gente hubiera sido necio. Fue más fácil para Esdras reconstruir el templo que traer a la nación pecadora de vuelta a Dios.

NEHEMÍAS

Bosquejo sugerido de Nehemías

NEHEMÍAS 1-3

En dondequiera que Dios quiere que se haga alguna obra, Él toma a personas dispuestas. Las murallas de Jerusalén estaban en ruinas; un pequeño remanente había regresado; y había mucho trabajo por hacer. En el 536 Zorobabel y Josué llevaron alrededor de 50.000 judíos de regreso y reconstruyeron (en el 516) el templo. En el 457 hubo un ligero avivamiento bajo Esdras, pero ahora era el 445 y Dios buscaba a alguien que fuera a la arruinada ciudad y restaurara la seguridad y el orden. Nehemías era esa persona. Nótense las actividades de Nehemías en estos tres capítulos.

I. Nehemías ora por la obra (1)

A. *El informe (vv. 1-3).*

Como copero del rey, Nehemías (un judío) ostentaba una posición muy elevada en la corte. Estaba muy cerca del rey y podía gozar de su confianza. Pero Nehemías no se había olvidado de su pueblo, porque anhelantemente le pidió a su hermano noticias de Jerusalén. Léanse Salmos 122 y 137.5-6. ¡Ojalá los santos de hoy tuvieran tanto interés en su Jerusalén celestial! Las noticias eran tristes: el remanente sufría vergüenza, las murallas estaban destrozadas y las puertas quemadas. Véase Salmo 79.1-4. En lugar de ser una ciudad de alabanza y gloria, era una de vergüenza y reproche.

B. *La respuesta (v. 4).*

Nehemías de inmediato se preocupó por su ciudad. El hecho de que estuviera a más de 1.120 km de distancia no hacía diferencia; tampoco importó que disfrutara de lujo y prestigio en el palacio del rey. No dijo: «¡La suerte de la ciudad no es culpa mía!» De inmediato su corazón fue tocado y quería hacer algo para salvar a su ciudad. Durante cuatro meses (de diciembre a abril; véanse 1.1 y 2.1) lloró y oró. Véanse Daniel 9 y Esdras 9.

C. *La petición (vv. 5-11).*

Este libro muestra que Nehemías era un hombre de oración (1.4-11; 2.4; 4.4,9; 5.19; 6.9,14; 13.14,22,29,31). El libro empieza y concluye con una oración. El versículo 6 nos dice que oraba día y noche, debido al peso que sentía por la ciudad. Nótese que Nehemías confesó sus pecados y los de su pueblo. También le recordó al Señor las promesas de su gracia (vv. 8-9) y luego se ofreció a ser el siervo de Dios para hacer algo respecto a la afligida Jerusalén. «Aquí estoy, Señor, envíame a mí». En el versículo 11 vemos que tiene fe para pedirle a Dios siervos, otros judíos que le ayuden en la tarea.

II. Nehemías hace preparativos para la obra (2)

Cuatro meses pasaron durante los cuales Nehemías esperó el tiempo de Dios para hablarle al rey. «El que creyere, no se apresure», dice Isaías 28.16. En verdad, la fe y la paciencia van juntas (Heb 6.12). Pero Nehemías tenía un plan en mente, que Dios le dio, y sabía exactamente qué hacer cuando llegara la hora precisa. Cuán similar al Señor Jesucristo (Jn 6.5-6).

A. Nehemías y el rey (vv. 1-8).

Nadie debía aparecer ante el rey triste ni con malas noticias (Est 4.1-2), pero el peso en el corazón de Nehemías se revelaba en su semblante. Era hombre con tristeza y el rey lo notó. Si no hubiera sido por la providencia de Dios, esta tristeza hubiera sido causa de muerte. Antes de presentarle a Artajerjes su carga, Nehemías rápidamente acude al trono de la gracia en oración; luego le dijo al rey lo que tenía en el corazón. Sabía que Dios abriría el camino (Pr 21.1). Con tanta perfección elaboró Nehemías su plan, que pudo darle al rey un itinerario, horario (v. 6) y una lista de los materiales que necesitaría para la tarea (vv. 7-8). ¡La poderosa mano de Dios (1.10) y la mano benéfica (2.8) hicieron lo imposible!

B. Nehemías y las ruinas (vv. 9-16).

Nehemías demoró tres meses para arribar a la ciudad y lo hizo como gobernador, no como siervo. Hombre de paciencia, Nehemías esperó tres días antes de dar cualquier paso. Los enemigos vigilaban y Nehemías tenía que ser sabio y cauto. Más adelante descubrió que algunos de los nobles de Judá eran aliados de Tobías, el enemigo de los judíos (6.17-19). Por la noche investigó la situación, guardando para sí su opinión. Estaba despierto cuando los demás dormían y preocupado cuando los demás estaban despreocupados. Vio más de la situación por la noche de lo que otros podían ver a la luz.

C. Nehemías y los judíos (vv. 17-20).

Nehemías no creía en el ministerio de un solo hombre; desafió a los líderes del remanente a que trabajaran junto con él (no *para* él) en la reparación de las murallas. ¿El motivo? «No estemos más en oprobio». Le preocupaba la gloria de Dios y el bien de la nación. Nehemías les mostró la necesidad, delineó la tarea y les aseguró la bendición de Dios. De inmediato surgió la oposición (como siempre ocurre), pero Nehemías sabía que la mano de Dios estaba sobre él y su trabajo.

III. Nehemías prospera en la obra (3)

A. El modelo.

La obra se organizó y dirigió con los líderes espirituales a la cabeza (v. 1) y el pueblo cooperando. Dios vio a cada trabajador y anotó su nombre en el libro. Cada uno tenía un área específica de responsabilidad. Nadie podía hacerlo todo, pero cada uno podía hacer algo. Por supuesto, nunca se puede tener ciento por ciento de cooperación; en el versículo 5 hallamos a algunos de los nobles rehusando participar. Hubo cuarenta y dos grupos de trabajadores.

B. El pueblo.

Qué variedad de trabajadores: sacerdotes (v. 1), gobernantes (vv. 12-19), mujeres (v. 12), artesanos (vv. 8,32) e incluso judíos de otras ciudades (vv.

2,5,7). Nótese que algunos estaban dispuestos a hacer trabajo extra (vv. 11,19,21,24,27,30). Otros hicieron su trabajo en casa (vv. 10,23,28-30) y es allí donde debe empezar el servicio cristiano. Hubo trabajadores que fueron los únicos en su familia (v. 30) y algunos tuvieron más celo que otros (v. 20). Compare el versículo 11 con Esdras 10.31 y verá que incluso algunos de los descarriados se unieron en la obra.

C. Los lugares.

Hay una lección espiritual definida en cada una de las puertas. La *puerta de las Ovejas* (v. 1) nos recuerda el sacrificio de Cristo en la cruz (Jn 10). Esta fue la primera puerta que se reparó, porque sin sacrificio no hay salvación. Nótese que la puerta de las Ovejas no tenía cerraduras ni barras, porque la puerta de la salvación siempre está abierta para el pecador. Esta es la única puerta santificada, separada como una puerta especial. La *puerta del Pescado* (v. 3) nos recuerda ganar almas, de ser «pescadores de hombres» (Mc 1.17). La *puerta Vieja* (v. 6) nos habla de las sendas antiguas y de las antiguas verdades de la Palabra de Dios (Jer 6.16 y 18.15). La gente del mundo está siempre buscando «algo nuevo» (Hch 17.21) y rehúsan volver a las verdades básicas que son las que en realidad dan resultados. La *puerta del Valle* (v. 13) nos recuerda la humildad delante del Señor. En Filipenses 2 vemos a Cristo descendiendo de la gloria del cielo al valle de la limitación humana e incluso hasta la muerte. No disfrutamos del valle, pero a menudo Dios tiene que llevarnos allí para dar bendición a nuestras vidas.

El versículo 14 señala la *puerta del Muladar*. Es evidente que esta es la puerta por la cual se sacaban los desperdicios y desechos de la ciudad. ¡Imagínese qué difícil debe haber sido reparar la puerta en tal lugar! Sin duda esto nos habla de la limpieza de nuestras vidas (2 Co 7.1; Is 1.16-17). Más tarde algunos judíos se quejaron respecto a la basura; véase 4.10. La *puerta de la Fuente* (v. 15) ilustra el ministerio del Espíritu Santo; véase Juan 7.37-39. Es interesante notar el orden de estas puertas: primero hay humildad (puerta del Valle), luego limpieza (puerta del Muladar) y luego plenitud del Espíritu Santo (puerta de la Fuente). La *puerta de las Aguas* (v. 26) habla de la Palabra de Dios, que limpia al creyente (Ef 5.26; Sal 119.9). Nótese que esta es la séptima puerta mencionada y siete en la Biblia es el número de perfección: la perfecta Palabra de Dios. ¡Nótese también que esta puerta no necesitaba reparaciones! «Para siempre, oh Jehová, permanece tu palabra en los cielos» (Sal 119.89).

La *puerta de los Caballos* (v. 28) da la idea de guerra. Sin duda hay batallas en la vida cristiana y debemos estar listos para luchar. Véase 2 Timoteo 2.1-4. La *puerta Oriental* (v. 29) nos hace pensar en la Segunda Venida de Cristo (Mt 24.27). En Ezequiel 10.16-22 el profeta vio que la gloria de Dios salía del templo por esta puerta; véase también 11.22-25. Pero más tarde (43.1-5) vio que la gloria de Dios regresaba «del oriente».

La *puerta del Juicio* (v. 31) habla del juicio de Dios. La palabra hebrea *mifkad* significa «designación, cuentas, censo, revista». Da la idea de las tropas listas para inspección. Sin duda Dios va a llamar a todas las almas a juicio un día.

Al examinar estas puertas y su orden se puede ver la sugerencia del cuadro completo de la vida cristiana, desde la puerta de las Ovejas (salvación) hasta el juicio final. ¡Alabado sea Dios porque el cristiano nunca enfrentará el juicio por sus pecados! Véanse Juan 5.24, Romanos 8.1-2.

NEHEMÍAS 4–7

Cada vez que el pueblo de Dios empiece a hacer la obra de Dios habrá oposición. Un obrero de fe y propósito débil capitulará, pero una persona resuelta y confiada vencerá la oposición y terminará el trabajo. Nehemías era tal persona. Nótese en estos capítulos la oposición que enfrentó (dentro y fuera de la ciudad) y las victorias que ganó.

I. Ridículo (4.1-6)

El pueblo de Dios siempre tiene enemigos. En este caso fueron Sambalat, un oficial del gobierno en Samaria, Tobías amonita y Gesem el árabe, también llamado Gasmu (6.1,6). Estos tres perversos hombres no eran israelitas; es más, los amonitas eran definitivamente enemigos de los judíos (Dt 23.3-4). La primer arma que usaron fue ridiculizarlos; se mofaron de los «débiles judíos» ante los líderes de Samaria. Satanás es el burlador (Lc 22.63; 23.35-37). El ridículo es una artimaña usada por gente ignorante llena de celos. Se burlaron del pueblo («débiles judíos»), del plan («¿Acabarán en un día?») y de los materiales («piedras que fueron quemadas»). ¿Cómo les respondió Nehemías? ¡Oró a Dios! Su preocupación sólo era la gloria de Dios y el testimonio de la nación, de modo que no lea venganza personal en su oración (véase Sal 129.19-24). Nótese que el pueblo seguía trabajando mientras oraba, porque la oración no sustituye el trabajo. A Satanás le hubiera encantado ver a Nehemías dejar la muralla y enredarse en una disputa con Sambalat, pero Nehemías no cayó en la trampa de Satanás. Nunca permita que el ridículo le haga dejar su ministerio; «lléveselo al Señor en oración» y continúe trabajando.

II. Fuerza (4.7-9)

Lo que Satanás no puede conseguir mediante el engaño lo hace por la fuerza. ¡Qué confederación de pueblos tenemos en el versículo 7! Y todos conspiraron contra los judíos. Es asombroso cómo el diablo parece nunca carecer de mano de obra. En 2.10 tenemos dos enemigos; tres en 2.19 y una multitud entera en 4.7. Pero «si Dios es por nosotros, ¿quién contra nosotros?» ¿Cómo enfrentó Nehemías este nuevo ataque? Oró y estableció vigilantes. «¡Velad y orad!» es una admonición repetida en el NT; véanse Marcos 13.33

(el mundo), Marcos 14.38 (la carne) y Efesios 6.18 (el diablo). Nótese que Nehemías no dependía sólo de la oración; también puso una guardia.

III. Desaliento (4.10)

La batalla pasa ahora de fuera hacia dentro de la ciudad. Satanás siguió la misma táctica en Hechos 5-6 cuando usó a Ananías y a Safira y a las viudas quejosas dentro de la comunidad de la iglesia. También usó a Judas dentro de las filas de los apóstoles. Cuán desanimados estaban los trabajadores, con todos los escombros en la ciudad y el peligro acechando afuera. ¿Por qué se quejó la tribu de Judá? Tal vez porque secretamente estaban aliados a Sambalat (6.17). Nótese en 13.15 la desobediencia de Judá a la ley de Dios. Cuando dijeron: «¡No podemos!» (v. 10), en realidad estaban de acuerdo con el enemigo (4.2). El desaliento y la queja se esparcen rápidamente y estorban la obra de Dios. No leemos que Nehemías le haya puesto mucha atención a su queja; continuó trabajando, vigilando y orando.

IV. Temor (4.11-23)

El temor y la fe nunca pueden permanecer en el mismo corazón. En el versículo 11 tenemos un rumor que el enemigo empezó de que sus ejércitos invadirían de súbito a Jerusalén. Los judíos que vivían fuera de la ciudad oyeron este informe y lo llevaron diez veces a Nehemías. Cuán persistente puede ser Satanás y sus trabajadores. Al final, Nehemías estableció la guardia en las murallas y animó al pueblo a que no temiera. Note que el trabajo se detuvo desde el versículo 13 hasta el versículo 15; exactamente lo que quería el enemigo. Nehemías vio la necedad de este plan, de modo que puso a los obreros de nuevo a trabajar, con un arma en una mano y una herramienta en la otra. También puso una guardia especial con trompetas (vv. 19-20), pero no permitió que se detuviera la obra. Estos judíos son maravillosos ejemplos de lo que el obrero cristiano debe hacer: tenían su mente en la obra (4.6), un corazón para orar (4.9), un ojo para vigilar (4.9) y un oído para oír (4.20).

V. Egoísmo (5)

Este es un capítulo triste, porque en él vemos a los judíos egoístamente oprimiéndose los unos a los otros. En este capítulo no aparece ninguna construcción. Había grandes cargas económicas que pesaban sobre los judíos, no sólo por la hambruna (Hag 1.7-11), sino también por los impuestos y tributos. Los judíos eran víctimas de sus conciudadanos mediante hipotecas y servidumbre. ¿Cómo actuó Nehemías en esta crisis? Primero, se enojó (v. 6) debido a que su pueblo era tan reincidente en lo espiritual al punto de robarse los unos a los otros. Vio esto, no como un problema económico, sino espiritual. Consultó con su corazón (v. 7) y sin duda oró al Señor por sabiduría. Luego reprendió al pueblo (vv. 7-11), recordándoles la bondad de Dios para su nación. «Dios nos ha libertado», argumentó; «¿volveréis a esclavizaros unos a otros de nuevo?» Apeló a la ley del AT al ordenarles que devolvieran sus ganancias ilícitas (Éx 22.25). ¡Cómo debe haberse gozado el enemigo al ver a los judíos robándose los unos a los otros (v. 9)! Note que Nehemías apeló también a su buen ejemplo como líder (v. 10). El pueblo prometió obedecer la Palabra... ¡y lo hicieron!

VI. Engaño (6.1-4)

El pueblo volvió a la obra y también el enemigo. Esta vez Sambalat y sus hombres dirigieron sus ataques contra Nehemías, el líder. Muchos en el pueblo de Dios nunca se percatan aquí en la tierra de las tentaciones y pruebas especiales que enfrentan los siervos de Dios día tras día. El liderazgo espiritual es costoso. Sambalat invitó a Nehemías a una reunión amistosa en el campo de Ono y Nehemías rehusó. Los siervos que Dios ha separado no se atreven a «andar en el camino de pecadores» (Sal 1.1). Tenga cuidado con las sonrisas del enemigo, porque Satanás es más peligroso cuando aparece como su amigo que en cualquier otro momento. Cuatro invitaciones vinieron (v. 4) y Nehemías las rehusó todas. «Yo hago una gran obra, y no puedo ir». Siga en la obra cuando Satanás le invita a dejarla y Dios lo bendecirá.

VII. Calumnia (6.5-9)

La quinta vez que vino el mensajero trajo una «carta abierta» llena de acusaciones difamatorias contra Nehemías y su pueblo. «Se dice» es una de las principales armas del diablo. «Dicen» o «he oído» son frases que por lo general preceden chismes y mentiras. ¿Quiénes «dicen»? Nehemías detectó la artimaña y de inmediato puso al descubierto las mentiras de la llamada «carta abierta». Su vida y carácter refutaban cada mentira de la carta. En los versículos 1-4 el enemigo ofreció trabajar con los judíos; aquí, en los versículos 5-9, el enemigo quería difamar el nombre de Nehemías. Nótese cómo Nehemías de nuevo le pidió a Dios que anulara el asunto (v. 9). Los siervos de Dios no pueden impedir que la gente hable de ellos, pero sí pueden cuidar la clase de carácter y testimonio que tienen. Si Nehemías hubiera detenido la obra para defender su reputación, las murallas nunca se hubieran construido.

VIII. Amenazas (6.10-14)

Semaías se encerró en su casa, al parecer temeroso del enemigo, pero en realidad trabajaba para este. ¿Por qué no ayudaba a los judíos a construir la muralla? Vale la pena ser cautelosos con los llamados cristianos que siempre aconsejan, pero que nunca hacen ningún trabajo para Cristo. Pablo advirtió respecto a los falsos hermanos (2 Co 11.26). Semaías le mintió a Nehemías y trató de asustarlo para que acudiera al enemigo en busca de seguridad. Pero Nehemías vio la artimaña y abiertamente refutó las mentiras de Semaías. Otra vez oró pidiendo la ayuda de Dios y enseguida volvió a la obra.

Las murallas quedaron terminadas en cincuenta y dos días. Y el pueblo trabajó durante la temporada de más calor del año. Dios fue glorificado, el enemigo quedó avergonzado (v. 16), pero los judíos comprometidos aún trataban de lograr que Nehemías aceptara a Tobías. Qué carga deben haber sido estos nobles de Judá para el consagrado y valeroso Nehemías. La obra finalizó. ¡La gloria sea para Dios!

NEHEMÍAS 8–13

Las murallas se terminaron el día veinticinco del sexto mes (6.15). Esta segunda mitad del libro empieza en el primer día del séptimo mes (8.2) y el énfasis recae en el pueblo de la ciudad y su dedicación a Dios. La construcción material finalizó. Era tiempo de empezar a edificar espiritualmente al pueblo.

I. Proclamación de la Palabra (8–10)

Esdras regresó a Jerusalén para ayudar a Nehemías en la dedicación de las murallas y para santificar al pueblo. No confunda esta escena con la de Esdras 3. Es significativo que se reunieron en la puerta de las Aguas, puesto que esta simboliza la Palabra de Dios (3.26). El pueblo tenía apetito por la Palabra, porque le pidieron a Esdras que trajera el libro y predicara. El primer día del séptimo mes marcaba la Fiesta de las Trompetas; el décimo sería el Día de la Expiación; y del quince al veintidós, la Fiesta de los Tabernáculos (véase Lv 23.23-44). Esdras leyó la Palabra y la explicó durante varias horas, ayudado por los levitas. El versículo 8 describe una perfecta reunión de la iglesia: todo el pueblo se reunió para escuchar, se exaltó la Palabra, el predicador leyó y explicó la Palabra para que la gente pudiera entenderla. El pueblo lloraba al oír la Palabra, aplastados, sin duda dolidos por sus pecados. Pero este debía ser de regocijo. ¡Debían llorar en el Día de la Expiación! Esdras les ordenó que festejaran y se alegraran; véase Eclesiastés 3.4.

Al siguiente día los líderes se reunieron con Esdras y descubrieron la ley respecto a la Fiesta de los Tabernáculos. Proclamaron esta ley por toda la tierra y conforme el pueblo obedeció «hubo alegría muy grande» (v. 17). Hay gozo al oír la Palabra, pero más gozo al obedecerla. El resultado de esta «conferencia bíblica» (celebrada diariamente durante una semana, v. 18) fue una gran convocación de personas convictas en el día veinticuatro del mes. Esdras y los levitas enseñaban tres horas la Palabra y luego guiaban al pueblo en confesión y oración otras tres horas y así todo el día. La oración en el capítulo 9 es un resumen espiritual de la historia de los judíos del AT: la creación (v. 6), el llamado de Abraham (vv. 7-8), el éxodo (vv. 9-14), las experiencias de la nación en el desierto (vv. 15-23), la conquista de la tierra (vv. 24-25), el período de los jueces (vv. 26-29), el período de los profetas hasta el cautiverio (vv. 30-31). «Ahora pues» (v. 32) nos trae al día de Esdras y a la necesidad de la nación de arrepentirse y confesar sus pecados. Note en el versículo 36 que los judíos admiten que las «profecías de liberación» de Isaías y Jeremías no se aplicaban a su regreso del cautiverio. Se aplicarán en una fecha futura cuando Dios reúna a Israel de nuevo en Palestina. Decir que las promesas del AT se cumplieron cuando Israel regresó del exilio y que ahora se cumplen «en la Iglesia» es tergiversar las Escrituras.

El capítulo 10 nos da los nombres de los valientes y consagrados que entraron en pacto con Dios aquel día. Es difícil que se dieran cuenta de que sus nombres quedarían anotados eternamente en la Palabra. En los versículos 28-39 vemos al pueblo aplicando la Palabra a sus vidas diarias. Una cosa es orar y firmar un pacto, y otra muy diferente separarse del mal, enderezar nuestros hogares (vv. 28-30), honrar los mandamientos (v. 31), contribuir para la casa de Dios (vv. 32-33) y servir a Dios con los diezmos y ofrendas (vv. 34-39). Demasiadas «conferencias bíblicas» terminan con la gente emocionada y bendecida, pero sin que obedezcan lo que han oído.

II. Dedicación de las murallas (11–12)

Nehemías regresa ahora al relato de las murallas que interrumpió para referirse a la obra espiritual bajo Esdras. Todo el pasaje de 7.5 a 10.39 ha sido como un paréntesis. Los sucesos en Nehemías no se mencionan en el orden exacto. Era necesario llevar a los judíos a vivir en la ciudad para el bien de esta y para la gloria de Dios. Esto, por supuesto, exigía fe. Los líderes vivían en la ciudad, pero ahora querían que los ciudadanos se les unieran, de modo que echaron suertes y mudaron a uno de cada diez adentro de la ciudad. El versículo 2 indica que también hubo voluntarios. Los mencionados en los versículos 3-19 suman un total de 3.044. Si esto representa un diez por ciento de la población de varones, podemos ver cuán pequeño era el remanente que estaba en la tierra. Nótese la mención de los cantores (vv. 22-23). Los judíos no tuvieron canto durante los años de exilio (Sal 137), pero ahora tenían el gozo del Señor como su fortaleza.

La dedicación real de las murallas se describe en 12.27-47. Esdras y Nehemías dividieron al pueblo en dos grandes grupos, uno dirigido por Esdras y el otro siguiendo a Nehemías (véanse vv. 31,36,38). Quizás empezaron en la puerta del Valle. Esdras guió a su grupo hacia el lado oriental de la ciudad, luego al norte al área del templo. Nehemías y su grupo fueron derecho hacia el norte y luego hacia el este, reuniéndose con el otro grupo en el área del templo. Fue un recordatorio, tal vez, de cuando Israel marchó alrededor de Jericó y ganó una gran victoria. También fue una oportunidad de agradecer públicamente al Señor testificando por el trabajo terminado. El versículo 43 indica que el gozo de la ciudad se oyó a kilómetros a la redonda. ¡Qué día de dedicación! Cuando el pueblo consagrado se une con gozo para dedicar la obra de Dios, siempre experimentará la bendición de Él.

III. Condenación de los malos (13)

Por 13.6 y 7.2 nos enteramos de que Nehemías regresó a Babilonia por un tiempo, dejando la gobernación de la ciudad en manos de su hermano. Al regresar descubrió que el pueblo había vuelto a caer en sus viejas andadas.

Los versículos 1-3 hablan de un limpiamiento que ocurrió el mismo día de la dedicación, cuando separaron de las familias las esposas paganas; véase Deuteronomio 23.1-5. Años antes Esdras enfrentó el mismo problema (Esd 10). El pecado siempre halla la manera de repetirse. Cuando Nehemías regresó a Jerusalén, halló que los hombres judíos habían repetido este pecado (vv. 23-31). Es más, incluso los sacerdotes pecaron de esta manera. Fue necesario que este valeroso líder enfrentara sinceramente el pecado y lo juzgara.

Empezó por la casa de Dios, en donde descubrió (v. 4) que el sumo sacerdote estaba emparentado con Tobías, el enemigo de los judíos (véanse 6.18 y 13.28). Es triste cuando los siervos de Dios hacen componendas con los enemigos de Dios. El sacerdote incluso le dio a Tobías un aposento en el templo y provisiones del tesoro del templo, provisiones que en realidad pertenecían a los sacerdotes y levitas. Nehemías no perdió tiempo para arrojar fuera a Tobías y sus pertenencias, y santificar la cámara del templo para su uso apropiado.

Otro pecado fue que el pueblo no sostenía a sus líderes espirituales, los sacerdotes y levitas. Malaquías tuvo algo que decir al respecto; léase Malaquías 3. Nehemías reprendió al pueblo y estableció un sistema confiable para que lo siguieran los sacerdotes. Nótese cómo pide la ayuda de Dios en todo su ministerio (v. 14).

La desobediencia del *sabat* era otro problema. Los trabajadores se contrataban en el *sabat* (v. 15) y los comerciantes vendían en el *sabat* (v. 16). Aun cuando no creemos que el Día del Señor de hoy es lo mismo que el *sabat* judío, sí opinamos que el pueblo de Dios debe separar el día del Señor y usarlo para glorificarlo. Nuestro sistema económico exige que algunas personas trabajen el domingo, pero es mucho mejor para los trabajadores y para la nación si se les permite honrar el día del Señor. Sin duda, ningún cristiano debe usar el domingo como día de hacer compras ni de hacer algún trabajo que puede esperar. Nehemías reprochó a los judíos que deshonraban el *sabat* y cerró las puertas de la ciudad a los vendedores ese día. Véase Jeremías 17.21-27 con referencia al versículo 18.

Pero nótese que incluso los levitas eran culpables de profanar el *sabat* (v. 22). Léase Malaquías 1–2 y se verá que el sacerdocio había caído en pecados vergonzosos. A menos que los líderes del pueblo de Dios den el ejemplo, el pueblo no obedecerá prestamente a Dios. Por supuesto, tal vez el fracaso del pueblo para sostener el templo (vv. 10-13) obligó a los levitas a trabajar en el *sabat* para poder sobrevivir.

El libro cierra con tres oraciones (vv. 22,29,31). Nehemías había hecho su trabajo, pero sólo Dios puede bendecirlo y mantenerlo en marcha. Nehemías un día moriría y el pueblo se olvidaría de él. ¡Pero Dios jamás lo olvidaría!

ESTER

Bosquejo sugerido de Ester

I. La selección de Ester (1–2)
A. El rey pierde a Vasti (1)
B. El rey escoge a Ester (2)

II. Amán es desenmascarado (3–7)
A. El perverso complot de Amán (3)
B. La gran preocupación de Mardoqueo (4)
C. La valiente intercesión de Ester (5–7)

III. La protección de Israel (8–10)
A. El nuevo decreto del rey (8)
B. La nueva victoria de los judíos (9)
C. El nuevo honor de Mardoqueo (10)

Notas preliminares a Ester

I. El libro

Los sucesos que aparecen en Ester ocurren entre Esdras 6 y 7. El «tercer año de Asuero» (1.3) sería el 483 a.C. «Asuero» es el título del gobernante persa, así como Faraón era el del gobernante egipcio. El libro no menciona en ninguna parte el nombre de Dios, aun cuando el nombre del rey se menciona veintinueve veces. Los rabíes judíos han encontrado el nombre «Jehová» escondido por lo menos en cinco versículos diferentes del hebreo original (1.20; 5.4,13; 7.5,7). Aun cuando no se menciona el nombre de Jehová, en cada capítulo del libro se ve que rige su providencia. «Ester» significa «estrella»; «Hadasa», su nombre judío, significa «mirto» (2.7).

II. El tema

Ester cuenta cómo la nación judía fue rescatada de la extinción. Explica el origen de una de las celebraciones más festivas de Israel, la Fiesta de Purim. La palabra «Purim» significa «suerte» y se refiere al acto de Amán al echar suertes para determinar el día de la matanza de los judíos (9.26-31; 3.7). Purim se celebra el catorce y el quince del último mes del calendario judío (nuestro febrero-marzo). Por lo general la precede un ayuno el día trece, en memoria del ayuno de Ester (4.16). Esa noche se lee públicamente en la sinagoga el libro de Ester. Cada vez que se lee el nombre de Amán, los judíos golpean con el pie el piso, sisean y exclaman: «¡Que se borre su nombre!» Al día siguiente se reúnen de nuevo en la sinagoga para orar y leer la ley. El resto del día y el día siguiente se dedican a regocijarse grandemente, festejar y darse regalos. No hay autorización en el AT para esta fiesta, pero los judíos la han venido observando por siglos.

III. Una lección espiritual

En Ester vemos otra vez el odio de Satanás hacia los judíos. Si Amán hubiera tenido éxito en su complot, ¡la nación judía hubiera sido exterminada! Piense lo que esto hubiera significado en el pacto de la gracia de Dios con Abraham. Como Amán, cualquier hombre o nación que ha tratado de exterminar a los judíos ha fracasado. Véase Génesis 12.1-3. Desde que Dios declaró la guerra a Satanás (Gn 3.15), este y su simiente han estado luchando contra Cristo y su simiente: Caín mató a Abel; Faraón trató de ahogar a los judíos; Amán conspiró para destruir a Israel; Herodes trató de asesinar a Cristo. Tenemos aquí una ilustración de la guerra entre la carne y el Espíritu (Gl 5.16-23). Amán era descendiente de los amalecitas, los archienemigos de los judíos (compárese Esd 3.1 con Dt 25.17-19; Éx 17.8-16 y 1 S 15). Amalec simboliza la carne y Amán, siendo de aquella familia, es un cuadro de la hostilidad de la carne contra el Espíritu, así como de los hijos de Satanás contra los hijos de Dios.

IV. La providencia de Dios

En ninguna parte de este libro se menciona el nombre de Dios, ¡pero la mano de Dios no falta en ninguna parte! Él está «de pie en algún punto de las sombras» rigiendo y controlando todo. Al estudiar este libro note las siguiente evidencias de las obras providenciales de Dios: (1) que se seleccione a Ester como reina por sobre las otras candidatas, 2.15-18; (2) que Mardoqueo descubra el complot para asesinar al rey, 2.21-23; (3) que el acto de echar suerte respecto al día para destruir a los judíos diera como resultado una fecha lejana en el año, dándoles tiempo a Mardoqueo y a Ester para que actuaran, 3.7-15; (4) que el rey diera la bienvenida a Ester después de ignorarla por un mes, 5.2; (5) la paciencia del rey con Ester al permitirle celebrar otro banquete, 5.8; (6) el insomnio del rey que sacó a la luz la buena obra de Mardoqueo, 6.1ss; (7) lo que parecía ser un olvido del rey en 6.10-14, que le llevó a honrar a uno de los judíos que había acordado matar; (8) la profunda preocupación del rey por el bienestar de Ester, cuando tenía un harem donde escoger, 7.5ss.

V. Las fechas

El rey en el libro de Ester es Xerxes, o Jerjes, hijo de Darío I, Darío el Grande. Gobernó el Imperio Persa desde el 486 hasta el 465 a.C. Vasti fue destronada en el tercer año de su reinado (1.3), que sería el 483 a.C. La historia nos dice que Jerjes celebró una gran fiesta para sus príncipes en ese año, en preparación para su invasión a Grecia. La campaña duró hasta el año 479 y fue un desastre. Fue quizás su vergüenza y derrota lo que llevó a Jerjes a desear no haber depuesto a Vasti. Ester fue hecha reina en el séptimo año de su reinado (2.16), el año 479. Fue en el duodécimo año de su reinado que se fraguó el complot de Amán (3.7), el año 474; de modo que Ester fue reina alrededor de cinco años cuando Amán se puso a obrar. Jerjes fue asesinado en el 465.

VI. Ester y Proverbios

Hay un interesante paralelo entre algunos de los versículos en Proverbios y los sucesos en Ester. Analícense estas referencias: Proverbios 16.33 con Ester 3.7; Proverbios 16.18 con Ester 5.9-14; Proverbios 11.8 con Ester 7.10; Proverbios 21.2 con Ester 5.1-4.

VII. Amán y el anticristo

Muchos eruditos bíblicos ven en el perverso Amán un cuadro del futuro anticristo que perseguirá a los judíos y procurará destruirlos. La frase: «este malvado Amán» en 7.6 suma 666 en el original hebreo y este es el número de la Bestia (Ap 13.18). Amán tramó sus asesinatos en secreto, mientras daba abiertamente la apariencia de ser amigo de los judíos; el anticristo hará un pacto con Israel de siete años, pero lo romperá después de la mitad de ese tiempo. Amán poseía tremendo poder, que el rey le había dado; la Bestia poseerá gran poder, dado por Satanás. El orgullo de Amán era obvio, porque quería que todos los hombres se postraran ante él; la Bestia hará que todos los hombres le adoren a ella y a su imagen. Amán detestaba a los judíos y el anticristo aborrecerá a los judíos. Pero Amán estaba condenado, aun cuando por un tiempo parecía tener poder. La obra maestra de Satanás, la Bestia, parecerá ser indestructible, pero Cristo destruirá a ella y a sus seguidores.

VIII. El valor de Ester

Algunos han criticado a Ester por lo que parece ser una falta de interés por la suerte de los judíos. Es cierto que cuando Mardoqueo empezó a ayunar y a lamentar, Ester trató de hacerle cambiar de opinión (4.1-4). Pero debemos tener presente que Ester estaba más bien aislada de los asuntos reales de la corte y hacía un mes que no iba ante el rey. Una vez que ella se enteró de las noticias del peligro que se cernía, estuvo dispuesta a cooperar con Mardoqueo. Sin duda, tomaba su vida en sus manos, porque Jerjes era una criatura de caprichos y podía matarla tan fácilmente como depuso a Vasti. Aun cuando al principio Ester no mostró la misma fe en el pacto de Dios que mostró Mardoqueo, a medida que los sucesos se desarrollaron resultó ser una mujer valiente con gran fe en Dios. Es interesante notar que mientras Ester estuvo alejada de Mardoqueo, todo les fue mal a los judíos, pero cuando ella empezó a obedecer la palabra de Mardoqueo, todo resultó en bien para los judíos.

ESTER 1–4

Estos cuatro primeros capítulos del libro nos presentan a los cuatro principales personajes del drama.

I. El rey Asuero (1)

Como ya se mencionó antes, «Asuero» era el título del gobernante persa; su nombre de pila era Jerjes y gobernó del 486 al 465 a.C. La historia nos dice que fue un gobernante impulsivo y lo podemos ver en el libro de Ester. ¡Nótese con cuánta rapidez el rey le dio gran autoridad a Amán y luego se olvidó de lo que incluía su decreto! Nótese también cuán impulsivamente depuso a su amada esposa y luego lo lamentó.

A. El banquete (vv. 1-12).

Este asunto real tenía el propósito de conferenciar con sus jefes y líderes en preparación para su guerra contra Grecia. Jerjes había sofocado una rebelión en Egipto y se sentía confiado de que podía conquistar a los griegos. La reunión duró ciento ochenta días; el enorme banquete se celebró al final de tal período. Era el tercer año de Jerjes, o el 483 a.C. Los medos y persas estaban en el poder tal como Daniel lo profetizó (Dn 2.36ss). La fiesta duró siete días (v. 5) en el hermoso jardín del rey. Por supuesto, hubo licores y cada invitado podía beber todo lo que quisiera. Las mujeres, según la costumbre persa, tenían un banquete separado. Ansioso de complacer a sus invitados, Jerjes le pidió a la reina que viniera al banquete de los hombres, pero Vasti se negó. (El nombre «Vasti» quiere decir «mujer hermosa».) Vasti sabía que el rey y sus invitados estaban bajo la influencia del vino y que el salón del banquete no era lugar para una mujer, especialmente una reina.

B. La destitución (vv. 13-22).

El rey quedó estupefacto por la negativa pública de Vasti a obedecer sus caprichos. Acudió a sus sabios en busca de consejo. (Usted notará en este libro que Jerjes da oídos a los consejos de muchas personas. La historia nos dice que fue un «títere» y muchos jefes tiraban de las cuerdas.) Los sabios le aconsejaron que depusiera a Vasti y la hiciera ejemplo público para toda la nación. El «sistema postal» persa era tal vez el mejor del mundo antiguo. Operaba en forma algo similar al «expreso de caballos», con caballos y jinetes frescos esperando en varios puntos a través de la ruta. El rey esperaba que su decreto fortalecería los hogares en la tierra. Si lo logró o no, nadie lo sabe. Sabemos que más tarde lamentó su decisión.

II. La reina Ester (2)

Entre los capítulos 1 y 2 han pasado cuatro años, durante los cuales Jerjes se embarcó en su desastrosa campaña griega (481-479). Regresó a casa como un hombre amargado y era muy natural que buscara algún consuelo en su hogar. Pero entonces recordó que Vasti había sido destronada y que estaba sin reina. Por supuesto, tenía muchas mujeres disponibles en su harem, pero echaba de menos a su hermosa reina. Los asesores le aconsejaron que buscara otra. (Si Vasti hubiera regresado al trono, tal vez hubiera castigado a los asesores de su esposo.) Así empezó la gran búsqueda para la reina ideal y aquí es donde Ester entra en escena.

Ester y Mardoqueo era primos; Mardoqueo la había criado como su hija. Mardoqueo era conocido en el palacio y tal vez ostentaba algún cargo de menor importancia, porque lo hallamos sentado a la puerta. Aconsejó a Ester que «participara en la competencia», pero que no diera a conocer que era judía. Esto quería decir que Ester quizás tendría que comer alimentos ceremonialmente inmundos y quebrantar algunas de las leyes del AT; de otra manera no hubiera podido mantenerse entre las competidoras gentiles. (Sin embargo, véase la experiencia de Daniel en Dn 1.) ¿Significa esto que «el fin justifica los medios»? Por supuesto que estas leyes eran reglas temporales y no las leyes básicas y eternas relacionadas con la salvación, pero de todas maneras eran la Palabra de Dios. Sin embargo, no debemos juzgar, porque Ester demostró ser una mujer valiente. Después de un año de preparación especial (v. 12), Ester fue presentada al rey... ¡y escogida! El versículo 15 indica que ella «no pidió nada»; es decir, no se atavió con joyas ostentosas como las otras mujeres. Dependía de su belleza y su carácter; véase 1 Pedro 3.3-4. Fue hecha reina en el año 479 a.C. y se celebró una gran fiesta en su honor. En los versículos 21-23 tenemos lo que parece ser un incidente menor, pero que más tarde se convierte en un asunto importante. Tal vez estos hombres trataron de asesinar al rey debido a que desaprobaban la manera en que trató a Vasti.

III. El enemigo Amán (3)

Cinco años pasan (v. 7) y Satanás empieza a trabajar. La promoción de Amán se le fue a la cabeza y lo convirtió en un homicida. Siendo un judío fiel, Mardoqueo no podía inclinarse ante Amán y esto encolerizó en exceso al arrogante gobernador. El palacio sabía que Mardoqueo era judío (v. 6), pero no sabía que Ester también lo era. Amán decidió destruir a *todos* los judíos simplemente debido a su malicia hacia Mardoqueo. Satanás es el Apolión destructor (Ap 9.11). Amán y sus adivinos echaron suertes («pur» en hebreo) para saber qué día debían señalar para la ejecución, ¡y cayó casi un año más tarde! Amán entonces ofreció conseguir para el rey $25.000.000 en plata si el rey le autorizaba masacrar a los judíos. Amán mintió respecto a los judíos, por supuesto, porque Satanás es mentiroso y homicida. Neciamente Jerjes le dio a Amán su anillo y la autoridad para que actuara, sin darse cuenta de que ponía en peligro la vida de su reina. Amán no perdió tiempo, porque ese mismo mes hizo escribir los decretos y los despachó (vv. 7,12), ordenando a los persas a destruir, matar y saquear a todos los judíos en todas las regiones del reino. Es difícil ver cómo el rey pudo en un minuto dictar una ley para exterminar a millones de personas y sentarse a comer y beber al siguiente minuto (v. 15). Pero los dictadores en nuestra historia moderna han hecho lo mismo. (Véanse en las notas preliminares material adicional sobre Amán.)

IV. El protector Mardoqueo (4)

El judío que se sentaba a la puerta del palacio real ahora tiene que salir al frente; porque es el instrumento preparado por Dios para salvar a la nación. De inmediato Mardoqueo se lamentó en público, ¡incluso a la puerta del rey! No se avergonzaba de su pueblo ni de su Dios, aun cuando aconsejó a Ester que ocultara su nacionalidad. Sin duda se convirtió en una «peste» al sentarse a la puerta e irse «por la ciudad clamando con grande y amargo clamor». Ester le envió vestidos nuevos y le sugirió que dejara de hacerlo, pero él le explicó al emisario sus acciones. Lo más probable es que Ester en el palacio no sabía todas las acciones políticas que estaban sucediendo y hacía un mes que no veía al rey (v. 11). Mardoqueo le envió una copia del decreto para que se percatara de cuán desesperada era en realidad la situación. Vemos aquí dos clases de santos: los que están alegres porque ignoran lo que ocurre y los afligidos porque saben las señales de los tiempos.

¿Está Ester en el versículo 11 dando excusas o sólo explicando la situación? No cabe duda que debe haberse dado cuenta de que era la única que podía salvar a los judíos. Téngase presente que Ester quizás no sabía nada respecto al verdadero carácter de Amán. Este era el favorito del rey y Ester no tenía razón para dudar de su sinceridad. Mardoqueo le recordó que ella no escaparía de la muerte ni siquiera en el palacio. «Si guardas silencio, ¡Dios enviará liberación de alguna otra manera!» Mardoqueo sabía del pacto de Dios con Abraham, que Él nunca permitiría que su nación pereciera.

Debemos admirar la reacción sensible y espiritual de Ester; ¡pidió oración! Se dio cuenta de que entrar a la presencia del rey podría significar la muerte, pero se presentó como un «sacrificio vivo» para hacer la voluntad de Dios. «Si perezco, que perezca» no era un clamor de mártir; era el testimonio del creyente dispuesto a darlo todo por su Dios. Véase Daniel 3.13-18. Ester ahora se veía obligada a revelar a su pueblo. ¡No se puede ocultar por mucho tiempo la luz debajo de una vasija! Ester en el AT y José de Arimatea en el NT (Jn 19.38-42) fueron «creyentes ocultos» a quienes Dios colocó en circunstancias especiales para desempeñar un ministerio especial. (La palabra «secretamente» en Juan 19.38 es literalmente «puesto en secreto». Dios le ocultó para el propósito especial de sepultar el cuerpo de Jesús.)

No podemos dejar de ver una aplicación espiritual moderna en estos capítulos. Satanás es el destructor y millones de personas van camino al infierno a menos que alguien las rescate. Algunos cristianos son como el rey: comen, beben y disfrutan de la vida, sin preocuparse del peligro. Otros, como Mardoqueo, están profundamente preocupados por salvar a los condenados. Y hay otros como Ester que se sacrifican para interceder a favor de los perdidos. ¿Cuál es usted?

ESTER 5-10

Los acontecimientos de estos capítulos se centran alrededor de tres fiestas.

I. Una fiesta de regocijo (5-6)

Los judíos ayunaron y oraron con Ester durante tres días; es ahora el momento de dar un paso al frente por fe e interceder ante el trono del rey. Téngase presente que los gobernantes orientales eran casi como dioses para su pueblo y sus órdenes, justas o injustas, se obedecían. Ester estaba arriesgando su vida, pero ya la había puesto en las manos de Dios. Tan pronto como apareció a la entrada de la sala del trono, el rey extendió su cetro de oro y la invitó a entrar. «El corazón del rey está en la mano de Jehová» (Pr 21.1). Actuando con mucha sabiduría, Ester no le dijo de inmediato a Jerjes su verdadera petición. En lugar de eso, le invitó junto a Amán a un banquete ese mismo día. Ella conocía la debilidad del rey por la comida y la bebida y, con intuición femenina, le preparó para la importante petición. Es más, le dio a Amán un sentimiento falso de seguridad al incluirlo. Después de varios platos de alimentos, el tiempo llegaría para servir el vino, cuando el rey estaría excepcionalmente alegre. Sabía que Ester tenía algo en su corazón, de modo que se lo preguntó. Pero la sabia reina demoró un día más y el rey cedió a sus deseos. Amán se fue a su casa contentísimo, inflado de orgullo al disfrutar tan exclusivo banquete con la realeza. Pero su paz y seguridad no durarían mucho; como los pecadores perdidos de hoy, Amán ya estaba bajo condenación.

Hubo sólo una cosa que le arruinó el día a Amán: tenía que ver al judío Mardoqueo a la puerta y este rehusaba inclinarse ante él. En su ira arrogante Amán decidió inventarse alguna acusación contra Mardoqueo y hacerlo ejecutar. Como Adán, Amán dio oídos a su mujer y siguió su consejo. Hizo preparar una hora de veinticinco metros de altura, con la intención de ahorcar a Mardoqueo en ella. La altura de la horca permitiría que la ciudad entera viera a la víctima; es más, en el 7.9-10 los siervos del rey parecen indicar que la horca podía verse incluso desde el palacio. El regocijo carnal de Amán no duraría mucho, porque en el capítulo 6 vemos a Mardoqueo finalmente recompensado por salvarle la vida al rey. Tal vez Mardoqueo había meditado en el Salmo 37.1-15; sabía que Dios un día le honraría por su buena acción. ¡Pero piense cuán humillado debe haber estado Amán! Este suceso debía haberlo hecho humilde y obligado a cambiar sus planes perversos. A decir verdad, su esposa hasta le advirtió que no vencería a los judíos. Mientras que Amán y su esposa hablaban sobre el asunto, los siervos vinieron a buscar a Amán al segundo banquete.

II. Una fiesta de reconocimiento (7)

El conflicto entre Amán y Mardoqueo y la caída final de Amán, son ilustraciones perfectas del Salmo 37. Lea este salmo con cuidado y observe cómo encaja. Lea también el Salmo 73. Sin duda Amán vino a la fiesta con algún temor y temblor en su corazón. Era demasiado tarde, sin embargo; su pecado le iba a alcanzar. Véanse Proverbios 16.18 y 18.12. El rey le preguntó a Ester cuál era su petición y esta vez ella le abrió el corazón para implorar por la salvación de su pueblo. Nótese en el versículo 4 que ella usó las mismas palabras del decreto del rey; véase 3.13. Sin duda leyó mucho el decreto y lo «presentó ante el Señor». El rey no se sorprendió al descubrir que ella era judía. ¡Lo que le sorprendió fue que un hombre tan perverso estuviera a su servicio! Y el rey quedó incluso más estupefacto al descubrir quién era el enemigo: ¡Amán! Cuán ciego era este monarca al verdadero carácter de las personas que lo rodeaban. Tenía al sabio y piadoso Mardoqueo fuera de la puerta, pero le permitía a Amán que mandara desde el palacio. No sorprende que al rey más tarde lo asesinaran.

«La ira del rey es mensajero de muerte» (Pr 16.14). Tan perturbado quedó el rey que dejó la sala del banquete y se fue al jardín. Esto le dio al perverso Amán la oportunidad de humillarse ante la reina y suplicar misericordia. Tan intenso fue Amán en su súplica que cayó sobre el diván de la reina y esto fue demasiado para el rey. Ordenó que se ejecutara al hombre y así se hizo, ¡en la misma horca que Amán tenía preparada para Mardoqueo! «El justo es librado de la tribulación; mas el impío entra en lugar suyo» (Pr 11.8). A los siervos les alegró obedecer, porque Amán se hizo de muchos enemigos con su administración egoísta y arrogante.

III. Una fiesta de recordación (8–10)

Una vez que se eliminó a Amán del cuadro, la paz reinó en el palacio. A Mardoqueo se le dio la autoridad que un tiempo ostentaba Amán y ahora todo el mundo sabía que Ester era judía. Quedaba un problema, sin embargo: el rey no podía cancelar su decreto y en nueve meses a los judíos se les saquearía y mataría (compárese 8.8 con 3.13). Sin duda podemos ver la providencia de Dios cuando se echaron las suertes (3.7), porque le dio tiempo al rey para dar a conocer en todo el Imperio la palabra del nuevo decreto. Otra vez Ester le suplica al rey que actuara para la salvación de su pueblo. El rey acudió a Mardoqueo y le dio autoridad para que actuara. El nuevo decreto les permitió a los judíos protegerse y destruir a cualquiera en el reino que fuera enemigo de los judíos. El rey no canceló la vieja ley; sólo dictó una nueva ley superior. Esto es cierto en la vida cristiana; la ley del pecado y la muerte se ha vencido por la ley del Espíritu de vida en Cristo (Ro 8.1-12).

Los versículos 10-14 son una hermosa ilustración del esparcimiento del evangelio. ¡Este mensaje era cuestión de vida o muerte! Los escribas se dieron prisa y escribieron los mensajes, y los embajadores oficiales se apuraron en llevar el mensaje hasta lo más recóndito del reino. Si los cristianos de hoy tuvieran la mitad de esa disposición anhelante para dar a conocer el mensaje del evangelio, más almas se rescatarían de la muerte eterna. Véase

Proverbios 24.11-12. Nótese que se emplearon muchas personas para el esparcimiento de las buenas noticias, así como Dios usa muchos obreros hoy. Por supuesto, cuando los judíos oyeron y creyeron el mensaje, les dio gozo y liberación. Sabían que los persas no se atreverían a luchar contra ellos e incurrir en la ira del rey. Es más, muchos de los persas «se hacían judíos» para escapar del castigo.

Cuando llegó el duodécimo mes (cap. 9), los judíos estaban listos para la victoria; tenían de su lado el edicto del rey. Murieron cientos de los enemigos de los judíos, incluyendo los diez hijos de Amán (9.6-10). ¡En la Biblia hebrea los nombres de estos diez hijos se mencionan en una larga columna que se parece a una horca! Nótese que los judíos no se apropiaron de nada del botín (v. 10), aun cuando el decreto de 8.11 se los permitía. No cabe duda que sus enemigos se hubieran apoderado de las riquezas de los judíos según lo ordenado por el rey (3.13), pero el pueblo de Dios tenía que demostrar que era mejor que sus enemigos. El versículo 16 indica que murieron 75.000 de sus enemigos. El día catorce del mes los judíos descansaron y se regocijaron por la liberación de Dios. Mardoqueo se sintió impulsado a declarar festivos los días catorce y quince del duodécimo mes, para que los judíos conmemoraran la gran liberación; y hasta este día los judíos celebran la Fiesta de Purim. El versículo 26 explica el significado de «Purim». Es el plural de *pur*; vocablo hebreo para «suerte» (véase 3.7). Aun cuando no tenemos autorización divina en el AT para esta fiesta, se ha celebrado por siglos y es un testimonio del poder y la gracia de Dios hacia su pueblo.

El libro concluye informando la promoción y prosperidad de Mardoqueo, el hombre de fe que creyó en las promesas de Dios y se atrevió a actuar. Por supuesto, no nos atrevemos a olvidarnos de Ester, quien dio todo de sí para salvar a su pueblo. Todo el libro de Ester es un maravilloso testimonio del poder y providencia sobrepujante de Dios. Este libro ilustra a Romanos 8.28.

JOB

Bosquejo sugerido de Job

I. La aflicción de Job (1–3)
   A. Su prosperidad (1.1-5)
   B. Su adversidad (1.6–2.13)
   C. Su perplejidad (3)

II. La defensa de Job (4–37)
   A. Primera etapa (4–14)
      1. Elifaz (4–5); respuesta de Job (6–7)
      2. Bildad (8); respuesta de Job (9–10)
      3. Zofar (11); respuesta de Job (12–14)
   B. Segunda etapa (15–21)
      1. Elifaz (15); respuesta de Job (16–17)
      2. Bildad (18); respuesta de Job (19)
      3. Zofar (20); respuesta de Job (21)
   C. Tercera etapa (22–37)
      1. Elifaz (22); respuesta de Job (23–24)
      2. Bildad (25); respuesta de Job (26–31)
      3. Eliú (32–37)

III. La liberación de Job (38–42)
   A. Dios humilla a Job (38.1–42.6)
      (véanse 40.3-5 y 42.1-6)
   B. Dios honra a Job (42.7-17)
      1. Dios reprende a sus críticos (42.7-10)
      2. Dios restaura su riqueza (42.11-17)

Notas preliminares a Job

Demasiados lectores de la Biblia evitan estudiar el libro de Job, con la excepción tal vez de los dos primeros y el último capítulos, que son realmente dramáticos. El resto del libro parece a primera vista una colección de largos discursos poéticos y la conversación nunca parece progresar mucho. Una lectura cuidadosa del libro de Job, sin embargo, le revelará que su muy moderno mensaje trata con un problema que los creyentes enfrentan continuamente.

I. El libro

Al estudiar el libro de Job tenga presente estos hechos: (1) Es un libro oriental, lleno de pensamientos y expresiones de los orientales. (2) Es un libro poético (excepto los capítulos 1–2 y 42.7-17) y la poesía hebrea es muy diferente a la poesía occidental. (3) Este libro lucha con un problema difícil, la presencia del sufrimiento en un mundo donde Dios rige. Estas tres características hacen el libro de Job difícil de leer e interpretar, pero no debemos ignorarlo.

II. El hombre

Job no fue un personaje ficticio, inventado para este poema dramático; fue un hombre real en la historia. Ezequiel lo menciona (Ez 14.14-20) y también Santiago (Stg 5.11). Job fue un hombre justo, rico y con una sincera preocupación por las necesidades de los demás. No obstante, también fue un hombre confundido, porque no podía explicar por qué Dios le permitía atravesar tanta aflicción.

III. El tema

La mayoría de las personas dice que el tema de Job es la antigua pregunta: «¿Por qué un Dios amante y justo permite que el justo sufra?» Pero si este es el tema del libro, ¡la pregunta nunca recibe respuesta! El tema se expresa mejor: «¿*Cómo* sufre el justo?» En apenas pocos días Job perdió su negocio, su riqueza, su familia (excepto su esposa) y su salud. ¿Por qué ocurrió esto? Sus tres amigos llegaron a la conclusión de que Job en realidad era un hipócrita, que había pecado oculto en su vida y que Dios lo estaba castigando. Job insistía en que no sabía de algún pecado oculto, de modo que ellos siguieron argumentando con él. Por favor, note que en 2.3 Dios indica claramente que no tenía ninguna causa contra Job. Y en 42.7 Dios reprende a los tres amigos por no decir la verdad en cuanto a Él. Job no era ningún hipócrita, aun cuando (como cualquiera de nosotros) había campo para mejoras en su vida; y esto lo admitió al final (42.1-6).

Es cierto que Dios castiga cuando sus hijos persisten en pecar (Heb 12.1-13) y que este castigo es evidencia de su amor. Es también cierto que el malo tiene su alegría hoy, pero que pronto será cortado (Sal 37; 73). Mas ninguno de estos hechos suplió la necesidad en la vida de Job. Sin embargo, Dios tenía propósitos divinos al permitirle a Job que sufriera. Por un lado, le reveló por medio de Job a Satanás y a sus ángeles el testimonio de un hombre de fe. (Sólo en la eternidad descubriremos cuánto han aprendido los ángeles mediante la vida de los santos; véanse Ef 3.9-10 y 1 P 1.12.) La principal lección en Job es esta: Dios es completamente soberano al tratar con su pueblo y nunca permitirá que le venga a la vida del cristiano obediente nada que no sea para su bien y para la gloria de Dios. Él no tiene que explicarnos sus caminos. Es suficiente que sepamos que Él se preocupa y que nunca se equivoca. No vivimos por explicaciones; vivimos por promesas. El libro de Job nos muestra cómo debe sufrir el justo. «Habéis oído de la paciencia de Job» (Stg 5.11).

IV. Los amigos de Job

Cuatro hombres intervienen en este drama, todos amigos de Job. Téngase presente que los sucesos de este libro abarcan varios meses (7.3) y que los amigos y vecinos hablaban respecto al caso de Job (6.15; 12.4; 16.10; 17.1-9). *Elifaz* de Temán fue el primero en hablar y basó sus ideas en una «experiencia espiritual» que tuvo una noche (4.12-16). *Bildad* era un «tradicionalista» que conocía unos cuantos «dichos sabios» y trataba de edificar su caso alrededor de ellos. Como Elifaz, estaba seguro de que Job era un hipócrita. *Zofar* era muy dogmático y estaba seguro de que sabía más acerca de Dios que ningún otro. Cada uno de estos hombres discutió con Job y él replicó. Al final (caps. 32–37), apareció una nueva voz, la del joven *Eliú,* que esperó que los ancianos terminaran de hablar antes de presentar sus ideas. En tanto que los tres ancianos insistían en que Dios siempre bendice al justo y juzga al malo, Eliú dijo que Dios algunas veces disciplina (no castiga) al justo por su voluntad. Le pidió a Job que se sometiera a Dios y confiara en Él, pero su actitud era todavía la del juez y crítico. Cuando Dios en efecto apareció, ¡no hizo ninguna referencia a los grandes discursos de Eliú!

V. La bendición de la paciencia

El libro de Job no nos da una «respuesta de cajón» al problema de por qué sufre el justo. Sin duda Job fue un mejor hombre después que sus aflicciones pasaron, porque el sufrimiento puede tener un efecto purificador si nos sometemos al Señor. Santiago 5.11 elogia a Job por su paciencia, que literalmente significa «fidelidad bajo prueba». (La palabra «paciencia» puede ser mal entendida, ¡porque sin duda Job se impacientó con sus amigos y sus circunstancias!) Job mantuvo su fe en Dios y creyó que al final Él le vindicaría. Y lo hizo. Tal vez esta es la más grande lección del libro: Dios es completamente soberano en nuestras vidas y no tiene que explicarnos sus caminos. Dios realiza sus propósitos (Ro 8.28) y esto es todo lo que importa. Cuando las pruebas vienen, no debemos preguntar: «¿Cómo me libro de esto?», sino: «Señor, ¿qué puedo sacar de esto?»

JOB 1–3

La tierra de Uz estaba quizás en lo que nosotros conoceríamos como el norte de Arabia. El hombre más grande de todo el oriente vivía allí: se llamaba Job. Veamos cuán grande era.

I. La prosperidad de Job (1.1-5)

En todo sentido Job era un hombre rico. Era rico en carácter, porque era «perfecto y recto». No era sin pecado, sino que era sincero y obediente ante el Señor. Temía a Dios, no con terror, sino con confianza humilde y se apartaba del mal. También era rico en cuanto a familia, tenía siete hijos y tres hijas. Las familias numerosas (en especial de muchos hijos) eran grandemente deseadas en el Oriente. Nótese en el versículo 5 que Job tenía una preocupación espiritual por sus hijos e hijas, y que oraba por ellos ante el altar. Qué afortunados eran estos hijos al tener un padre consagrado. En cuanto a la esposa de Job, no parece tener la fe y la sabiduría que Job poseía (véase 2.9-10), aun cuando podemos entender que ella prefería ver a su esposo muerto antes que tener que soportar tal dolor. Al final, sin embargo, Dios demostró que ella estaba equivocada. Véase también 19.17.

Job era rico en posesiones y tenía «muchísimos criados». Su ganado se contaba por miles. Es cierto que Dios lo bendijo y Job alababa sin vacilación a Dios por todo lo que Él había hecho. Pablo escribió: «Sé vivir humildemente, y sé tener abundancia» (Flp 4.12). La mayoría no tenemos problemas en acudir a Dios cuando estamos «abatidos» y las cosas marchan mal, pero cuán difícil es servir a Dios y recordarle cuando las cosas prosperan. Job no permitió que su dinero y posesiones ocuparan el lugar de Dios.

II. La adversidad de Job (1.6–2.13)

A. *La primera acusación y ataque de Satanás (1.6-22).*

Satanás tiene acceso al cielo y debe «reportarse» a Dios. Véase Apocalipsis 12.7-12. En el cielo Satanás acusa a los santos ante Dios; véase Zacarías 3. ¡Gracias a Dios por nuestro Abogado en el cielo, Jesucristo el Salvador (1 Jn 2.1-2)! Sin que Job lo supiera, Dios y Satanás discutían su caso. Si Job hubiera sabido de esta conversación no hubiera habido campo para la duda ni la preocupación. Hubiera sabido que Dios estaba usándolo como arma para refutar las mentiras de Satanás. Pero no sabía lo que ocurría en los concilios de los cielos; por consiguiente, tenía que tomar sus pruebas por fe. Satanás admitió que había estado yendo y viniendo por la tierra (véase 1 P 5.8-9), y Dios le mostró a Job como «evidencia A» de lo que un hombre consagrado debería ser. Pero de inmediato Satanás, el cual *jamás* concuerda con la Palabra de Dios, acusó a Job de ser un hipócrita. «La única razón que Job tiene para ser tan obediente es su riqueza. ¡Quítasela y te maldecirá en tu misma cara!» Nótese que los creyentes están «cercados» por el Señor y que Satanás no puede tocarles sin el permiso expreso de Dios. Véase Lucas

22.31-34. Satanás no es igual a Dios ni en sabiduría ni en poder. Satanás no es todo poderoso, porque no es sino un ser creado limitado en poder. Satanás no está en todas partes; está limitado a un lugar cada vez. Y Satanás no lo sabe todo; porque si hubiera sabido cómo, acabaría esta competencia, nunca se hubiera embarcado en ella. Satanás tiene a este mundo en sus manos (1 Jn 5.19), pero «mayor es aquel que está en vosotros, que el que está en el mundo» (1 Jn 4.4). En el momento que recibió el permiso divino Satanás salió para atacar las posesiones personales de Job y en breve Job quedó en extrema pobreza. Nótese que Satanás usó cosas comunes para atacar a Job: ejércitos enemigos, fuego y un viento huracanado. Los amigos de Job pensaron que estas fuerzas destructivas vinieron de Dios cuando en realidad venían por acción de Satanás. Es más, un hombre llamó al fuego (quizás rayos) «el fuego de Dios» (1.16). ¿Cómo respondió Job? Lamentó sus muertos y adoró a Dios. «Jehová dio» (esto es fácil decir) «y Jehová quitó» (esto es duro decir). «Sea el nombre de Jehová bendito» (requiere fe real decirlo).

B. La segunda acusación y ataque de Satanás (2.1-13).

Piense en cómo los ángeles del cielo alabaron a Dios cuando vieron que Job permaneció fiel. ¡Qué reproche para Satanás! «Todavía retiene su integridad», le recordó Dios a Satanás (2.3). Pero Satanás tenía otra mentira en su lengua: «Déjame tocarle su *cuerpo* y darle dolor, y verán cuán fiel es». Dios se lo permitió, pero limitó a Satanás de nuevo, porque este (que tiene el poder de la muerte cuando Dios se lo permite) no puede ir más allá de la voluntad de Dios. No sabemos en qué consistía la «sarna maligna» de Job; tal vez alguna forma de lepra o elefantiasis. En cualquier caso, era en extremo dolorosa y su apariencia horrible (19.13-20), y parecía que no había esperanza. Su esposa no podía verle sufrir y en un momento de incredulidad sugirió que maldijera a Dios y se quitara la vida (vv. 9-10). La palabra «mal» en 2.10 no significa «pecado», porque Dios no es el autor del pecado. Significa «calamidad, aflicción». Dios en efecto permite calamidades en nuestras vidas.

Entonces tres amigos de Job se pusieron de acuerdo para venir a consolarle y se sentaron en silencio de simpatía durante una semana después de llorar con él y unirse en sus acciones de contrición. Es posible que Satanás tenía su mano inclusive en las palabras y acciones de la esposa y los tres «amigos» de Job. Satanás usó a Judas, Pedro y a Ananías y Safira. No cabe duda que pudo usar a los bienintencionados amigos de Job.

III. La perplejidad de Job (3)

No se malentienda este capítulo; Job no maldijo a Dios como Satanás predijo que lo haría (1.11; 2.5), o como su esposa le sugirió que hiciera (2.9). Es bueno saber que Satanás no puede predecir el futuro. Lo que Job maldijo fue su nacimiento; deseaba no haber nacido. Sentía que hubiera sido mucho mejor haber muerto al nacer que vivir para soportar tal aflicción. La descripción que Job da de la tumba en los versículos 13-19 debe suplementarse con la revelación que tenemos en el NT. Job no sugiere que todos los hombres, pecadores y santos por igual, van a un lugar de descanso y bendición; porque sabemos que el perdido muere y va a un lugar de castigo, en tanto que los creyentes van de inmediato a la presencia de Dios. «¡De seguro que nací para algo mejor que esto!», es lo que Job dice. Estaba perplejo; no sabía el propósito de Dios en este sufrimiento.

En los versículos 20-24 Job pregunta: «¿Por qué miserables como yo viven después de todo? ¿Logra algo nuestra miseria? Quisiera morirme, pero la muerte no viene». ¿Consigue algo el sufrimiento? Cuando nos sometemos a Dios, sí; lo logra. El sufrimiento obra por nosotros, no contra nosotros (léase 2 Co 3.7–5.9). Job no podía ver «el fin [propósito] del Señor» (Stg 5.11); nosotros podemos verlo porque vislumbramos la corte celestial.

Los versículos 25-26 indican que Job había pensado con frecuencia respecto a las pruebas y temía que tendría que enfrentarlas. Era un hombre próspero y se había preguntado lo que haría si perdiera su riqueza y su salud. No vivía en una seguridad carnal de paz falsa, porque su fe estaba en Dios y no en sus posesiones. «¡Sin embargo, los problemas vinieron!» No seamos duros con Job a menos «que nos sentemos donde él estuvo». En medio de la prosperidad es fácil confiar en Dios, pero cuando lo perdemos todo y nuestro dolor es tan intenso que queremos morir, ejercer fe es otra cosa. Por favor, recuerde que Job no maldijo a Dios; en ninguna parte del libro, Job lo negó ni puso en tela de juicio su santidad o su poder. Es más, la justicia de Dios era el problema real de Job: ¿Cómo podía un Dios santo permitir tan terrible calamidad?

No debería sorprendernos que un hombre consagrado desee morirse. Moisés le pidió a Dios que le quitara la vida (Nm 11.10-15) debido a la persistente rebelión de la nación y Elías pidió morir después de escapar de Jezabel (1 R 19). Jonás también quiso morirse (Jon 4.3). Por favor, note en el capítulo 3 que Job pregunta cinco veces: «¿Por qué?» (vv. 11-12,23). Job hubiera podido soportar el dolor y el sufrimiento si tan solo hubiera comprendido por qué Dios lo permitía. «¿Por qué?» es una pregunta fácil de hacer, pero no siempre es una pregunta a la que Dios contesta de inmediato. Job debía haberse dado cuenta de que Dios tenía todo el control, que estos hechos eran parte de un plan de amor y que un día Él le revelaría sus propósitos.

Cuando usted se quede perplejo por las pruebas de la vida, recuerde que Dios está aún en el trono. Véase en Job 23.10 una expresión de la fe de Job: «Mas Él conoce mi camino; me probará, y saldré como oro». Job estaba atravesando el horno. Pero cuando uno de los hijos de Dios está en el horno, Dios está allí con él (Is 43.1-2; Dn 3.25).

JOB 4-37

No podemos examinar cada capítulo en detalle, porque estos capítulos son demasiado largos y entretejidos. Si los lee en varias traducciones modernas, tal vez le sea posible seguir mejor los argumentos de estos hombres.

I. Los acusadores de Job

Los tres amigos de Job vinieron a consolarle, ¡pero acabaron criticándole! Cada uno usó el mismo argumento de una manera u otra: (1) Dios bendice al justo y aflige al malo; (2) Dios ha afligido a Job; (3) por consiguiente, Job debe ser malo. Por supuesto, tal pensamiento parece lógico, pero no era espiritual. Los seres humanos mortales somos demasiado ignorantes para comprender a plenitud los caminos de Dios. Encerrar a Dios en nuestras pequeños «casilleros teológicos» es limitarle y hacerle menos que Dios. Debemos tener presente que estos amigos no tenían la revelación plena que tenemos en el NT, mostrando más completamente que el sufrimiento no siempre es causa de pecado y que mediante nuestra fe en Cristo podemos convertir el sufrimiento en gloria. Es peligroso que los creyentes «expliquen los caminos de Dios» a otros creyentes si no comprenden la Palabra y las sendas de Dios.

En su primer discurso Elifaz argumenta que Job es un pecador (4.7-11). Basa su pensamiento en una visión especial que una vez recibió (4.12-21), de modo que podemos decir que Elifaz parte de una experiencia personal: los crudos «hechos de la vida». Bildad toma el argumento en 8.1-7 y sin rodeos afirma que Dios no hace nada injusto. En 8.8-10 Bildad arguye a partir de la tradición y entonces cita una serie de «dichos antiguos» para apoyar su argumento. *Zofar* reprende a Job en el capítulo 11, ¡y le dice que necesita arrepentirse y arreglar las cuentas con Dios! Los tres «amigos» cometieron las mismas equivocaciones: (1) no entraron en la aflicción de Job ni mostraron simpatía hacia él; (2) tenían un concepto rígido de Dios y sus obras, concepto que no era completamente verdad; y (3) eran demasiado dogmáticos y arrogantes como para escuchar a Job y examinar con sinceridad sus creencias.

El problema del sufrimiento humano es demasiado hondo y completo para las respuestas simples que dieron los tres amigos. Jesús jamás pecó y, sin embargo, ¡sufrió más que cualquiera otra persona! Ni Job ni sus amigos sabían de la conferencia en el cielo, ni de que Dios usaba a Job como «evidencia A» ante Satanás y los ángeles, para demostrar que las personas confiarán en Dios aun cuando no comprendan lo que Él hace. Los amigos llamaron «hipócrita» a Job (8.13; 15.34; 20.5; 34.30); Dios le llamó «perfecto y recto» (1.8; 2.3). Job no regatearía con Dios tan solo para recuperar su prosperidad material, porque su mayor capital era su integridad personal.

En 2.3 Dios aclara que no tenía razón para afligir a Job, que este no era hipócrita ni pecador. Es por eso que Dios rechazó el discurso de Eliú (38.1-2) y los discursos de los otros tres (42.7).

Mientras que los tres amigos argüían que los sufrimientos de Job era un castigo por el pecado, Eliú tenía una idea diferente (caps. 32-37): Dios envía sufrimiento para castigarnos y enseñarnos (33.9-20; 35.10-16). Eliú muestra una perspectiva más elevada de Dios y en sus discursos recalca hermosamente el poder y la sabiduría de Dios; léase en especial el capítulo 37. Pero fracasa al no ayudar a Job y Dios mismo reprocha a Eliú por su «consejo oscuro» (38.1-2).

II. Los argumentos de Job

Después que cada hombre hablaba, Job replicaba, excepto en el caso de Eliú, donde Dios mismo intervino para responder. Los argumentos de Job eran más o menos como sigue: (1) creo que Dios es justo y poderoso, así como vosotros creéis; (2) pero no soy ningún hipócrita; sé que no hay pecado entre mí y Dios; (3) argumentaría mi caso ante Dios, pero no puedo hallarle; (4) sin embargo, confiaré en Él, porque Él me vindicará ya sea en esta vida o en la venidera. Requirió gran cantidad de fe de parte de Job argüir así a la luz de las circunstancias. No sorprende que Santiago 5.11 recalca la paciencia de Job.

Los tres amigos argüían que Dios siempre aflige al malo, ¡pero Job les recalcó que los malos parecían prosperar! En el capítulo 18 Bildad da un cuadro de una terrible destrucción del malo como una luz que se apaga (vv. 5-6), un ave atrapada (vv. 7-10), un criminal perseguido (vv. 11-13), una tienda derribada (vv. 14-15) y un árbol que se seca (vv. 16-17). Entonces, en el capítulo 20 Zofar arguye que la aparente prosperidad de los malos es sólo pasajera. En el capítulo 21 Job rechaza sus argumentos y destaca la obvia salud y riqueza de los malos. En el capítulo 24 Job pregunta: «¿Por qué Dios no interviene y hace algo respecto al pecado?» Hace una lista de pecados de los malos y en el capítulo 31 hace un recuento de su vida consagrada. Los tres amigos quedan en silencio porque saben que los argumentos de Job son razonables. El locuaz discurso de Eliú no añade nada a la solución del problema.

III. Las apelaciones de Job

Los versículos más importantes son lo que indican las apelaciones del corazón de Job a Dios y a sus amigos.

A. Apela por simpatía.

Sus amigos no mostraron ni amor ni comprensión; para ellos Job era un problema teológico, no un santo sufriente (véase Jn 9.1-3). En el capítulo 6 Job indica que ha perdido su sabor por la vida (vv. 6-7) y quiere morir (vv. 8-13). Compara a sus amigos con un arroyo que se seca cuando los sedientos viajeros necesitan agua (vv. 14-20). El capítulo 7 nos da varios cuadros de la vida con sus pruebas y su brevedad: una guerra (v. 1, donde «brega» significa «guerra»); esclavitud (vv. 1-5); una veloz lanzadera de tejedor (v. 6); el viento (vv. 7-8); una nube (vv. 9-10; y véase Stg 4.13-17). En 9.25 compara a la vida con un mensajero veloz («correo», véase Est 8.9-14) y en 9.26 con una nave veloz.

B. Apela por una oportunidad de careo con Dios.

En el capítulo 9 Job se queja de que no tiene cómo presentar su caso ante Dios porque no puede hallarle. Nótese en el versículo 33 su apelación por un «árbitro» entre él y Dios. «¿Y cómo se justificará el hombre con Dios?» (v. 2) significa: «¿Cómo puede un hombre presentar su caso ante Dios?» Gracias a Dios por el Mediador, Jesucristo, ¡quien nos representa ante Dios! Véanse 1 Timoteo 2.5; 1 Juan 2.1-2; y Zacarías 3. Véanse Job 16.19-22; 23.3.

C. Apela a su integridad básica.

En cada uno de sus discursos Job niega que sea un pecador en secreto. Conoce su corazón y confiesa que sus amigos cruelmente le han juzgado mal. Hacia el final del libro, cuando Dios se revela a Job, el hombre se postra en polvo y ceniza y confiesa su indignidad (40.3-5; 42.1-6); pero esto no fue una confesión de pecados. Más bien, era humillación ante Dios al darse cuenta de su ignorancia e indignidad ante el Todopoderoso. Dios nunca acusa a Job de pecado. Lo acusa de no percatarse de la grandeza de Dios o tratar de encajar a Dios en los confines de su minúsculo argumento, pero no lo juzga por los pecados de los cuales lo acusan los amigos. Véase en el capítulo 31 la defensa que Job hace de su vida consagrada.

D. Apela a su fe en Dios.

Esto es lo que creó el problema: Job confiaba en Dios y sin embargo parecía que le había abandonado. Si Job hubiera negado alguna vez a Dios o maldecido a Dios, el problema hubiera quedado resuelto, porque sus amigos hubieran sabido que Dios castigaba a Job por su incredulidad. Pero Job tenía fe. «Aunque Él me matare, en Él esperaré» (13.15). «Sé que seré justificado [vindicado, demostrado ser veraz]» (13.18). Tan grande era la fe de Job que afirma que Dios le vindicará en la resurrección, en la vida venidera, si no lo hace en esta vida (19.25-29; 14.1-14). Job sabía que Dios obraría con algún propósito, pero pensaba que Él debía decirle lo que estaba haciendo (véase cap. 23). Por supuesto, si Job hubiera sabido acerca de la conferencia en el cielo entre Dios y Satanás, no hubiera necesitado la fe.

E. Apela para morirse.

Desde la primera queja en el capítulo 3 hasta el final del argumento, Job pide morir. Léase 6.8-12 y 7.15-21. No hay que criticar demasiado a Job por desear la muerte. Sufría gran aflicción física; sus amigos y vecinos lo insultaban (cap. 30); y parecía que Dios lo había abandonado. Moisés, Elías y Jonás cayeron en el mismo error.

Los caminos de Dios están por encima y más allá del entendimiento de los mortales. Incluso Job admitió: «He aquí, estas cosas son sólo los bordes de sus caminos»; literalmente: «Estas cosas no son sino los bordes de sus caminos, el borde de su vestidura». Dios es mucho más grande que la teología del hombre. Cuando no podemos entender, podemos adorarle y confiar en Él.

JOB 38-42

¡Ahora llegamos al clímax del libro y Dios mismo entra en escena! En 9.35, 13.22 y 31.35-37 Job desafió a Dios que apareciera y hablara con él cara a cara, y ahora Dios hace precisamente eso. Lo primero que Él hace es barrer con las ideas vanas de Eliú, quien oscureció los propósitos de Dios y no arrojó ninguna luz adicional en la situación. Ahora Dios procede a tratar con su siervo Job de una manera personal.

I. Dios humilla a Job (38.1–42.6)

Dios le hace a Job una serie de preguntas sencillas respecto al universo y su operación. «Puesto que parece que sabes tanto acerca de Dios, ¡déjame preguntarte si podrías o no manejar el universo que hice!» Este parece ser el principal enfoque de estos capítulos. «Me lanzaste un desafío; ¡ahora yo te voy a lanzar uno!»

Dios empieza con la creación (38.4-11). Por supuesto, no hay «cimientos» para el globo; Dios usa un lenguaje figurado, no términos científicos. Es más, Job 26.7 claramente indica que el mundo cuelga sobre la nada y esto se escribió en un día cuando los eruditos pensaban que gigantescas tortugas y otras criaturas sostenían el mundo. Y 26.10 enseña la esfericidad de la tierra: «Ha trazado un círculo sobre la superficie de las aguas, en el límite de la luz y las tinieblas» (BLA). Este versículo también enseña que una parte del globo está en luz mientras que la otra parte está en oscuridad. Job 38.7 se refiere al regocijo de los ángeles cuando Dios creó el universo. En 38.12-15 Dios le pregunta a Job respecto a la salida del sol y de la luz que se esparce; en 38.16-21 inquiere respecto a las medidas de la tierra y del mar. ¡Cuán insensato pensar que un simple ser humano pudiera medir la creación de Dios!

Entonces Dios se refiere a la naturaleza inanimada: la nieve y el granizo, la lluvia y el hielo (38.22-30). La frase del versículo 22: «los tesoros de la nieve» habla de las minas escondidas donde Dios almacena la nieve y el granizo. Sin embargo, hay un sentido real en el cual la nieve contiene tesoros, porque la nieve contribuye a captar los nitratos del aire y depositarlos en la tierra. ¡Qué hombre querría la responsabilidad de decidir cuándo debe llover o nevar! Sólo Dios puede gobernar este universo y hacer que todo funcione en armonía. En 38.31-38 Dios pregunta respecto a las estrellas y constelaciones, así como acerca de las nubes y la lluvia.

Luego pregunta respecto a la vida animal (38.39–39.30). ¿Caza el hombre una presa para alimentar a un león? ¿Dependen los cuervos del hombre para su alimento? Jesús responde a esto en Lucas 12.24. Las cabras monteses en las montañas, los asnos salvajes en las llanuras y los bueyes salvajes («búfalos» en 39.9-10), todos miran a Dios para que les proteja y provea para ellos. Incluso el tonto avestruz, que a menudo se olvida dónde está su nido, disfruta del cuidado del Todopoderoso (39.13-18). El versículo 18 es un recordatorio de la gran velocidad del avestruz. En 39.19-25 se muestra al caballo al enfrentarse al enemigo en la guerra; y en 39.26-30 se mencionan al halcón y al águila. Por dondequiera que Job mire a la creación animada, ve la mano de Dios obrando.

«Ahora», le dice Dios, «me has reprochado y argüido conmigo. ¡Dame tu respuesta!» Hay sólo una respuesta que Job puede dar (40.3-5): «Soy vil; he hablado demasiado acerca de cosas que no comprendo. No diré nada más». Este es un paso más cerca a la bendición, pero Job todavía no se ha arrepentido de la manera en que habló respecto a Dios. De modo que Dios vuelve a preguntar y esta vez enfoca la atención sobre dos grandes bestias: el hipopótamo («behemot», 40.15-24) y el cocodrilo («leviatán», cap. 41). Estas dos bestias se admiraban y temían en los días de Job, aun cuando ninguna era nativa de Palestina. La palabra hebrea para «behemot» sencillamente significa «bestia grande», pero la mayoría de los estudiosos opinan que se refiere al hipopótamo. Sin duda Job no podía enfrentarse a tal bestia, ¡mucho menos crearla! De la misma manera el cocodrilo; Job ni siquiera se atrevería a pescarlo, atarlo ni tenerlo como mascota (41.1-8). «¿Quién, pues, podrá estar delante de mí?», pregunta Jehová, «¡porque el Creador es por cierto más grande que la criatura!» «Estornudos» en el versículo 18 se refiere al resoplido del cocodrilo. Partiendo de los versículos 18-21 algunos eruditos sugieren el chorro que lanza la ballena. En cualquier caso, todo el capítulo sirve para revelar la grandeza de las criaturas de Dios y, por consiguiente, la grandeza de Dios.

¿El resultado? Job se humilla y se arrepiente (42.1-6). Dios no acusa a Job de los pecados que sus amigos lo acusaban de haber cometido, pero Dios sí le acusa de no verse a sí mismo a la luz de la grandeza y majestad de Dios. La experiencia religiosa de Job no es más de segunda mano; se ha encontrado personalmente con Dios y esto hizo que sus sufrimientos bien valieran la pena.

II. Dios honra a Job (42.7-14)

Ahora que Job se ha humillado, Dios puede exaltarlo (1 P 5.6; Stg 4.10). Lo primero que Dios hace es reprender a los amigos. Le habla a Elifaz porque evidentemente era el mayor de los amigos y por lo tanto el más responsable. Dios aclara que sus muchos argumentos estaban errados; no comprendían ni a Dios ni a Job. Les ordena a los amigos que ofrezcan holocaustos e instruye a Job que ore por ellos. Debe haber exigido gracia de parte de Job orar por hombres que lo trataron con tanto rigor, pero era un hombre de Dios y lo obedeció. Dios «convirtió la cautividad de Job» cuando oró no por sí mismo, sino por sus amigos. Dios le curó su cuerpo.

Después de reprender a los amigos de Job, Dios entonces restaura las riquezas de Job. Dios sabía que podía confiarle a Job fortuna y prestigio porque era un siervo humilde. Nótese que en los versículos 7-8 Dios lo llama cuatro veces «mi siervo Job». Dios le dio a Job el doble de lo que tuvo antes. Compárese 1.3 con 42.12. Dios no le dio a Job otros catorce hijos y seis hijas (el doble de lo que tenía antes, 1.2), porque los diez hijos que murieron aún vivían en el cielo. Job no los había perdido. Así, Dios le dio a Job siete hijos y tres hijas, y el gran total era el doble del número de hijos que tuvo antes.

Una vez restaurada su fortuna, los amigos y conocidos de Job regresaron a él para consolarle y animarle. Algunos de ellos, sin duda, le criticaron y juzgaron en el pasado, pero ahora todo había pasado. Le trajeron regalos, tal vez como evidencia de sincera lamentación por las equivocaciones del pasado. Era costumbre en los países orientales que las personas intercambiaran regalos en ocasiones festivas.

Los nombres de las hijas de Job son interesantes: «Jemima» quiere decir «paloma»; «Cesia» quiere decir «canela»; y «Keren-hapuc» quiere decir «pomito de pintura de ojos» o «pomito de cosméticos». Cada uno de estos nombres indican que las muchachas eran atractivas y honorables. Job incluso les dio herencia entre sus siete hermanos.

Job vivió 140 años, lo cual sugiere (debido al doble de todo) que debe haber tenido setenta años cuando ocurrieron estos sucesos.

Por supuesto, no cada santo que sufre en la voluntad de Dios (1 P 3.17) va a ser honrado así en esta vida. La principal lección del libro de Job no es que usted será rico y poderoso cuando se acabe el sufrimiento, sino más bien que el Todopoderoso Dios tiene un propósito con el sufrimiento y que nada puede desviar ese propósito. Incluso Satanás debe someterse al control de Dios, porque Dios siempre escribe el último capítulo. Job no sufrió por los pecados, sino que su sufrimiento le hizo un mejor hombre. Dios le dio gran honor después de su sufrimiento, como testimonio en una edad cuando no había Biblia escrita para enseñar a la gente la verdad divina. Los cristianos que sufren durante esta edad presente tal vez no serán recompensados aquí, pero sí lo serán en el más allá. Véanse Romanos 8.18-39; 2 Corintios 4–5; y 1 Pedro 4.12-19. El secreto de la vida de Job fue la paciencia (Stg 5.11); confió en Dios a pesar de Satanás, las circunstancias, los amigos y los seres queridos. Su fe en ocasiones fluctuó y algunas veces acusó a Dios, pero sin embargo se sostuvo «como viendo al invisible».

Salmos

Notas preliminares a Salmos

I. Nombre

La palabra *salmo* procede de una palabra griega que significa «poema canta-do con acompañamiento musical». El nombre hebreo es *tehilim*, que signifi-ca «alabanzas». No todos los salmos son himnos de alabanza, pero muchos sí lo son. El libro de los Salmos es el himnario de la nación judía y algunos de los salmos han hallado su camino hasta el himnario cristiano. El Salmo 46 es la base para el himno de Lutero «Castillo fuerte es nuestro Dios», e Isaac Watts usó el Salmo 90 para escribir «Oh Dios, socorro en el ayer». La doxología familiar «Salmo 100» (música «Old Hundredth») está basada en el salmo que le da el nombre.

II. Propósito

El libro de los Salmos es una colección de cantos y poemas muy personales. Conforme el libro creció a través de los siglos, los judíos adaptaron su contenido para la adoración colectiva así como para sus devocionales perso-nales. En esta colección hallará oraciones de sufrientes, himnos de alabanza, confesiones de pecado, confesiones de fe, himnos de la naturaleza, cantos que enseñan historia judía, y en cada uno el punto focal de la fe es el Señor. Sea que el escritor esté mirando hacia el pasado en la historia, o hacia arriba a los cielos, o a su alrededor a sus problemas, antes que todo mira por fe al Señor. Los salmos nos enseñan a tener una relación personal con Dios al decirle nuestras aflicciones y necesidades, y al meditar en su grandeza y gloria.

III. La poesía hebrea

La poesía occidental a menudo se basa en la rima, pero no así en la poesía oriental. Ella se basa fundamentalmente en lo que llamamos «paralelismo»; o sea, la relación de un verso con el siguiente. En el *sinónimo* el segundo verso expresa una variación del primero, como en el Salmo 15.1: «Jehová, ¿quién habitará en tu tabernáculo? ¿Quién morará en tu monte santo?» El paralelismo *antitético* es precisamente lo opuesto: los versos están en con-traste el uno con el otro. Un ejemplo es el Salmo 37.9: «Porque los malignos serán destruidos, pero los que esperan en Jehová, ellos heredarán la tierra». El Salmo 19.8-9 es un ejemplo de paralelismo *sintético*, puesto que cada verso que sigue aumenta el significado: «Los mandamientos de Jehová son rectos, que alegran el corazón; el precepto de Jehová es puro, que alumbra los ojos. El temor de Jehová es limpio, que permanece para siempre; los juicios de Jehová son verdad, todos justos».

IV. Cristo en los Salmos

Jesús dijo que los salmos hablaban de Él (Lc 24.44) y vemos que así es. En el Salmo 22 es el Salvador crucificado; en el Salmo 23 es el Pastor (véase Jn 10); en el Salmo 40.6-8 es el sacrificio (véase Heb 10.1-10); en el Salmo 110 es el Sumo Sacerdote (véase Heb 7.17-21); en el Salmo 118.22-23 es la Piedra (véase Mt 21.42); y en el Salmo 2 es el Rey que viene (véanse Hch 4.25-26; 13.33).

V. Salmos especiales

A siete de los salmos se les ha llamado «salmos penitenciales» porque son confesiones de pecado (6, 32, 38, 51, 102, 130 y 143). A los Salmos 120–134 se les llama «cantos graduales» y se piensa que son una colección de canciones que los peregrinos judíos cantaban camino a las festividades anuales en Jerusalén. Hay varios «salmos imprecatorios» en los cuales los escritores claman por la ira de Dios sobre sus enemigos (35, 37, 69, 79, 109, 139, 143). Estos no son tanto expresiones personales de venganza sino más bien peticiones nacionales para que se manifieste la justicia de Dios por su pueblo escogido. El Salmo 119 exalta las virtudes de la Palabra de Dios (véase también el Sal 19), y los Salmos 113–118 los usaban los judíos cuando celebraban la Pascua.

VI. Autores

Aunque casi siempre asociamos a David con el libro de Salmos (su nombre se halla en setenta y tres de ellos), algunos de los salmos son anónimos y otros mencionan a diferentes autores: Asaf (50, 73–83), Salomón (72, 127), los hijos de Coré (42–49, 84–85, 87–88), Etán (89) y Moisés (90). Algunos de los salmos de David reflejan las experiencias que atravesaba, tales como la rebelión de su hijo Absalón (3), su victoria sobre Saúl (18), su pecado con Betsabé (32, 51), su extraña conducta en Gat (34, 56) y sus años de exilio en el desierto (57, 63, 142).

VII. Bosquejo

Puesto que cada uno de los salmos es una unidad separada, no hace falta analizar la estructura del libro. Hay cinco divisiones, cada una concluye con una bendición: 1–41, 42–72, 73–89, 90–106, 107–150.

SALMO 1

El tema de este salmo es la felicidad del justo y el juicio de los malos. El versículo 1 puede traducirse: «¡Qué felicidad la del hombre!» A cualquier parte de la Biblia que acudamos hallamos que Dios da gozo al obediente (aun en medio de la prueba) y a la larga aflicción al desobediente. Dios no ve sino a dos personas en el mundo: los justos, que están «en Cristo», y los malos, que están «en Adán». Véase 1 Corintios 15.22,49. Miremos a estas dos personas.

I. La persona que Dios bendice (1.1-3)

Desde el principio de la creación Dios bendijo a la humanidad (Gn 1.28); fue sólo después que el pecado entró al mundo mediante la desobediencia de Adán que hallamos la palabra «maldición» (Gn 3.14-19). Dios siempre ha deseado que la humanidad disfrute de sus bendiciones. Efesios 1.3 nos dice que el creyente en Cristo ha sido «bendito con toda bendición espiritual». ¡Cuán ricos somos en Él! Es triste, pero muchos cristianos no toman posesión «de sus posesiones» (Abd 17) ni disfrutan de sus bendiciones en Cristo. En estos versículos tenemos una descripción de la clase de cristiano que Dios puede bendecir.

A. *Una persona separada del mundo (v. 1).*

La vida cristiana se compara al andar (véanse Ef 4.1,17; 5.2,8,15). Empieza con un paso de fe al confiar en Cristo y crece a medida que damos pasos adicionales de fe en obediencia a su Palabra. Andar involucra progreso y los cristianos deben progresar al aplicar las verdades bíblicas a la vida diaria. Pero es posible que el creyente ande «en tinieblas», fuera de la voluntad de Dios (1 Jn 1.5-7). Las personas que Dios bendice se cuidan mucho en su andar: aun cuando están en el mundo, no son del mundo. En contraste, se requiere poca imaginación para ver a la persona andando cerca del pecado, luego deteniéndose para considerarlo y por último sentándose para disfrutar «los placeres temporales del pecado» (Heb 11.25). Vemos este triste desarrollo en la desobediencia de Pedro. Jesús le dijo que se fuera (Jn 18.8), pero en lugar de eso Pedro anduvo detrás de Jesús (18.15). Luego lo vemos junto a la gente equivocada (18.18) y antes de mucho sentado cerca del fuego (Lc 22.55). Usted sabe lo que ocurrió: entró directo en la tentación y tres veces negó a su Señor. Si los cristianos empiezan a escuchar el consejo (planes) de los malos, pronto estarán de lleno en su manera de vivir y a la larga se sentarán y estarán de acuerdo con ellos.

B. *Una persona saturada de la Palabra (v. 2).*

Las personas que Dios bendice no se deleitan con lo relacionado al pecado y al mundo; se deleitan en la Palabra de Dios. Es el amor y la obediencia a la Biblia lo que trae bendición a nuestras vidas. Véase Josué 1.8. Las personas que Dios bendice no sólo leen la Palabra diariamente, sino que la estudian, la memorizan y meditan en ella de día y de noche. La Palabra de Dios controla sus mentes. Debido a esto, son guiados por el Espíritu y andan en el Espíritu. La meditación es para el alma lo que la «digestión» para el cuerpo. Significa comprender la Palabra, «masticarla» y aplicarla a nuestras vidas, haciéndola parte de nuestro ser interior. Véanse Jeremías 15.16, Ezequiel 3.3 y Apocalipsis 10.9.

C. *Una persona junto a las aguas (v. 3).*

El agua de beber es un cuadro del Espíritu Santo de Dios (Jn 7.37-39). Aquí se compara al cristiano con un árbol que recibe su agua de las profundas fuentes ocultas bajo las secas arenas. Este mundo es un desierto que nunca satisfará al creyente consagrado. Debemos enviar nuestras «raíces espirituales» muy hondo en las cosas de Cristo y beber del agua espiritual de la vida. Véanse Jeremías 17.7-8; Salmo 92.12-14. No puede haber fruto sin raíces. Demasiados cristianos se preocupan más por las hojas y el fruto que por las raíces, pero estas son la parte más importante. A menos que los cristianos pasen tiempo diariamente orando y leyendo la Palabra y le permitan al Espíritu que les alimente, se secarán y morirán. El creyente que bebe de la vida espiritual en Cristo será fructífero y tendrá éxito en la vida de fe. Cuando los cristianos cesan de llevar fruto es porque algo les ha ocurrido a las raíces (Mc 11.12-13,20; y véase Lc 13.6-9). ¿Qué clase de fruto debemos llevar? Véanse Romanos 1.13; 6.22; Gálatas 5.22-23; Hebreos 13.15 y Colosenses 1.10.

Por supuesto, el ejemplo perfecto de esta persona justa de los versículos 1-3 es Jesucristo. Él es el Camino (v. 1), la Verdad (v. 2) y la Vida (v. 3); véase Juan 14.6.

II. La persona que Dios juzga (1.4-6)

«¡No así!» Esto significa que todo lo que el justo disfruta y experimenta no es cierto en la vida del malo. Al justo se le compara con un árbol: fuerte, permanente, hermoso, útil, fructífero. A los malos se les compara con el tamo: no tienen raíces; el viento los arrastra; son inútiles para los planes de Dios; no son ni hermosos ni fructíferos. Juan el Bautista usó un cuadro similar en Mateo 3.10-12 cuando describió a Dios como el segador, visitando la era y separando el grano del tamo. «Quemará la paja». Véanse también Salmo 35.5 y Job 21.18. Qué tragedia que una persona pase toda su vida en la tierra como paja y, en lo que toca a las cosas eternas, no sirve para nada.

¿Hay un juicio futuro? El versículo 5 nos informa que lo hay. Por supuesto, en el AT no hallamos la explicación completa de los juicios futuros como aparecen en el NT. Para el creyente en Cristo no hay juicio del pecado (Jn 5.24; Ro 8.1), pero para el incrédulo hay «una terrible expectación de juicio» (Heb 10.27). Este juicio de los perdidos se describe en Apocalipsis 20.11-15. No habrá cristianos en tal escena, sólo inconversos. El verdadero carácter de los malos se revelará en ese juicio; se les verá como paja, como almas perdidas indignas. Cuando el versículo 5 dice que los malos «no se levantarán» en el juicio, no significa que estarán ausentes; más bien significa que no soportarán el juicio. Cuando se abran los libros, estos individuos caerán de rodillas en confesión de pecados, de la verdad de la Palabra de Dios y del Hijo de Dios (Flp 2.9-11). A estos malos nunca se les permitirá entrar en la congregación celestial de los buenos, aun cuando quizás en la tierra fueron miembros de grupos religiosos. Véase Mateo 7.21-23.

La palabra «conocer» en la Biblia significa mucho más que la comprensión mental indicada cuando decimos: «Sé los nombres de los doce apóstoles». Lleva además la idea de escoger y cuidado. «Conoce el Señor a los que son suyos» (2 Ti 2.19). «Conozco mis ovejas[...] así como el Padre me conoce, y yo conozco al Padre» (Jn 10.14-15). La declaración de Cristo a los perdidos es: «Nunca os conocí» (Mt 7.23). El Señor conoce el camino de los justos: Él lo ha planeado y lo ha marcado (Ef 2.10), y mantiene sus ojos sobre el justo mientras este recorre el camino. ¡La vida del justo es un plan eterno de Dios! Lo que dice, a dónde va, lo que hace, todo tiene consecuencias eternas. Pero los malos se han apartado «por su camino» (Is 53.6). La senda de los justos lleva a la gloria (Pr 4.18), pero el camino de los malos perecerá.

El versículo 6 nos presenta la enseñanza familiar de los «dos caminos». Jesús concluyó su Sermón del Monte con este cuadro (Mt 7.13ss) y lo vemos mencionado en todo el libro de Proverbios (Pr 2.20; 4.14; 4.24-27, etc.). ¿Por qué los malos están perdidos? Debido a que no quieren someterse a Cristo y a su Palabra. Prefieren el consejo de los malos antes que «todo el consejo de Dios» en la Palabra (Hch 20.27). Prefieren la amistad de la gente sin Dios a la congregación de los justos. Pasan sus días pensando en el pecado y no en la Palabra de Dios (Gn 6.5). Piensan que están seguros en la tierra, ¡pero son sólo tamo!

¿Cómo puede el creyente practicar el Salmo 1.1-3? Empieza con sumisión al Señor, una sumisión diaria de todo lo que somos y tenemos (Ro 12.1-2). Incluye pasar tiempo con la Palabra de Dios, leyéndola y meditando en ella. Quiere decir vivir separados del mundo (no aislados, por supuesto, sino separados de su contaminación). Exige una vida con raíces que beben de los recursos ocultos de Dios. Qué vida bendecida, una que satisface aquí y en el más allá.

SALMO 2

Hay un contraste interesante entre los dos primeros salmos. El Salmo 1 es personal y se enfoca en la ley, en tanto que el Salmo 2 es nacional y se enfoca en la profecía. En el Salmo 1 vemos a Cristo el Hombre Perfecto; en el Salmo 2 Él es el Rey de reyes. El Salmo 1 se refiere a la bendición del judío (aunque sin duda se aplica al cristiano de hoy), mientras que el Salmo 2 presenta el juicio de las naciones gentiles. Ambos salmos usan la palabra *perecer* (1.6 la aplica a cada pecador; 2.12 a las naciones rebeldes) y ambos salmos usan la palabra *meditar* (traducida «pensar» en 2.1). Tenemos la clase correcta de meditación en 1.2 y la incorrecta en 2.1. Los doce versículos del Salmo 2 pueden dividirse en cuatro secciones de cuatro versículos cada una y en cada sección podemos oír una voz diferente.

I. La voz de las naciones (2.1-3)

Esta es una voz de rebelión; la palabra «amotinarse» quiere decir «reunirse tumultuosamente». Son los gentiles lo que están en la mira («gentes» y «pueblos» en el versículo 1) y se rebelan contra Dios y su gobierno. Los reyes dirigen la rebelión de sus naciones y todos se resisten a Dios y a Cristo. Por supuesto, esta voz se ha oído a través de los siglos, pero se oye con más fuerza en estos últimos días. Como nunca antes hay una voz unida de rebelión contra el gobierno de Dios y de Cristo. ¿Qué quieren las naciones? ¡Libertad del gobierno de Dios! «Rompamos sus ligaduras». De acuerdo a Génesis 10.5 Dios dividió a los pueblos gentiles en tierras y naciones; véanse también Hechos 17.26 y Deuteronomio 32.8. La historia nos muestra que las naciones gentiles han rechazado al pueblo de Dios (Israel), la Palabra de Dios y al Cristo de Dios. Las naciones no quieren someterse al gobierno de Dios. Como el orgulloso Nabucodonosor, quieren salirse con la suya y rehúsan admitir que Dios rige los asuntos de los hombres. Véase Daniel 4.28-37. Esta rebelión gentil se hizo más feroz con el establecimiento de la Iglesia (Hch 4.23-30). Pero en los últimos días tendrá su completo cumplimiento conforme los «reyes de la tierra» se unan para luchar contra Dios (véanse Ap 1.5; 6.15; 16.12-16; 17.2; 18; 19.11-21).

II. La voz del Padre (2.4-6)

¿Cómo responde Dios a las amenazas de los hombres? ¡Se ríe! Es la voz santa de burla, porque Dios es más grande que el hombre y no tiene por qué temer los arrogantes ataques de reyezuelos. Dios no habla hoy en juicio; habla en gracia desde la cruz. Pero viene el día cuando Dios será «el que ríe último» (Sal 37.1-15; 59.1-8). ¿Recuerda cómo el orgulloso Senaquerib desafió a Dios y a los judíos y de súbito fue eliminado? (2 R 19). Esto ocurrirá de nuevo cuando Dios decida tratar con juicio a las naciones del mundo.

Hay también la voz de ira (v. 5). Podemos decirlo de nuevo: hoy Dios no habla en ira; habla por medio de su Hijo en gracia (Heb 1.1-2); un día, no obstante, enviará su ira sobre las naciones del mundo. La palabra «furor» significa «ira feroz». Esta es la tribulación, descrita en detalle en Apocalipsis 6–19. Será un tiempo de terrible juicio sobre la tierra, el mar, los cielos, el mundo de la naturaleza, los pueblos y naciones. Millones de personas morirán debido a plagas y desastres enviados desde el cielo. Durante el período de la tribulación la nación de Israel será «purgada» para preparar un remanente de creyentes para el regreso de Cristo que establecerá su reino desde Jerusalén. Multitudes serán salvas durante este tiempo, pero muchos sellarán su decisión con sus vidas.

Finalmente, la voz de Dios es una voz de declaración (v. 6); Dios ha puesto («ungido») a su Rey sobre su monte santo. Este es Cristo (Is 9.6-7; Dn 7.14). Aun cuando no está todavía sentado en su trono de gloria, ni sobre el trono de David, está sentado a la diestra del Padre; ¡y su trono es tan cierto como la Palabra del Padre! Hoy Cristo es el Sumo Sacerdote según el orden de Melquisedec (Heb 6.20–7.17). Intercede por los suyos. Un día volverá en gloria y se sentará en el trono para juzgar y regir a las naciones (Mt 25.31-46).

III. La voz del Hijo (2.7-9)

Cristo habla en estos versículos y nos dice lo que el Padre le dijo en su decreto eterno. Qué bueno saber que Dios ha decretado el cumplimiento de su plan y que el hombre no estorbará la obra de Dios. «Mi hijo eres tú; yo te engendré hoy». ¿Cuándo le dijo el Padre esto al Hijo? No al nacer en el mundo, sino al salir de la tumba. Léase con cuidado Hechos 13.28-33. Cristo fue «engendrado» a partir de la tumba virgen a una vida gloriosa del poder de la resurrección. (Este versículo se cita de nuevo en Heb 1.5 y 5.5.)

Debido a su victoria sobre el pecado y la muerte, a Cristo se le ha dado una herencia; véase Hebreos 1.4-5. Usted recordará lo que el Padre dijo en el bautismo del Hijo: «Este es mi Hijo amado» (Mt 3.17). Lo repitió en la transfiguración cuando Jesús iba a enfrentar su muerte en la cruz (Mt 17.5). Jesús tiene a todas las naciones como su herencia debido a su obra fiel en la cruz. Sin embargo, Satanás le ofreció estos mismos reinos sin la cruz; véase Mateo 4.8-10. Jesús pudo haber recibido las naciones sin sufrimiento si se hubiera sometido a la voluntad del diablo, pero entonces se hubiera colocado fuera de la voluntad del Padre. (Por supuesto, era imposible que Cristo pecara, pero la tentación era todavía igual de real.) Satanás le ofrecerá estos reinos al anticristo y este gobernará las naciones por un breve tiempo. Véase Apocalipsis 13.1-10.

¿Cuándo recibirá Cristo «los confines de la tierra» como posesión suya? Cuando vuelva a la tierra en poder y gloria; véase Apocalipsis 19.11-21. Hay referencias al Salmo 2.9 en Apocalipsis 12.5 y 19.15; y en Apocalipsis 2.26-29 se nos dice que los cristianos reinarán con Él. Véase también Daniel 2.42-44.

IV. La voz del Espíritu (2.10-12)

Los tres versículos finales son una apelación del Espíritu a los hijos de los hombres, para que se sometan ahora a Jesucristo. El Espíritu apela a cada aspecto de la personalidad:

A. *La mente (v. 10).*
«Sed prudentes[...] Admitid amonestación». El «consejo de malos» (Sal 1.1) los ha descarriado. La sabiduría del mundo es necedad para Dios (1 Co 1.18-31). Nuestro mundo se jacta de su conocimiento y parece que hay más conocimiento que nunca antes, pero también parece haber menos sabiduría.

La sabiduría de Dios se halla en su Palabra, sin embargo los reyes y gobernantes no quieren la Palabra de Dios.

B. El corazón (v. 11).

«Servid a Jehová». En lugar de rebelarse y resistirle, la gente debería postrarse ante Cristo y servirle. Al rendirse a Cristo, un gozo reverente vendrá como resultado.

C. La voluntad (v. 12).

«Honrad al Hijo» implica rendirle honor, mostrar sumisión amorosa a Él. La honra habla de amor y reconciliación. Dios ha reconciliado al mundo por la cruz de Cristo (2 Co 5.14-21); la justicia y la paz se besaron en la cruz (Sal 85.10). Ahora Dios puede salvar a los pecadores perdidos y todavía afirmar su ley santa. Es trágico que la mayoría en el mundo diga: «¡No queremos que este reine sobre nosotros!» Cuando Jesús vuelva, los obligarán a postrarse ante Él (Flp 2.10-11), pero entonces será demasiado tarde. Todo lo que Dios tiene que hacer es inflamar su ira «de pronto», ¡y los pecadores perecen! ¿Qué pasará cuando su ira arda sobre esta tierra en gran juicio?

El Salmo 1 empieza con una bienaventuranza; el Salmo 2 concluye con: «Bienaventurados todos los que en Él confían». «Todo aquel que invocare el nombre del Señor, será salvo» (Hch 2.21).

SALMO 8

Escondido en esta hermosa descripción poética del lugar del hombre en la creación, yace mucha enseñanza práctica para la gente de hoy. Con la ayuda de las referencias al Salmo 8 del NT, descubriremos algunas de las lecciones que se hallan aquí.

I. El escenario histórico

Usted habrá notado que hay dos tipos de inscripciones en los salmos: históricas y musicales. Por ejemplo, al principio del Salmo 8 leemos: «Al músico principal; sobre Gitit. Salmo de David». *Gitit* significa «lagar» y quizás se refería al uso del salmo durante la temporada de la cosecha. Sin embargo, algunos estudiosos han concluido que las direcciones musicales pertenecen al final del salmo precedente, como se ve en Habacuc 3. Esto significa que *Mut-labén* al principio del Salmo 9 realmente pertenece al final del Salmo 8.

El término *Mut-labén* significa «la muerte del hijo» o «muerte del paladín», y podría referirse al episodio cuando David mató a Goliat (1 S 17). Es fácil ver al joven David solo con Dios aquella noche después de matar al gigante, mirando a los cielos y maravillándose de la preocupación de Dios por los suyos. David no era sino un «niño y de los que maman» comparado al gigante, sin embargo Dios lo usó para silenciar al enemigo. Nótese que en 1 Samuel 17.4 a Goliat se le llama «paladín» y que con arrogancia desafió a los temerosos judíos durante cuarenta días (17.16). Cuando David se ofreció a silenciar al enemigo, Saúl dijo: «Eres un muchacho» (17.33); un bebé, un niño de pecho. Nótese otro paralelo entre 1 Samuel 17 y el Salmo 8 en «las aves del cielo» y «las bestias del campo» (1 S 17.44 y Sal 8.7-8). También el Salmo 8 glorifica «el nombre de Jehová» (8.1,9) y David derrotó a Goliat en «el nombre de Jehová» (17.45).

Aquí tenemos al joven David alabando al Señor por la gran victoria que le dio. «¿Qué es el hombre, para que tengas de él memoria?» ¿Por qué le iba Dios a prestar atención a un muchacho pastor? Qué maravilloso tipo de Jesucristo vemos en David: (1) ambos nacieron en Belén; (2) ambos eran pastores; (3) a ambos los rechazaron temporalmente sus hermanos; (4) ambos enfrentaron a un enemigo en el desierto y ganaron; (5) ambos fueron al exilio antes de ser reyes; (6) ambos tomaron una esposa en el exilio; y (7) a ambos los amaron, porque el nombre David significa «amado».

II. El significado doctrinal

Cada vez que se cita un salmo en el NT y se aplica a Cristo, es uno mesiánico. El Salmo 8 se aplica a Cristo en varios lugares del NT: Mateo 21.16; Hebreos 2.6-8; 1 Corintios 15.27; y Efesios 1.22. Léase estas referencias con cuidado, especialmente Hebreos 2.

La principal enseñanza del Salmo 8 en Hebreos 2 y 1 Corintios 15 es esta: Cristo ha recuperado todo lo que Adán perdió debido al pecado. Cristo ha sido exaltado por sobre los cielos y de este modo ha glorificado el nombre de Dios (Ef 1.19-23; Heb 1.1-3). La gloria de Dios no habita más en una tienda ni en un templo; está «por sobre los cielos» en Cristo y en los corazones de los creyentes. Cuando Cristo ministraba en la tierra, ni reyes ni sacerdotes lo alabaron; los niños fueron los que lo alabaron en el templo.

Léase con cuidado Génesis 1.26-28 y nótese que Dios le dio al hombre dominio sobre los peces, las aves y el ganado. En realidad el hombre fue hecho «poco menor que Dios» y fue nombrado el delegado de Dios en la tierra. Pero cuando Adán pecó, perdió ese dominio. Romanos 5 destaca que hubo un cambio de «reyes»: la muerte reinó (5.14,17) y el pecado reinó (5.21), pero Adán no reinó más. En lugar de ser un rey, ¡Adán se convirtió en esclavo!

Cuando Cristo vino a la tierra, ejerció el dominio que Adán había perdido. Cristo ejerció dominio sobre los peces (Lc 5.1-6; Mt 17.24-27; Jn 21.1-6), las aves (Lc 22.34) y las bestias (Mc 1.13; 11.17). Hoy en día, nadie en la tierra puede controlar la naturaleza como Él la controlaba. Cuando Jesús vino a la tierra, era Dios «visitando» a los hombres (Sal 8.4 con Lc 1.68, 78). Nótese que David describe una escena nocturna (v. 3), porque sin duda era noche espiritual cuando Jesús vino a la tierra. Pero al humillarse a sí mismo y convertirse en siervo y morir en la cruz, Jesús glorificó a Dios y compró la salvación de las personas perdidas y de un mundo perdido. Hebreos 2.8 destaca que aún no vemos toda la naturaleza sujeta al hombre. Aún existen inundaciones, terremotos y plagas. Sí, ¡pero vemos a Jesús! (Heb 2.9). Y el hecho de que murió por nosotros es toda la seguridad que necesitamos de que un día, cuando Él regrese, su pueblo reinará sobre una tierra renovada.

Un pensamiento final: La obra de Cristo en la cruz no sólo deshizo el pecado de Adán y nos puso de nuevo donde estaba Adán. Más bien, nos dio mucho más: nos hizo semejantes a Cristo. Nótese la repetición de «mucho más» en Romanos 5.9-21.

III. La vida práctica

A. *Alabanza.*

Si David tenía razón para alabar a Dios por su posición y su victoria, cuánto más nosotros debemos alabarle. ¿Quiénes somos nosotros para que Dios nos visite? ¿Quiénes somos para que Cristo muriera por nosotros y nos llevara con Él más allá de los cielos?

B. *Posición.*

Este salmo exalta la dignidad del hombre. El versículo 5 debería decir: «Le has hecho un poco menor que Dios». El hombre es sin duda la más grande de las creaciones de Dios, porque fue hecho «a imagen de Dios». Debido a que la enseñanza moderna ha rebajado al hombre al nivel de animal y ha rechazado la imagen de Dios, el mundo está en caos. Santiago 3.9 nos recuerda que trataremos mejor a los demás si recordamos que están hechos a imagen de Dios. No sorprende que haya tanto desorden civil, tanta brutalidad. Hemos destronado a Dios y degradado a la humanidad. Nunca olvidemos nuestra obligación como criaturas hechas a imagen de Dios, y nuestra más grande obligación como santos siendo renovados en esta imagen por medio de Cristo (Col 3.9-10; Ro 8.29).

C. *Poder.*

Cristo nos ha dado dominio; esto quiere decir que reinamos como reyes. Podemos reinar en la vida a través de Cristo (Ro 5.17), obteniendo victoria sobre el pecado y la tentación. Reinamos en la muerte (1 Co 15.54-57), porque la muerte ya no tiene dominio sobre nosotros. Reinaremos en su reino aquí en la tierra, nuestro lugar de servicio se determinará de acuerdo a nuestra vida y fidelidad aquí ahora (Mt 25.14-30; Lc 19.12-27). Finalmente, reinaremos con Él por siempre jamás.

D. *Promesa.*

Este salmo aclara que Dios está interesado en la creación, y la interpretación de Hebreos 2.6-9 indica que Cristo un día libertará a la creación de la esclavitud del pecado. Véase Romanos 8.18-24. Esto incluirá «la redención de nuestro cuerpo» (Ro 8.23) cuando veremos a Cristo y seremos semejantes a Él (1 Jn 3.1-3; Flp 3.20-21). El hecho de que Jesucristo está hoy en el trono es prueba de que un día toda la creación será redimida. ¡Qué promesa gloriosa!

Por supuesto, el Salmo 8 se aplica sólo a los creyentes en Jesucristo. El inconverso puede admirar la creación de Dios, la obra de sus dedos (v. 3), pero los salvos han experimentado el poder de su brazo. «¿Quién ha creído a nuestro anuncio? ¿Y sobre quién se ha manifestado el brazo de Jehová? (Is 53.1). Qué maravilloso es que Dios visite esta tierra para salvación, pero un día la visitará en juicio. ¿Ha confiado en Cristo como su Salvador? ¿Permite que Él gobierne y reine en su vida?

SALMO 19

La revelación de Dios al hombre es el tema de este salmo. Al fin y al cabo, es asombroso que Dios nos hable. Las personas son pecadoras y no desean escuchar a Dios y, sin embargo, Él en su gracia continúa hablando. Dios nos habla de tres maneras:

I. Habla en los cielos (19.1-6)

La sabiduría de Dios, su poder y gloria se ven en su creación. La ciencia moderna nos hace estudiar las «leyes naturales» y deja a Dios fuera, pero el salmista al mirar las maravillas de los cielos y la tierra veía a Dios. Véanse también los Salmos 8 y 29, así como Isaías 40.12-31. Jesús vio la obra de las manos del Padre en los lirios y en las aves (Mt 6.24-34). Tanto de día como de noche la creación de Dios habla (v. 2), pero su palabra no la escucha el oído humano. El versículo 3 debería leerse: «No hay palabra ni lenguaje donde su voz no se oye». Oímos la voz de Dios en la creación al ver su sabiduría y poder. Es cierto que entidad tan compleja como nuestro universo (y los universos más allá del nuestro) exige un Creador y sustentador. Creer que el universo evolucionó de la nada y se arregló por sí mismo de esta manera ordenada es necedad.

La creación habla un lenguaje universal a todas las naciones (vv. 3-4). Es este hecho lo que Pablo usó en Romanos 1.18-32 para demostrar que todas las personas en todas partes están bajo la ira de Dios. «¿Están perdidos los paganos?», es una pregunta que se hace a menudo, y la respuesta es: «Sí». ¿En base a qué si nunca han oído el evangelio? En base a la revelación de Dios en la creación. El pagano ve el poder y sabiduría de Dios, su «deidad eterna», en la creación y sabe que tiene responsabilidad hacia Él. Pablo usa el Salmo 19.4 de nuevo en Romanos 10.18.

La naturaleza le predica mil sermones al día al corazón humano. Cada día empieza con luz y pasa a la oscuridad, de estar despierto a dormir, un cuadro de la vida sin Dios. Cada año pasa de la primavera al invierno, de la vida a la muerte. Vemos que se corta la hierba (Is 40.6-8), que se derriban los árboles (Lc 13.6-9; Mt 3.10), el fuego que destruye la cizaña (Mt 13.40-42). Las actividades de la naturaleza, bajo la mano de Dios, son lecciones objetivas para el corazón de los pecadores pero, tristemente, muchos no quieren ver ni oír. El pecador perdido, dondequiera que esté en este globo, está condenado delante del trono de Dios.

II. Habla en las Escrituras (19.7-11)

Los cielos declaran la gloria de Dios y las Escrituras su gracia. Véase Hebreos 1.1-3. Esta ley, testimonio, mandamiento, palabra, por supuesto, es una revelación personal de Dios, porque el nombre que se usa no es «Dios» sino «Jehová», o sea, el Señor. Este es el nombre personal de Dios, el nombre del pacto.

A. Lo que es la Biblia.

(1) La perfecta ley. No hay error en la Biblia, ya sea en cuanto a hecho histórico o verdad espiritual. Por supuesto, la Biblia narra las mentiras de los hombres o de Satanás, pero el mensaje total de la Biblia es el de la verdad. Véanse Salmos 119.128 y 160.

(2) El testimonio fiel. La Palabra no cambia; es firme y permanente, Salmo 119.89. Es el testimonio de Dios al hombre, su testigo de lo que es verdadero y correcto. Véase Mateo 5.18.

(3) El precepto recto. «Precepto» significa «estatuto, reglas para la vida diaria». Algunas reglas son equivocadas; la Palabra de Dios es recta. Obedecer la Palabra trae bendiciones a la vida diaria.

(4) El mandamiento puro. Véanse Salmos 12.6; 119.140; Proverbios 30.5. Los «libros sagrados» de algunas religiones son cualquier cosa menos puros, pero la Palabra de Dios es pura, incluso cuando se refiere al pecado. Nada en la Biblia, bien entendida, puede conducir a la persona a pecar.

(5) El limpio temor de Jehová. La frase «el temor de Jehová» (v. 9) es otra referencia a «la ley», puesto que la Palabra de Dios produce reverencia hacia Dios. Véanse Deuteronomio 4.10; Salmo 110.10. Temer a Dios hace limpia a la persona; adorar ídolos paganos la ensucia.

(6) Juicios verdaderos, justos. Las evaluaciones de Dios respecto al hombre y las cosas son verdad; Él conoce todo completamente. Vale la pena que el cristiano crea lo que Dios dice y no dependa de su propia evaluación. Lot cometió esta equivocación y lo perdió todo.

(7) Mejor que oro. Qué tesoro es la Biblia (Sal 119.72; Pr 8.10; 16.16).

(8) Más dulce que la miel (Sal 119.103). El cristiano espiritual no necesita cosas artificiales de este mundo para su satisfacción; la Palabra sacia el apetito espiritual.

B. Lo que la Biblia hace.

(1) Convierte. Esto es lo mismo que «restaura» o «conforta» en el Salmo 23.3. La Palabra convierte al pecador de sus caminos y restaura al santo cuando se desvía. Refresca y sana.

(2) Hace sabio. Léanse Salmo 119.97-104; Isaías 8.20; Jeremías 8.9; Colosenses 1.9; Santiago 1.5.

(3) Regocija. El creyente espiritual halla gozo en la Palabra (Jer 15.16).

(4) Alumbra. «La exposición [manifestación] de tus palabras alumbra» (Sal 119.130).

(5) Permanece. Otros libros desaparecen y los olvidan, pero la Palabra de Dios permanece. ¡Muchos martillos se han gastado contra el yunque de la Palabra de Dios!

(6) Enriquece. Es mejor que oro o plata (Pr 3.13-15).

(7) Satisface. La miel satisface al cuerpo; la Palabra satisface el alma.

(8) Advierte. Es mejor prevenir el pecado y evitar los problemas, que confesar el pecado y tratar de remediar errores. Saber la Palabra y obedecerla guía al creyente por la senda segura. Véase Proverbios 2.

(9) Recompensa. El dinero no puede comprar las recompensas de una vida santa: una conciencia limpia, un corazón puro, gozo, paz y la oración contestada. Nótese que el versículo 11 dice que hay recompensa *en* guardar la Palabra, no *por* guardarla. La recompensa viene al hacer: «Este será bienaventurado en *lo que hace*» (Stg 1.25).

III. Habla en el alma (19.12-14)

Nadie puede comprender su corazón (Jer 17.9). Necesitamos el espejo de la Palabra para revelarnos nuestros pecados (Stg 1.22-25). El salmista concluye pidiéndole a Dios que le revele sus pecados secretos; véase el Salmo 119.23-24. La ley del AT proveía para los pecados de ignorancia (Lv 4-5; Nm 15.22ss). Pero no había sacrificio para los pecados de abierta rebelión y desacato; véase Números 15.30-31. David no sólo pide ser limpiado de las faltas secretas, sino que se le restrinja para no meterse de cabeza en el pecado abierto. «Velad y orad, para que no entréis en tentación». Esta clase de abandono impío al pecado conduce a la esclavitud y el pecado se convierte en el amo de la vida. Romanos 6 nos dice que el pecado no debe dominarnos. Por supuesto, es al permitir que la Palabra de Dios controle nuestras vidas que obtenemos la victoria sobre el pecado. Por «gran rebelión» en el versículo 13 el salmista parece querer decir el «pecado de muerte» o la rebelión continua contra Dios que trae su ira. Es por una acumulación de pecaditos secretos del versículo 12 que la persona poco a poco se mete en gran pecado. Es importante que los cristianos confiesen sus pecados inmediatamente y le permitan a la Palabra de Dios y a la sangre de Cristo que limpien sus corazones.

La oración del versículo 14 debería estar en nuestros labios y corazones todo el día. La meditación del corazón controla las palabras de la boca (Mc 7.14-23). Aquí la palabra «meditación» representa un músico rasgando las cuerdas del arpa. ¿Quién controla la música de su corazón, Dios o Satanás? La meditación es al corazón lo que la digestión al cuerpo; es ingerir la Palabra de Dios y hacerla parte de nuestro ser interior. Conforme el corazón y la mente piensan en la Palabra de Dios todo el día, el Espíritu guía la vida. Esto es lo que significa andar en el Espíritu (Gl 5.16) y tener una mente espiritual (Ro 8.1-8).

¿Es su Biblia para usted todo lo que Dios quiere que sea? Lea este salmo de nuevo y pídale a Dios que le capacite para amar la Palabra, vivirla y obedecerla; y Él le bendecirá.

SALMOS 22, 23, 24

Estos tres salmos familiares y amados presentan a Cristo como el Pastor, cada uno enfatiza un aspecto diferente de su persona y obra. El Salmo 22 muestra a Cristo como el Buen Pastor que muere por las ovejas (Jn 10.11); el Salmo 23 como el Gran Pastor que cuida a las ovejas (Heb 13.20-21); y el Salmo 24 como el Príncipe de los pastores que viene por las ovejas (1 P 5.4). En otras palabras, Cristo murió por nosotros (pasado), Cristo vive por nosotros (presente) y Cristo vendrá por nosotros (futuro).

I. El Buen Pastor (22)

Este salmo presenta la crucifixión de Cristo en los versículos 1-21 y su resurrección en los versículos 22-31. Puesto que los judíos no sabían de la crucifixión en tiempos de David, esta descripción vívida de la muerte de Cristo en la cruz sólo se pudo escribir mediante la inspiración del Espíritu. Es interesante contrastar las dos secciones de este salmo. En los versículos 1-21 vemos el sufrimiento y crucifixión de Cristo, mientras que en los versículos 22-31 vemos su gloria y resurrección. El primer pasaje muestra dolor y oración; el segundo alabanza y promesa. El primero muestra a Cristo en medio de sus enemigos; el segundo a Cristo en medio de su Iglesia.

No es difícil ver el cumplimiento de este capítulo en el relato de la cruz del NT:

- v. 1: Mateo 27.46; Marcos 15.34. Cristo habló estas palabras.
- v. 2: Luz y tinieblas alternadas; Mateo 27.45.
- vv. 6-8: El oprobio del pueblo; Mateo 27.39-44.
- vv. 11-12: No se le ofreció ayuda; Mateo 27.56
- v. 16: Manos y pies horadados; Mateo 27.35
- v. 17: La gente le contemplaba; Lucas 23.35
- v. 18: Echaron suerte sobre sus vestidos; Juan 19.23-24

En el versículo 22 la escena cambia y entramos a la resurrección. Véase en Hebreos 2.11-12 la explicación del NT respecto a esto. Cristo no está en la cruz; está en medio de sus hermanos (la Iglesia) declarando la gloria de Dios. El versículo 24 debe leerse en conexión a Hebreos 5.7. Esta sección final está llena de alabanza: en la Iglesia (v. 22), en Israel (vv. 23-26) y entre los gentiles (vv. 27-31). El versículo 31 concluye: «Él hizo esto»; un paralelo con las palabras de Jesús: «Consumado es». Debido a la obra de Cristo en la cruz, se ha conseguido la salvación y todo el que viene a Él por fe será salvo.

II. El Gran Pastor (23)

Hebreos 13.20-21 nos informa que hoy Jesús es el Gran Pastor que cuida sus ovejas. Nosotros somos sus ovejas y conforme le seguimos, Él nos ministra. Cristo no sólo murió por nosotros; resucitó y vive por nosotros. Es el Gran Pastor, el Gran Sumo Sacerdote. «Nada me faltará» es el tema del Salmo 23. No me faltará: descanso y refrigerio (v. 2), restauración y justicia (v. 3), protección en los problemas (v. 4), provisión en el desierto (v. 5) y un hogar a donde ir al final del día (v. 6).

Por supuesto, el cuadro que hay aquí es el de un pastor oriental y su rebaño. Tal pastor conocía a cada oveja por nombre. El pastor va delante de las ovejas y se asegura de que no se acerquen al peligro (Jn 10.27-28). Las ovejas nunca tienen que preocuparse cuando siguen al pastor, porque él las protegerá y proveerá para ellas. Incluso cuando atraviesen un valle peligroso (v. 4), el pastor está junto a ellas y más allá del valle está la casa del descanso. Al final del día el pastor conduce al rebaño de regreso al redil y se pone a la puerta para examinar a cada oveja mientras entra. Si ve a alguna lesionada o fatigada, derrama sobre ella aceite refrescante para calmarla y sanarla, y le da a beber agua fría. ¡Cuánta gracia tiene nuestro Pastor para cuidarnos!

Cada uno de los nombres de Dios en el AT se ven en este salmo: *Jehová-jireh*, «el Señor proveerá» (Gn 22.13-14); *Jehová-rafah*, «el Señor sana» (Éx 15.26); *Jehová-shalom*, «el Señor es nuestra paz» (Jue 6.24); *Jehová-sidkenu*, «el Señor es nuestra justicia» (Jer 23.6); *Jehová-sama,* «Jehová allí» (Ez 48.35); *Jehová-nissi*, «el Señor es nuestra bandera» (Éx 17.8-15); y *Jehová-rá-ah*, «el Señor es mi pastor» (Sal 23.1). En otras palabras, Jesucristo es para sus ovejas todo lo que ellas necesitarán. Como el niño pequeño dijo equivocándose al repetir este salmo: «Jehová es mi pastor, ¿qué más puede faltarme?»

III. El Príncipe de los pastores (24)

La tradición judía dice que este salmo se escribió para conmemorar el regreso del arca a Jerusalén por órdenes de David (1 Cr 13–15). Quizás lo cantaban diferentes coros o solistas, cada uno respondiendo al otro. El coro cantaría los versículos 1-2, una voz respondería con el versículo 3 y luego otra voz respondería con el versículo 4. Entonces el coro cantaría los versículos 5-6. A medida que el pueblo entraba por las puertas de la ciudad, el coro cantaría los versículos 8-9 y entonces la voz preguntaría de nuevo: «¿Quién es este Rey de gloria?» Luego todo el grupo exclamaría: «¡Jehová de los ejércitos, Él es el Rey de la gloria!» ¡Qué hermoso espectáculo debe haber sido!

Pero una maravilla incluso mayor espera a Jerusalén cuando el Príncipe de los pastores, Jesucristo, aparezca para reclamar el trono de David. Este salmo describe la venida del Rey a Sion; véase Apocalipsis 19.11-16. Esta tierra presente está bajo la influencia del pecado y de Satanás. A pesar de que es del Señor por creación y redención, aún no se ha libertado de la esclavitud.

Pero gracias a Dios, un día Jesús regresará a la tierra para reclamar su herencia. Entonces la tierra será llena de la gloria del Señor.

La pregunta del versículo 3 es importante: ¿quién es digno de reinar sobre la tierra desde el monte de Sion? Esto nos recuerda Apocalipsis 5 donde se pregunta: «¿Quién es digno de abrir el libro y desatar sus sellos?» Sólo hay una respuesta: Jesucristo el Hijo de Dios. El Salmo 24.4 lo describe como el Hombre Perfecto, el Rey Perfecto. David no tenía limpias las manos, porque asesinó a un hombre; ni tampoco tenía un corazón puro, porque cedió a la lujuria y cometió adulterio. Elevó su alma a vanidad y orgullo cuando censó al pueblo. Salomón no calificaría, porque fue un idólatra. Incluso el gran rey Ezequías cayó debido a su orgullo. No, el único rey que califica es Jesucristo.

Cuando Jesucristo reclame a Jerusalén, vendrá como alguien listo para la batalla (v. 8), porque habrá derrotado a las naciones del mundo en el Armagedón (Ap 19.19-21). Antes que Jesús naciera se le prometió que se sentaría sobre el trono de David (Lc 1.30-33). Hoy está sentado en el trono de su Padre (Ap 3.21), pero cuando vuelva a esta tierra en juicio y gloria, reclamará el trono de David y reinará sobre la casa de Jacob. Por supuesto, primero regresará en el aire para llevar a la Iglesia al cielo (1 Ts 4.13-18). Luego seguirán siete años de terrible tribulación sobre la tierra, «el tiempo de la aflicción de Jacob». Cuando Satanás y sus diabólicos asociados hayan hecho lo peor que pueden, Jesucristo volverá para juzgar y librará al mundo del mal. Entonces habrá una tierra renovada, un Israel restaurado y un reino justo por mil años (Ap 20.1-5).

Si Cristo es su *Buen* Pastor debido a que le ha recibido como Salvador, permítale ser su *Gran* Pastor que guía y bendice su vida. Entonces cuando Él vuelva como el *Príncipe* de los pastores, estará listo para recibirle.

SALMOS 32 y 51

El antecedente de estos salmos es 2 Samuel 11–12. David deseó la mujer de su prójimo, cometió adulterio, emborrachó al esposo, le mandó matar y luego escondió todo el asunto al menos por un año. No era un jovencito cuando cayó en estos pecados; era un hombre maduro, gobernando un gran reino. «El que piensa estar firme, mire que no caiga» (1 Co 10.12). El Salmo 51 fue la oración de confesión de David y el Salmo 32 su canto de perdón. Léase en 1 Juan 1.5–2.2 la provisión de Dios para la limpieza.

I. La oración de confesión de David (51)

Esta es una oración muy personal; nótese con cuánta frecuencia David usa «yo», «mí» y «mi pecado». Sus ojos no están sobre algún otro; están sobre él y en el Señor.

A. *El costo de pecar.*

Caer en la lujuria y el adulterio parecen ser actos momentáneos, pero qué tremendo precio pagó David. (Es posible, sin embargo, que David «planeó pecar» cuando volvió de la batalla a la casa.) Como lo veremos en el Salmo 32.3-4, David pagó físicamente por sus pecados y se enfermó. Pero el costo espiritual también fue grande. Perdió la pureza de corazón (vv. 1-2) y por consiguiente necesitaba que le lavaran y limpiaran (v. 7). Nótense las palabras que usó aquí para el pecado: transgresiones quiere decir actos de rebelión, desafiarlo cruzando la línea que Él ha trazado; iniquidad significa corazón torcido, perversidad; pecado significa errar el blanco, fracasar al no satisfacer la norma de Dios. El versículo 17 sugiere que el corazón de David no sólo se contaminó, sino que también se endureció. Cuando albergamos el pecado, este endurece el corazón. Los ojos de David también quedaron afectados; todo lo que veía eran sus pecados (v. 3). Por lo general, los que tienen la conciencia sucia están a la defensiva, preguntándose cuánto sabrán los demás. El pecado también afectó sus oídos, porque perdió el sonido del gozo y la alegría (v. 8). Nada le suena bien a alguien que está fuera de la comunión con Dios. Incluso los labios de David se afectaron, porque ya no podían testificar ni siquiera cantar alabanzas a Dios (vv. 13-15). Nada cierra la boca del cristiano como el pecado sin confesar. Su mente quedó afectada, porque suplicaba sabiduría (v. 6). El ser interior (corazón y espíritu, v. 10) estaba fuera de la comunión con Dios (v. 11) y no había alegría. Dios no retira su Espíritu Santo cuando pecamos (Jn 14.16), pero sí entristecemos al Espíritu y por consiguiente perdemos su comunión y ayuda (Ef 4.30-32). ¡Nunca olvidemos el alto costo de pecar!

B. El costo de confesar el pecado.

La verdadera confesión incluye el arrepentimiento, un sincero cambio de modo de pensar. Durante el año que David escondió sus pecados pensó que podría «salirse con la suya». Pero cuando Natán le enfrentó a sus pecados, el corazón de David le reprendió y se arrepintió. Hay una diferencia entre admitir los pecados y confesarlos. La confesión (1 Jn 1.9) literalmente significa «decir lo mismo». Si decimos respecto a nuestros pecados lo mismo que Dios dice respecto a ellos y en realidad lo queremos decir, estamos confesando pecados. David incluso avanzó al admitir su naturaleza pecaminosa, nacido en pecado (v. 5). Tenga cuidado con la «confesión barata». Orar sólo de labios para afuera: «Señor, he pecado, ¡perdóname!», no es confesión. La verdadera confesión cuesta algo: un espíritu quebrantado y un corazón contrito (v. 17). Esto no significa que debemos hacer penitencias y ganarnos el perdón, sino significa que estamos tan quebrantados por nuestros pecados que no podemos ocultarle nada a Dios.

C. El costo de la limpieza del pecado.

Las buenas obras no pueden limpiar el pecado, ni siquiera las religiosas ni los sacrificios (vv. 16-17). Sólo la sangre de Jesucristo puede limpiar los pecados (Heb 10.1-18; 1 Jn 1.7–2.2). El perdón no es algo barato; le costó a Jesucristo su vida. Recibimos el perdón debido a lo que Él ha hecho, no debido

a nuestras oraciones o lágrimas. Dios está dispuesto a borrar nuestros pecados (vv. 1,9; véase Is 43.25) y purgarnos completamente. Tan solo el alto
costo de la limpieza debería hacernos detestar el pecado y querer alejarnos
de él.

II. La alabanza de David porque Dios lo limpió (32)

Pablo cita los primeros dos versículos en Romanos 4.7-8, de modo que
asegúrese de leer ese pasaje. Literalmente David cantó: «Bienaventurado
aquel cuya transgresión ha sido perdonada, y cubierto su pecado. Bienaventurado el hombre a quien Jehová no culpa de iniquidad, y en cuyo espíritu
no hay engaño». David fue culpable de todo esto: se rebeló contra la ley y
no cumplió la norma de Dios; permitió que su naturaleza torcida le controlara; y escondió con engaño todo el asunto durante un año. Léase Proverbios
28.13 y aplíquelo al caso de David.

A. El silencio de la convicción (vv. 3-4).

¿Qué le ocurrió a David mientras rehusó confesar sus pecados? Sufrió. Sufrió
espiritualmente (como lo vimos en el Salmo 51), pero también físicamente.
Se envejeció. La mano de Dios al declararlo culpable pesaba sobre él día y
noche. Se «secó» como un arroyo en una sequía. Algunas personas que
acuden al médico para atender sus síntomas deberían acudir al Señor para
que se haga cargo de sus pecados. Esto no significa que toda enfermedad se
debe al pecado, pero sí significa que el pecado sin confesar puede causar
aflicción física. Véase 1 Corintios 11.29-32.

B. El gemido de confesión (v. 5).

Literalmente: «Mi pecado te declaré». Cuando Natán le habló (2 S 12.13),
David inmediatamente confesó que había pecado, pero luego, en privado, le
permitió al Espíritu de Dios que descubriera sus pecados uno por uno. La
oración de David no fue una «confesión general»; mencionó cada uno de sus
pecados. Debido a ello, Dios le perdonó. Un escritor ha dicho: «Mientras
menos misericordia se tenga usted mismo, más misericordia tendrá Dios de
usted». Pablo dijo: «Si nos examinásemos a nosotros mismos, no seríamos
juzgados» (1 Co 11.31). Dios no nos perdona porque lo lamentemos ni
porque oremos; nos perdona cuando confesamos nuestros pecados debido a
que «Él es fiel y justo»: fiel a su promesa y justo en cuanto a la cruz. Dios no
nos hará pagar por pecados que Cristo ya ha pagado. Léase Romanos 8.31-
39.

C. El canto de limpieza (vv. 6-7).

El suspirar de David se ha reemplazado por cantar. Lo rodean «cantos de
liberación»; y a dondequiera que se vuelve, descubre cosas acerca de las
cuales cantar. Solía ser que a dondequiera que se volvía sólo veía sus pecados
(51.3). Nos advierte que debemos orar a Dios por perdón «en el tiempo en
que pueda ser hallado». Esto puede tener dos significados: en un tiempo
cuando descubrimos nuestros pecados y en uno cuando Dios puede ser

hallado (Is 55.6-7). Si el creyente permite que el pecado se acumule, Dios tendrá que intervenir y disciplinarle (Heb 12). David ya no teme más, porque Dios es su refugio. Que vengan los problemas; no tiene temor.

D. El grito de confianza (vv. 8-11).

Dios habla ahora a David y le asegura que dirigirá sus pasos. «Él restaura mi alma; me guía por senderos de justicia por amor de su nombre» (Sal 23.3, BLA). Dios quiere guiarnos, no con vara de rigor, sino con sus ojos. Un hijo obediente observa los ojos de sus padres, para ver cuál es su voluntad. El cristiano debe estar siempre bajo los ojos del Padre y vivir para agradarle. En el versículo 9 David habla de dos extremos: el caballo que arranca hacia adelante impulsivamente y el mulo que se retrasa con obstinación. Los cristianos deben evitar dichos patrones de conducta. Debemos andar con el Señor un paso tras otro en obediencia y amor. Los caballos y los mulos deben controlarse con frenos y cabestros «porque si no, no se acercan a ti». Es triste, pero algunos cristianos deben tener «frenos y cabestros» antes de que Dios pueda controlarlos. Pero la manera normal es que Dios nos guíe con sus ojos sobre nosotros. Los animales sin entendimiento no tienen comprensión, pero el pueblo de Dios puede comprender cuál es la voluntad de Dios (Ef 5.15-17).

Después de que como cristianos hemos pecado y sido restaurados, Satanás trata de socavar nuestra paz y confianza. Empezamos a preocuparnos por el pasado y las consecuencias de nuestra insensatez. Sí, hay amargos frutos de la desobediencia (iy cómo lo encontró David!), pero los versículos 10-11 nos aseguran que Dios protege y sostiene a los que le pertenecen. Los malos tendrán muchas aflicciones y estas vienen a las vidas de los santos desobedientes, pero el cristiano limpio experimenta la misericordia amorosa del Señor. No sorprende que David concluya con un clamor. El pasado está perdonado, el presente es gozoso y el futuro está seguro en las manos de Dios.

SALMO 40

A este salmo se le ha llamado «el salmo cristiano», porque mira hacia adelante al nacimiento de Cristo. En Hebreos 10.5-10 se citan los versículos 6-8 y se aplican a Jesucristo. Históricamente el salmo brotó de una crisis en la vida de David. Estaba en «el pozo de la desesperación» y clamó a Dios, y Él lo libró. En la primera mitad (vv. 1-10) David testifica de la misericordia de Dios y muestra su gratitud al consagrarse de nuevo al Señor. En los versículos finales (vv. 11-17) David acude a Dios por más ayuda puesto que nuevos enemigos le acechan. Cuánta fortaleza hay en el versículo 17: «Jehová pensará en mí». Puesto que es un salmo mesiánico (un salmo que habla de Jesucristo), queremos estudiar especialmente ese aspecto.

I. El nacimiento de Cristo (40.6-7)

Si lo desea, lea con cuidado Hebreos 10.1-18. El capítulo empieza diciendo que Dios ha dejado a un lado todos los sacrificios hebreos, los cuales nunca quitarían los pecados. En los versículos 5-9 el escritor arguye que Cristo vino para hacer lo que dichos sacrificios jamás podrían hacer. Pero para que Jesús muriera, tenía que venir a la tierra como hombre en un cuerpo de carne (sin pecado, por supuesto). Al venir al mundo el Hijo le dijo al Padre: «En el rollo del libro [las profecías del AT] está escrito de mí».

Hebreos 10.5 cita al Salmo 40.6, como «me preparaste cuerpo» en lugar de: «Has abierto mis oídos». Por supuesto, el mismo Espíritu Santo que escribió la Palabra puede citarla, o ampliarla o explicarla como quiera. Jesucristo vino en un cuerpo preparado; nació de la virgen María, el Espíritu Santo lo concebió (Lc 1.26-38). Dios tiene cuatro maneras de hacer un cuerpo: (1) a partir del barro, como en Adán; (2) a partir del hombre, como con Eva, Génesis 2.21-25; (3) a partir de una mujer casada con un hombre, como en todo nacimiento humano normal; y (4) a partir de una mujer sin la intervención de un hombre, como en el nacimiento de Cristo. Jesucristo vino en un cuerpo preparado, un cuerpo que no estaba manchado por el pecado. Aun así sintió todas las debilidades *no pecaminosas* de la carne (hambre, dolor, cansancio, muerte), nunca participó de las debilidades *pecaminosas* de la carne. Si Jesús no hubiera tenido una naturaleza sin pecado, no pudiera haber sido el Salvador del mundo.

Acerca de la frase «has abierto mis oídos» véanse Éxodo 21.1-6 e Isaías 50.5. El judío del AT horadaba la oreja del siervo que quería permanecer con él para siempre. Es un hermoso cuadro de entrega. Nótese también que el nacimiento de Cristo estaba «escrito en el libro». La primera promesa se halla en Génesis 3.15, donde Dios anunció que «la simiente de la mujer» (no del hombre, por consiguiente, un nacimiento virginal) derrotaría a la simiente de Satanás. Más adelante, Dios le anunció a Abraham que el Salvador vendría mediante los judíos y luego reveló que vendría de la tribu de Judá. Isaías 7.14 anunció el nacimiento virginal y Miqueas 5.2 informó al pueblo que vendría de Belén.

II. La vida de Cristo (40.8-10)

Estos versículos resumen hermosamente lo que Jesús hizo: Amó, vivió y predicó la Palabra al pueblo. Nadie pudo jamás acusar a Jesús de pecado; véase Juan 8.46. Los judíos tuvieron que contratar mentirosos para que dieran falso testimonio contra Él en su juicio. Incluso Judas (el cual hubiera tenido una buena excusa para acusar a Cristo) admitió que era inocente (Mt 27.1-5). Jesús se deleitaba en la Palabra y en la voluntad de Dios. En Juan 8.29 dijo: «Hago siempre lo que le agrada». Su vida y sus labios magnificaban la rectitud y misericordia del Señor.

III. La muerte de Cristo (40.6)

Vino en un cuerpo perfecto para ser el sacrificio perfecto por los pecados. Para comprobar que en ninguna parte del AT se nos enseña que la sangre de animales podía quitar pecados, léanse 1 Samuel 15.22, Salmo 51.16-17, Oseas 6.6 y Miqueas 6.6-7. Muchos judíos confiaban en el sacrificio en lugar de mirar por fe al Señor. Cuán similar a tantos miembros de la iglesia de hoy que confían en el bautismo o en la membresía para ser salvos. El versículo 6 menciona cuatro clases de ofrendas: (1) *sacrificio*, cualquier clase de ofrenda de sangre; (2) *ofrenda*, las ofrendas sin sangre, como las de harina; (3) *holocausto*, la ofrenda que es un cuadro de la total dedicación a Dios; y (4) *la ofrenda por el pecado*, ofrenda relacionada con el pecado de la persona.

Todas estas ofrendas del AT (delineadas en Lv 1–5) representan la obra expiatoria de Jesucristo. El holocausto es un cuadro de su total rendición a Dios: «Me deleito en hacer tu voluntad». La ofrenda de harina (Lv 2) ilustra su perfecta naturaleza y nos recuerda que nos alimentamos de Él para saciar el alma. La ofrenda de paz (Lv 3) representa la paz con Dios, una paz entre el pecador y el Salvador que constituyó Jesús en la cruz (Col 1.20; 2 Co 5.18). La ofrenda por el pecado (Lv 4) se refiere al pecado en nuestra naturaleza, en tanto que la ofrenda por las transgresiones (Lv 5) a los actos de desobediencia. Cristo murió por nuestros pecados, pero también condenó en la cruz nuestra vieja naturaleza y por lo tanto puede darnos la victoria sobre el pecado (Ro 6–8).

Lo importante es esto: todas estas ofrendas se cumplieron en Jesucristo. Con una ofrenda resolvió completa y eternamente la cuestión del pecado. Lo que millones de ovejas y cabras jamás harían, Jesucristo lo hizo en sus horas de agonía en la cruz. ¡Aleluya, qué Salvador!

IV. La resurrección de Cristo (40.1-3)

Estos versículos describen la liberación de David de algún problema, pero también ilustran la resurrección de Cristo. Jesús descendió al pozo por nosotros; se hizo pecado por nosotros (1 P 2.24; 2 Co 5.21). Sin duda era un «pozo de la desesperación» cuando se considera que Jesús llevó sobre su cuerpo sin pecado los pecados de la humanidad de todas las épocas. Pero no se quedó en el abismo; Dios le levantó de entre los muertos. Hebreos 5.7 sugiere algo del horror de la experiencia del Getsemaní y del Calvario, y nos informa que Jesús oró a quien tenía poder para «librarlo [sacarlo] *de* la muerte» (no [eximirlo] *de* la muerte, porque vino para morir). El Padre le contestó y le levantó de los muertos.

Cristo hoy está resucitado para nunca más morir. Su obra ha concluido; sus pies están en la roca. El nuevo canto es una canción de victoria y alabanza a Dios; véase el Salmo 22.22-25 y compárense estos versículos con el Salmo 40.9-10. Él ha puesto a sus enemigos bajo sus pies.

SALMO 90

Puesto que Moisés es el autor de este salmo, eso lo hace el más antiguo de los salmos. Quizás se escribió en conexión con el fracaso de Israel en Cades-barnea (Nm 13–14). El pueblo (excepto Josué y Caleb) rehusó seguir a Moisés y confiar en Dios. En vez de entrar en la tierra por fe, volvieron en incredulidad y Dios los juzgó. Hizo que la nación vagara cuarenta años por el desierto, hasta que murieran todos los que tenían más de veinte años en Cades-barnea. Téngalo presente al leer el Salmo 90, sobre todo los versículos 7-11, y cobrará un nuevo significado. Este salmo es la reacción de Moisés a la crisis; acudió a Dios en oración y buscó un lugar eterno de refugio en Él. Años más tarde le diría a Israel: «El eterno Dios es tu refugio, y acá abajo los brazos eternos» (Dt 33.27). Fue este tipo de fe lo que sostuvo a Moisés durante esos años de prueba en el desierto. Isaac Watts usó el Salmo 90 como base para su majestuoso himno «Oh Dios, socorro en el ayer». Lea este himno con este salmo en mente.

I. La eternidad de Dios y la fragilidad del hombre (90.1-6)

Qué contraste vemos aquí. El Dios eterno existe mucho más allá de la historia. Generaciones vienen y van, pero Dios es siempre el mismo. «Porque yo Jehová no cambio» (Mal 3.6). «Jesucristo es el mismo ayer, y hoy, y por los siglos» (Heb 13.8). Hay una diferencia entre ser inmortal y ser eterno. El hombre es inmortal; o sea, su alma nunca morirá; pero Dios es eterno: no tiene ni principio ni fin. Dios existió antes que las montañas (lo más durable que se conocía en los días de Moisés); a decir verdad, Él les dio a las montañas su existencia. Mediante la fe en Cristo llegamos a ser parte de la eternidad y a poseer vida eterna.

Las ilustraciones de la fragilidad del hombre son las siguientes: polvo (v. 3); una vigilia de la noche, alrededor de tres horas de duración (v. 4); un breve torrente después de un chubasco que pronto se seca (v. 5); un breve período de sueño que parece durar apenas unos minutos (v. 5); la hierba que brota de repente, pero antes de la noche es cortada (vv. 5-6). Véase en Job 7–9 otros cuadros de la brevedad de la vida. El versículo 3 nos lleva de regreso a Génesis 3.19; véase también Eclesiastés 12.7. Bien se ha dicho que los seres humanos son parte polvo y parte divinidad. Somos hechos a imagen de Dios; y sin embargo somos hechos del polvo. Si no fuera por el pecado, no habría muerte ni decadencia en nuestro mundo.

Estos versículos explican por qué los seres humanos necesitan un refugio eterno. Somos frágiles, polvo, criaturas del tiempo; a menos que nos relacionemos bien con el eterno Dios, no somos nada. Sólo mediante la fe en Cristo podemos conocer a Dios y participar de su vida eterna.

II. La santidad de Dios y los pecados del hombre (90.7-12)

La rebelión de Israel en Cades-barnea trajo la ira de Dios. Véase Números

14.11-25. Dios ofreció afligir a la nación con enfermedades y desheredarlos, pero Moisés le suplicó en base a sus promesas y pactos. Moisés le pidió a Dios que perdonara sus pecados, pero Él juzgó a Israel haciendo que la generación adulta muriera en el desierto durante los próximos cuarenta años. Fue el funeral más largo del mundo. «La paga del pecado es muerte».

Los seres humanos pecadores viven bajo la ira de Dios. «El que no cree, ya ha sido condenado», anuncia Juan 3.18. Dios ve los pecados secretos (v. 8; Heb 4.13) y los que están al descubierto. Los días humanos «declinan» como el ocaso (v. 9), de luz a oscuridad. Nuestros días son «como un suspiro» (no «pensamiento»), son muy breves y vacíos y pasan con mucha rapidez. ¿Cuánto viven los humanos? Pues bien, esa generación en los días de Moisés (de veinte años para arriba, Nm 14.29) viviría cuarenta años más. Añádase veinte a cuarenta y se tiene sesenta. Moisés habla de setenta años como límite, a menos que Dios conceda diez años adicionales. Las personas mayores de Israel en aquel tiempo no vivirían para cumplir los ochenta años debido a sus pecados. Nótese que el creyente Caleb tenía cuarenta años en Cades-barnea y se le permitió entrar a Canaán a los ochenta y cinco años (Jos 14.6-15).

Los versículos 11-12 arriban a una conclusión práctica: cuente sus días y haga que su vida valga. ¿Quién entiende el poder de la ira de Dios? Si lo comprendiéramos, no desperdiciaríamos nuestras vidas como lo hacemos, en empresas inútiles. Debemos temer a Dios, honrarle y usar nuestras breves vidas para su gloria. El principio de la sabiduría es el temor de Jehová. Puesto que somos frágiles y pecadores, necesitamos un Salvador; y el único Salvador es Jesucristo.

III. La bendición de Dios y los anhelos del hombre (90.13-17)

Esta sección final contiene una serie de oraciones que Dios bendecirá a su pueblo y coronará sus vidas con gloria. El hombre no es un animal que vive y muere. Está hecho a imagen de Dios y anhela que su vida logre y signifique algo. Multitudes hoy están atrapadas en una existencia sin significado, sin propósito ni desafío. Cuánto necesitamos rendirnos a Jesucristo y decir como Pablo: «Para mí el vivir es Cristo, y el morir es ganancia» (Flp 1.21).

Moisés ora por el favor de Dios (v. 13). Por supuesto, Dios no se «arrepiente» como lo hace el hombre, pues Él jamás peca. Cuando Dios se arrepiente, cambia sus tratos con su pueblo. Véanse Éxodo 32.12 y Deuteronomio 32.36. Dios acababa de juzgar a Israel; ahora Moisés ora que perdone a Israel y los restaure al lugar de favor y bendición.

Ora por alegría (vv. 14-15). Imagínese enfrentándose a cuarenta años de constante peregrinaje y muerte. Suponga tener que sepultar cientos de personas día tras día. ¿Cómo habría algún gozo o alegría en tal situación? Sólo mediante el Señor. El versículo 14 puede significar: «Satisfácenos en la mañana con tu misericordia». ¿Qué debían hacer los judíos en la mañana? Salir temprano y recoger el maná celestial. Véase Éxodo 16. Moisés dice: «Sal a nuestro encuentro cada mañana, Señor, al despertarnos a un nuevo día. Aliméntanos con tu Palabra. Danos gozo en tu presencia». Hoy en día, es igual de importante para el cristiano del NT empezar el día con Dios, leer la Palabra y orar. En el versículo 15 Moisés pide alegría en proporción a las aflicciones que habían atravesado. Como cristianos tenemos una promesa más grande en 2 Corintios 4.16-18. «Porque esta leve tribulación momentánea produce en nosotros un cada vez más excelente y eterno peso de gloria». Véase también la declaración de Pablo en Romanos 8.18.

Moisés ora que se haga la obra de Dios (v. 16). Anhela con fervor ver el poder de Dios obrando a favor del pueblo. Históricamente, por supuesto, esto se refería a que Israel poseyera la tierra prometida; véase el argumento de Moisés ante Dios en Números 14.13-19. No era gloria para Dios que Israel deambulara por el desierto; sin embargo, fue para su gloria cuando Israel cruzó el Jordán y tomó posesión de su herencia en poder. Nótese que Moisés, en el versículo 16, se preocupa más por la gloria de Dios que por su propia alegría.

Ora por la bendición de Dios sobre el trabajo del hombre (v. 17). Hay una maravillosa conexión entre los versículos 16 y 17: «Tu obra[...] la obra de nuestras manos»; «Tu gloria[...] la luz [hermosura] de Jehová nuestro Dios sobre nosotros». En el Salmo 27.4 vemos la belleza de Dios, pero aquí participamos de ella. «Seremos como Él es, porque le veremos como Él es» (1 Jn 3.1-2). ¿Qué quiere decir Moisés cuando ora sobre la obra de nuestras manos? Sencillamente esto: que no desperdiciemos nuestras vidas, sino que Dios nos guíe y bendiga de modo que lo que hagamos sea eterno. «El que hace la voluntad de Dios permanece para siempre» (1 Jn 2.17). Como Moisés veía a los judíos vagar por el desierto, sus vidas parecían perdidas e inútiles. Siendo un hombre de Dios, no quería desperdiciar su vida; quería que contara para la gloria de Dios. Por consiguiente, ora que Dios establezca la obra en su pueblo y por medio de su pueblo. Jesús tuvo la misma idea en mente en la parábola de los dos constructores (Mt 7.21-29).

Sin Jesucristo la vida sería insoportable. ¿Por qué soportar las pruebas de la vida si no hay Dios ni gloria? Entonces seríamos como los pecadores que dicen: «Comamos y bebamos, que mañana moriremos» (1 Co 15.32). Pero la vida no es una carga, ni un suspiro, ni sueño por la noche. Con Jesucristo en control, la vida es una aventura, un desafío, una inversión en la eternidad. «¡Enséñanos a contar nuestros días, Señor, y ayúdanos a vivir cada día por Jesucristo con tu sabiduría!

SALMO 119

De muchas maneras este salmo es especial. Es el más largo (176 versículos) y es un acróstico que sigue las letras del alfabeto hebreo. En la mayoría de las ediciones de la Biblia, las veintidós secciones de este salmo están encabezadas por las letras sucesivas del alfabeto griego (Alef, Bet, Guímel, etc.). En la Biblia hebrea cada versículo de una sección empieza con esa letra hebrea. Por ejemplo, los versículos de la sección «alef» (vv. 1-8) empiezan con la letra «alef». La sección «tet» (vv. 65-72) se encuentra a partir del versículo 67 con «Til» y versículo 71 con «Tis». Los judíos lo hacían como ayuda para memorizar las Escrituras y así meditar en la Palabra de Dios.

No sabemos quién escribió este salmo, aunque el escritor se refiere a sí mismo varias veces. Sufría porque amaba la ley de Dios (vv. 22,50-53,95,98,115), sin embargo estaba determinado a obedecerla costara lo que costara. Todos los versículos, excepto cinco, mencionan de una manera u otra la Palabra de Dios. Las excepciones son los versículos 84, 90, 121, 122 y 132. En cada versículo se hace referencia a Dios. El número 8 aparece en todo el salmo. Cada sección tiene ocho versículos; se mencionan ocho nombres especiales para la Palabra de Dios; se dan ocho símbolos para la Palabra; el creyente tiene ocho responsabilidades con la Palabra. La palabra «ocho» en el hebreo literalmente significa «abundancia, más que suficiente»; es el número de nuevos comienzos. Es como si el escritor estuviera diciendo: «La Palabra de Dios es suficiente. Si tiene las Escrituras, eso es todo lo que necesita para la vida y la piedad». En verdad la Biblia nos señala a Cristo; Él es la Palabra Viva sobre quien la Palabra escrita habla. En cierto sentido el Salmo 119 es una prolongación del Salmo 19.7-11. Nótense los ocho títulos básicos de la Biblia en los primeros nueve versículos del salmo: ley de Jehová, testimonios, caminos, preceptos, estatutos, mandamientos, juicios y palabra. Estos se repiten muchas veces en todo el salmo.

I. Lo que es la Biblia

A. *Agua para limpieza (v. 9).*

Toda esta sección (vv. 9-16) analiza la victoria sobre el pecado. Los jóvenes en particular necesitan aprender a *guardar* y a *prestar atención* a la Palabra para vencer la tentación. En la medida en que usted lee la Palabra y medita en ella, le limpia su ser interior, así como el agua limpia el cuerpo. Véanse Juan 15.3 y Efesios 5.25-27.

B. *Riqueza y tesoro (vv. 14,72,127,162).*

Muchos no conocen la diferencia entre precios y valores. Su Biblia tal vez le costó unos pocos dólares, pero qué gran tesoro es. ¿Cómo se sentiría si la perdiera y no pudiera reponerla?

C. *Una compañera y amiga (v. 24).*

El escritor era un extraño (v. 19), rechazado por los arrogantes (v. 21) y por los príncipes (v. 23), pero siempre tenía la Palabra como consejera. Léase Proverbios 6.20-22.

D. *Una canción para cantar (v. 54).*

¡Imagínese haciendo un canto de los estatutos-leyes! La vida es un peregrinaje; somos «turistas», no residentes. Los cantos del mundo no significan nada para nosotros, pero la Palabra de Dios es canción a nuestros corazones.

E. Miel (v. 103).

La dulzura de la Palabra es como miel al paladar. Es triste cuando los cristianos deben tener «miel» de este mundo para satisfacerse. Véanse Salmo 34.8 y Job 23.12.

F. Lámpara (vv. 105,130).

Este mundo es oscuro y la única luz confiable es la Palabra de Dios (2 P 1.19-21). Nos guía de paso en paso, conforme andamos en obediencia. En 1 Juan 1.5-10 se nos dice que andamos en la luz según obedecemos su Palabra.

G. Gran botín (v. 162).

Los soldados pobres se enriquecían mediante los despojos que dejaban los enemigos derrotados. Las riquezas de la Palabra no vienen fácilmente; primero debe haber esa batalla espiritual contra Satanás y la carne. Pero vale la pena. Léase Lucas 11.14-23.

H. Herencia (v. 111).

¡Qué preciosa herencia es la Biblia! Y piense en quienes tuvieron que sufrir y morir para que podamos tener esta herencia.

II. Lo que hace la Biblia

A. Bendice (vv. 1-2).

Es el libro con bendición (Sal 1.1-3). Somos bendecidos al leer, comprender y obedecer la Palabra. También somos bendecidos cuando hablamos de la Palabra a otros.

B. Da vida (vv. 25,37,40,50,88,93).

«Vivificar» significa «dar vida». La Palabra nos da vida eterna cuando creemos (1 P 1.23). Es la Palabra viva (Heb 4.12). Pero también nos da vida cuando estamos débiles, desanimados y derrotados. El avivamiento viene cuando nos rendimos a la Palabra de Dios.

C. Fortalece (v. 28).

Confiar en la Palabra de Dios nos anima (Mt 4.4). La Palabra tiene poder (Heb 4.12) y puede fortalecernos cuando creemos y obedecemos.

D. Liberta (v. 45).

Una ley que liberta: ¡qué paradoja! El pecado tendría dominio sobre nosotros (v. 133), pero la Palabra nos libera (Jn 8.32). La verdadera libertad viene al obedecer la voluntad de Dios. Su Palabra es «la perfecta ley de libertad» (Stg 1.25).

E. Imparte sabiduría (vv. 66,97-104).

Podemos obtener conocimiento y datos en otros libros, pero la verdadera sabiduría se halla en la Biblia. Nótese en los versículos 97-104 que hay varias formas de descubrir la verdad: de sus enemigos, de sus maestros, de sus viejos amigos y todas estas son buenas. Pero por sobre todo está el conocimiento de la Biblia. Los maestros pueden saber a partir de libros y los ancianos pueden saber a partir de la experiencia (ambos merecen respeto), pero sin la Biblia estos no son suficientes.

F. Crea amigos (v. 63).

Saber y obedecer la Biblia traerá a su vida los mejores amigos. Los que aman la Palabra de Dios son amigos de verdad. Hay falsos amigos que pueden deslumbrarlo con sabiduría y riqueza mundanas, pero su amistad le hará descarriarse. Apéguese a los que se «apegan» a la Biblia (v. 31).

G. Consuela (vv. 50,76,82,92).

Más de sesenta versículos en este salmo mencionan la prueba y la persecución (vv. 22,50-53,95,98,115, etc.). El creyente que obedece la Palabra tendrá pruebas en este mundo, pero la Biblia le da consuelo duradero. El Consolador, el Espíritu de Dios, toma la Palabra de Dios y la aplica a nuestros corazones para consolarnos.

H. Dirige (v. 133).

La vida cristiana es un «andar», de día en día y de paso en paso (vv. 1,3,45). La Palabra dirige nuestros pasos para andar y correr (v. 32). Nótense las oraciones en los versículos 35,116-117. Conforme oramos pidiendo dirección, el Señor nos responde mediante su Palabra.

III. Lo que debemos hacer con la Biblia

A. Amarla (vv. 97,159).

De la manera que trata a su Biblia es como trata a Cristo. Amarle a Él es amar su Palabra. La Palabra es una delicia (vv. 16,24,35,47,70) y no una desilusión; nos regocijamos al leerla (vv. 14,162).

B. Valorarla (vv. 72,128).

Tener la Biblia en alta estima es una característica del santo verdadero. Debe ser para nosotros más preciosa que cualquier tesoro terrenal.

C. Estudiarla (vv. 7,12,18,26-27).

Al menos doce veces el salmista dice: «enséñame». Dios bendecirá al cristiano que estudia *diariamente* su Biblia. Su estudio no siempre es fácil, porque requiere «todo el corazón» (vv. 2,10,34,69,145).

D. Memorizarla (v. 11).

«¡El mejor Libro, en el mejor lugar y con el mejor propósito!», es la manera en que Campbell Morgan explicaba este versículo. Todas las personas necesitan memorizar la Palabra y no sólo los niños y jóvenes. Josué no fue ningún adolescente cuando Dios le ordenó que memorizara la ley (Jos 1.8). Jesús pudo citar las Escrituras cuando se enfrentó a Satanás en el desierto (Mt 4.1-11).

E. Meditar en ella (vv. 15,23,48,78,97,99,148).

La meditación es al alma lo que la digestión al cuerpo. Meditar significa «darle la vuelta» a la Palabra de Dios en la mente y en el corazón para examinarla, comparar los pasajes, «alimentarse» de sus maravillosas verdades. En esta época de ruido y confusión tal meditación es rara pero muy necesaria. La meditación es imposible sin la memorización.

F. Confiar en ella (v. 42).

Confiamos en todo lo de la Biblia debido a que siempre tiene la razón en todo (v. 128). Es veraz y se puede confiar en ella completamente. Argüir con la Biblia es hacerlo con Dios. Probamos cualquier otro libro por lo que dice Dios en su Palabra.

G. Obedecerla (vv. 1-8).

Guardar la Palabra es obedecerla, andar en sus mandamientos. Satanás sabe la Palabra, pero no puede obedecerla. Si conocemos la verdad de Dios y no la obedecemos, sólo nos engañamos a nosotros mismos.

H. Declararla (vv. 13,26).

Al obedecerla, debemos también testificar a otros respecto a la Palabra y decirle lo que Dios ha hecho por nosotros.

PROVERBIOS

Bosquejo sugerido de Proverbios

Introducción (1.1-19)

I. Los llamados de la sabiduría y los llamados de la insensatez (1.20–9.18)

A. Primer llamado de la sabiduría: a salvación (1.20-33)

B. El camino de la sabiduría: justicia y seguridad (2–4)

C. Primer llamado de la insensatez: condenación (5)

D. Segundo llamado de la insensatez: pobreza (6)

E. Tercer llamado de la insensatez: muerte (7)

F. Segundo llamado de la sabiduría: a riqueza (8)

G. Tercer llamado de la sabiduría: a vida (9)

II. Contrastes de la sabiduría (10–15)

Una serie de proverbios contrastando la sabiduría y la insensatez

III. Consejos de la sabiduría (16–31)

Una serie de proverbios acerca de asuntos prácticos

Notas preliminares a Proverbios

I. Títulos

La palabra castellana «proverbio» proviene de dos palabras latinas: *pro* (en lugar de) y *verba* (palabras). De modo que un proverbio es una frase que se da «en lugar de muchas palabras»; es una declaración corta que resume un principio sabio. La palabra hebrea que se traduce «proverbio» significa «una comparación». Como veremos, muchos de los proverbios de Salomón son comparaciones y contrastes. Como muchos pueblos orientales, los judíos enseñaban mucho mediante proverbios. Estas frases cortas, «pegajosas», eran fáciles de recordar y condensaban mucha sabiduría en poco espacio.

II. Autor

En Proverbios 1.1, 10.1 y 25.1 se nos dice que Salomón escribió la mayoría de los proverbios de este libro. En 1 Reyes 4.32 se nos informa que Salomón dijo 3.000 proverbios, y estos sin duda se anotaron en los registros oficiales. Los hombres de Ezequías (grupo de escritores que el rey Ezequías empleó para ayudarle a copiar las Escrituras) copiaron el material de Proverbios 25–29 (véase 25.1), mientras que el mismo rey Salomón escribió o dictó Proverbios 1–24. En Proverbios 30–31 tenemos material procedente de otros escritores, aunque muchos creen que Salomón era el «rey Lemuel» de 31.1. Salomón se conoció por su sabiduría, a pesar de que al final de su vida se dio a la idolatría y a la insensatez.

III. Tema

La palabra clave es sabiduría. Casi siempre pensamos que la sabiduría es la capacidad para usar el conocimiento como es debido y esta es una definición práctica. Pero, en la Biblia, sabiduría significa mucho más. La verdadera sabiduría es asunto del corazón y no sólo de la mente. Es un asunto espiritual. Hay una «sabiduría del mundo» (1 Co 2.1-8; Stg 3.13-18) y hay una que es divina, del cielo. En Proverbios se describe la sabiduría como una mujer atractiva que llama a la gente a seguirle a una vida de bendición y éxito. La insensatez se describe como una mujer perversa que tienta a los necios y los conduce al infierno. Por supuesto, Jesucristo es la Sabiduría de Dios al creyente (1 Co 1.24, 30; Col 2.3). Cuando se lee las descripciones de Salomón acerca de la sabiduría en Proverbios 8.22-31, no se puede dejar de ver sino a Jesucristo. La sabiduría se describe como eterna (vv. 22-26), creadora de todo (vv. 27-29) y amada de Dios (vv. 30-31). De inmediato se piensa en Juan 1.12 y Colosenses 1.15-19. Rendirle la vida a Cristo y obedecerle es verdadera sabiduría.

IV. El necio

Proverbios menciona con frecuencia tres clases de personas que desesperadamente necesitan sabiduría: el necio, el simple y el burlador (véase 1.22). El necio es alguien obcecado, perezoso, descuidado y tonto. Nabal, en 1 Samuel 25, es un buen ejemplo; el nombre «Nabal» significa «necio». El necio detesta la instrucción (1.7, 22) y confía en sí mismo (12.15). Habla sin pensar (29.11) y se burla del pecado (14.9). Los simples son las personas que lo creen todo y a todo el mundo (14.15) y les falta discernimiento. Con facilidad otros los desvían porque les falta entendimiento (7.7). No pueden ver hacia adelante (22.3) y, como resultado, se meten de continuo en problemas. Los burladores se mofan de la sabiduría de Dios porque es demasiado elevada para ellos (14.6), pero no lo admiten porque dicen saberlo todo (21.24). La palabra hebrea que se traduce «burlador», literalmente significa «hacer muecas»; y podemos imaginarlos sonriendo con sarcasmo. Nunca les aprovecha la represión (9.7-8; 13.1) y, como resultado, un día serán juzgados (19.29).

V. El sabio

Proverbios nos bosqueja el carácter de los sabios: escuchan la instrucción (1.5); obedecen lo que oyen (10.8); guardan lo que aprenden (10.14); ganan a otros para el Señor (11.30); huyen del pecado (14.16); cuidan su lengua (16.23); y son diligentes en su trabajo diario (10.5).

VI. Valor

Proverbios es valioso para nosotros como una guía para la sabiduría práctica en la vida cotidiana. Nos enseña cosas tales como la lengua, cuestiones de dinero, la amistad, el hogar y contratos de negocios. Sería bueno para los creyentes (en especial los jóvenes) leer un capítulo de Proverbios cada día y así leer todo el libro cada mes. El NT cita a Proverbios en: Romanos 3.15 (Pr 1.16); Hebreos 12.5-6 y Apocalipsis 3.19 (Pr 3.11-12); Santiago 4.6 y 1 Pedro 5.5 (Pr 3.34); Romanos 12.20 (Pr 25.21-22); y 2 Pedro 2.22 (Pr 26.11).

VII. Interpretación

Los proverbios son generalizaciones acerca de la vida y no promesas para reclamar, aun cuando contienen algunas grandes promesas. El requisito básico para entender y aplicar los proverbios es el temor de Jehová (1.7) y una disposición para obedecer (3.5-6; véase Jn 7.17). El objetivo del libro es capacitar a la persona piadosa en las relaciones y empresas humanas. Esto empieza con la sumisión al Señor. Es peligroso tomar una o dos afirmaciones de Proverbios e ignorar el mensaje total del libro. También, aun cuando hallemos ejemplos de excepciones a algunos de los proverbios, esto no menoscaba la lección que contienen. No todos los santos tienen larga vida (3.1-2) ni se enriquecen (3.10). En algunas partes del mundo los creyentes mueren de hambre y pobreza. Pero, por lo general, los que obedecen a Dios no arruinan sus cuerpos ni desperdician su sustancia. El libro de Proverbios nos llama a comprender y aplicar toda la sabiduría de Dios revelada para la vida.

PROVERBIOS 1–9

En esta lección queremos considerar a la Sabiduría y a la Insensatez, las dos «mujeres» que procuran atraer y ganar el corazón de las personas. Usted notará en el bosquejo sugerido de Proverbios que hay tres llamados de la Sabiduría y tres de la Insensatez. La Sabiduría nos llama a Dios y a la vida; la Insensatez nos llama a pecar y al juicio. Queremos estudiar estas seis importantes invitaciones y contrastarlas.

I. Primer llamado de la Sabiduría: salvación (1.20-33)

Este es un llamado abierto en las calles, donde la gente puede ver y oír. El llamado de Dios a los corazones no es asunto secreto; su Espíritu invita a las personas abiertamente a venir a Cristo. Nótese que la Sabiduría invita a tres clases: a los simples, a los burladores y a los insensatos (1.22). La sabiduría puede ver el juicio que se avecina y quiere que los pecadores escapen del mismo. Qué maravillosa oferta hace a quienes quieren oír: el don del Espíritu y la Palabra de Dios (v. 23).

¿Cómo responden los pecadores a este llamado? Parece que lo rechazan totalmente. Los versículos 24-25 indican sus respuestas: rehúsan prestar atención; no consideran la mano de Dios que se extiende; incluso la tratan con ligereza. ¿Cuál será el resultado? Destrucción. Y Dios se reirá de ellos, así como ellos se rieron de la Sabiduría. «Entonces me llamarán, y no responderé» (v. 28). Cosecharán lo que sembraron (v. 31). ¿Por qué rechazan la oferta de la gracia de Dios? El versículo 32 indica que el «desvío» (alejarse) de los simples y la prosperidad de los insensatos les da una falsa seguridad; pensaban que nunca verían juicio.

Después del primer llamado de la Sabiduría tenemos tres capítulos que presentan el camino de esta. Las palabras «vereda», «camino» y «senda» se usan veintiséis veces en estos capítulos. El mensaje del capítulo 2 es que la Sabiduría *guarda* nuestras veredas (2.8); el del capítulo 3, que la Sabiduría *dirige* nuestros caminos (3.5-6); y el del capítulo 4, que la Sabiduría *perfecciona* nuestras sendas (4.18).

La Sabiduría ofrece salvación a las personas, pero en el capítulo 5 vemos que la Insensatez les ofrece condenación. En dondequiera que Dios extiende la invitación de su gracia, Satanás está allí con una seductora oferta propia. Léase esta descripción de la mujer perversa y se verá cómo Satanás trata de hacer que el pecado aparezca atractivo. Pero nótese en 5.5: «Sus pies descienden a la muerte; sus pasos conducen al Seol». Dios nos advierte a que ni siquiera nos acerquemos a su puerta (5.7-8). El pecado siempre es costoso: usted puede perder su reputación (5.9), sus posesiones (5.10), su salud (5.11) y hasta su vida (5.22-23). Las «cuerdas del pecado» atan lentamente, pero no cabe duda de que atan, hasta que un día el pecador descubre que el escape es imposible.

II. El segundo llamado de la Sabiduría: riqueza (8)

La Sabiduría está de nuevo en las calles, llama a los pecadores a seguir el camino de Dios. En el versículo 5 llama a los simples y a los necios, pero no al burlador. Este es el que se reía y mofaba (1.25-26), así que Dios lo soslaya. Cuán solemne pensar que los corazones sean tan duros que ya ni siquiera oyen la voz de Dios.

La invitación es a una verdadera riqueza, la sabiduría que está por sobre la plata, el oro y las piedras preciosas (vv. 10-11). Véase en Proverbios 4.1-10 una exhortación similar. Es más, conocer la sabiduría de Dios es reinar como un rey (vv. 15-16). Los versículos 18-19 afirman de nuevo que la sabiduría y la vida santa son de mayor valor que toda la riqueza mundanal. Después de todo, conocer al Señor y obedecerle es tener a la disposición toda la riqueza del cielo y de la tierra. En los versículos 22-31 Salomón presenta un cuadro del AT de Jesucristo, la Sabiduría de Dios (1 Co 1.24, 30). Al leer esta descripción ve a Cristo, el amado Hijo de Dios, el Creador del universo. Conocerle es tener verdadera sabiduría. (Por supuesto, Cristo no fue «engendrado» [vv. 24-25] en el sentido de ser creado por el Padre, puesto que el Hijo existía desde la eternidad. Esto es lenguaje simbólico.)

La Sabiduría nos invita a la riqueza, pero en el capítulo 6 la Insensatez nos invita a la pobreza (6.20-35). Aquí está de nuevo la «mujer extraña», toda maquillada, lisonjeando al joven, tentándolo a pecar. En 6.26 vemos que el pecado lleva a la pobreza; véase también 6.31. Es verdad que muchas personas malas hoy parecen prósperas, pero su riqueza no durará.

III. El tercer llamado de la Sabiduría: vida (9)

El primer llamado de la Sabiduría era al necio, al burlador y al simple; su segundo llamado fue sólo al necio y al simple (8.5); pero su tercera invitación es nada más que al simple (9.4). El necio decidió seguir a la Insensatez y en 8.36 experimentó la muerte (véase 1.22). Es triste, pero el simple también rechazará el llamado de gracia de la Sabiduría y acabará en las profundidades del infierno (9.1-18). Aquí están los resultados de estas invitaciones:

(1) El burlador rechazó a la Sabiduría y encontró destrucción (1.24-27); atendió a la Insensatez y recibió destrucción (6.32).

(2) El necio rechazó a la Sabiduría y fue llevado a la muerte (8.36); atendió a la Insensatez y recibió muerte (5.22-23).

(3) El simple rechazó a la Sabiduría y fue al infierno (9.18), atendió a la Insensatez y acabó en el infierno (7.27).

La lección es obvia: rechazar la Sabiduría es aceptar la Insensatez. No hay terreno neutral. «El que no está conmigo, contra mí es», dijo Jesús. «Nadie puede servir a dos señores» y nadie puede vivir sin tener algún señor. O seguimos a la Sabiduría, o seguimos a la Insensatez; Cristo o el pecado.

Los versículos 1-6 muestran a la Sabiduría preparando un maravilloso banquete. Esto nos recuerda las varias parábolas de Cristo referentes a un «banquete», especialmente Lucas 14.15-24. La salvación no es un funeral; es una fiesta. «Dejad las simplezas, y *vivid*», es el llamado de la Sabiduría, porque recibir a Cristo es la única manera de recibir vida (1 Jn 5.11-13). «Porque por mí se aumentarán tus días», promete la Sabiduría en el versículo 11.

Pero la Insensatez está atareada invitando a la gente a su banquete (cap. 7). Se requiere poca imaginación para ver al joven insensato mientras juguetea con la tentación y finalmente presta oídos a la Insensatez y acude a su fiesta. Pero va como un buey al matadero (7.22). Cuando usted cede a esta tentación en particular, se convierte en un animal torpe. La Sabiduría le ofrece vida, pero la Insensatez muerte (7.26-27). La tentación se ve fascinante y agradable, y hay placer en el pecado «temporalmente» (Heb 11.25), pero al final el pecado lleva a la muerte y al infierno. Véase Santiago 1.13-15.

Estas son entonces las invitaciones que enfrentamos en esta vida. Podemos escuchar a la Sabiduría y disfrutar de salvación, verdadera riqueza y vida; o podemos escuchar a la Insensatez (la tentación y el pecado) y experimentar condenación, pobreza y muerte. Hay varias lecciones prácticas que debemos notar antes de concluir este estudio.

A. No podemos evadir las decisiones.

«La decisión determina el destino». Podemos escoger, o bien la senda de la Sabiduría, o bien la senda de la Insensatez; no podemos posponer esta decisión o evadirla. Escoger la una es rechazar la otra; rechazar la una es escoger la otra. ¿Cuál decisión ha tomado *usted*?

B. El pecado siempre es seductor.

La Insensatez hace todo lo que puede para hacer al pecado atractivo. Nunca revela su verdadera naturaleza; nunca le dice a la gente que su casa es el camino al infierno. La única manera de detectar a la Insensatez es andar con la Sabiduría; léase cuidadosamente Proverbios 2.10-22. Los que andan con la Sabiduría, obedeciendo la Palabra de Dios, no serán engatuzados por la Insensatez con facilidad.

C. Lleva tiempo para que el juicio caiga.

El simple, el necio y el burlador pensaron que «se habían salido con la suya» cuando rechazaron a la Sabiduría, porque nada desastroso ocurrió de inmediato. Pero el juicio a la larga los alcanzó. «Todo lo que el hombre sembrare, eso también segará» (Gl 6.7).

D. Satanás apela a la carne.

Es claro que en estos capítulos la «mujer perversa» (o «mujer extraña») apela a los apetitos del joven. Le dice que puede usar su cuerpo como le plazca y no sufrir nada. Pero Proverbios 5.1-14 aclara que el pecado sexual lleva a resultados trágicos, tanto en el cuerpo como en el alma. En estos días de inmoralidad flagrante (en películas, televisión, música, publicidad, etc.), es importante que jóvenes y adultos conserven puros sus corazones y mentes.

E. Dios continúa llamando.

Mientras haya personas para oír, el Espíritu de Dios continuará llamando. Pero cuando los pecadores rehúsan obedecer, sus oídos son sordos a la Palabra de Dios ¡Cuidado! «Si oyereis hoy su voz, no endurezcáis vuestros corazones» (Heb 3.7ss).

PROVERBIOS 2–4

Cuando usted conoce a Cristo, conoce la verdadera sabiduría (1 Co 1.24,30), y mediante su Palabra recibirá sabiduría para la vida diaria. En estos capítulos Salomón insta al joven («Mi hijo» se repite cinco veces) a aferrarse a la sabiduría divina, debido a las bendiciones que esto traerá a su vida. Por supuesto, estas instrucciones se aplican a cualquiera que quiera oír y obedecer.

I. La Sabiduría protege nuestros caminos (2)

La idea clave aquí es la de la protección de Dios sobre los suyos (vv. 7-8,11-12,16). La senda de la vida no es fácil, y mientras más años pasan, más peligros enfrentamos. El mundo, la carne y el diablo están dispuestos a derrotarnos y necesitamos la sabiduría de Dios para preservarnos fuera de su poder. Los pecadores están dispuestos a seducir al joven (Pr 1.10-19), y demasiado a menudo sus tentaciones son tan seductoras que son difíciles de resistir. Pero el cristiano que conoce la Biblia y procura obedecerla será preservado seguro fuera de su poder.

A. *Los mandamientos de Dios para los suyos (vv. 1-9).*

Nótese lo que tenemos que hacer con la Palabra de Dios: recibirla, guardarla en el corazón, inclinar el corazón a ella, aplicarla a nuestras vidas, clamar a Dios por sabiduría y estudiar la Palabra para hallar la voluntad de Dios. Salomón no habla sólo de «leer un capítulo diario» y dejarlo allí. Insiste que vivamos en la Palabra de Dios y le permitamos a ella que viva en nosotros. El versículo 4 compara el estudio bíblico con la extracción de metales preciosos. Las verdades de la Palabra deben «excavarse» y ponerlas en el horno de la experiencia personal. Deben «acuñarse» en monedas espirituales que podamos conservar en nuestro tesoro para uso futuro (Mt 13.52). Aún más, esta sabiduría llegará a ser un escudo en nuestras vidas (v. 7) y así Dios protegerá nuestras sendas. Cuando los cristianos deliberadamente se alejan de la sabiduría de Dios que se halla en la Biblia, se colocan (y colocan a otros) en peligro.

B. *El cuidado de Dios sobre los suyos (vv. 10-22).*

Salomón ve dos grandes peligros en el mundo: el malo (vv. 10-15) y la mujer extraña (vv. 16-22). Los malos se conocen porque «hablan perversidades» (v. 12). Siempre tienen algún subterfugio para que el joven considere. Pero anda en caminos de tinieblas y lo controla el Príncipe de las Tinieblas, Satanás. En lugar de andar por la senda recta, el malo anda por una torcida; no se le puede seguir el rastro. El malo quiere que usted crea que hay «atajos» a la riqueza y al éxito, y que se aproveche de la desobediencia al Señor.

La «mujer extraña» usa lisonjas y apela a los apetitos de la carne. Se ha olvidado de su esposo y roto los votos matrimoniales (v. 17). Lleva al joven insensato a la muerte y al infierno. ¡Cuánto necesitan los creyentes de hoy (especialmente los jóvenes) la sabiduría de Dios en su Palabra para proteger sus caminos!

II. La Sabiduría dirige nuestros caminos (3)

Proverbios 3.5-6 son promesas preciosas para los cristianos que quieren saber y hacer la voluntad de Dios en cada aspecto de su vida. Dios quiere que conozcamos y hagamos su voluntad; está deseoso de revelárnosla (Ef 5.8-10; Jn 7.17). Hay ciertas condiciones que debemos reunir antes de que Dios dirija nuestros caminos.

A. Escuchar a la Palabra (vv. 1-4).

La voluntad de Dios se halla en la Palabra de Dios (Col 1.9-10). No sólo es la mente, sino también el corazón, los que deben recordar y considerar la Palabra. Debemos pedirle al Espíritu que escriba la Biblia en nuestros corazones (2 Co 3.1-3). Debemos recibir la Palabra en cada oportunidad que tengamos: en clase, en los cultos de la iglesia, mediante la lectura. Mientras mejor conozca su Biblia, mejor conocerá la voluntad de Dios para su vida.

B. Obedecer la Palabra (vv. 5-10).

Si en verdad confiamos en Dios, le obedeceremos. Podemos pensar que nuestra sabiduría es suficiente, pero no lo es; necesitamos la sabiduría de Dios. El versículo 5 no enseña que los cristianos deben dejar de pensar y considerar los hechos al tomar decisiones, porque Dios espera que usemos nuestros cerebros. Más bien quiere decir que no debemos *confiar* en nuestras ideas y sabiduría; debemos pedirle a Dios que nos dirija (Stg 1.5). Una disposición para obedecer es el primer paso para conocer la voluntad de Dios (Jn 7.17). Nótese que ofrendar fielmente es una parte de la obediencia.

C. Someterse a la Palabra (vv. 11-12).

Algunas veces Dios tiene que disciplinarnos para traernos a su perfecta voluntad; véase Hebreos 12.5-11. Si nos sometemos, Dios lo convertirá en bendición.

D. Atesorar la Palabra (vv. 13-26).

Mateo 6.33 resume esto perfectamente. Ponga a Cristo primero. Salomón menciona en los versículos 21-26 las bendiciones que vienen a los creyentes que permiten que la Palabra dirija sus sendas. Nótese cómo la Palabra debe controlar cada parte del cuerpo (Ro 12.1-2).

III. La Sabiduría perfecciona nuestras sendas (4)

En los versículos 14-19 hay un contraste entre el camino de los malos y la senda de los justos. El camino de los malos es tinieblas y se oscurece cada vez más; pero la senda de los justos es luz y aumenta cada vez más. La salvación empieza con la «aurora» en nuestros corazones (véase Lc 1.77-79). Conforme andamos con el Señor, la luz se hace más brillante hasta que un día entraremos en la eterna luz de Dios, en una tierra donde no hay noche.

Dios quiere perfeccionar la senda del creyente. Él tiene un plan para cada vida y quiere llevar ese plan hasta el final (Ef 2.10; Flp 2.12-13; 1.6). Salomón nos da varias instrucciones a seguir para que Dios perfeccione nuestras sendas:

A. *Buscar la sabiduría (vv. 1-13).*

Salomón parece decir: «¡Recuerdo cuando era joven y mi padre trataba de enseñarme el camino correcto! Ahora que soy adulto, y también padre, sé que tenía razón». No basta sólo con *adquirir* sabiduría; también debemos *guardarla* y no permitir que se nos escape. «Retén el consejo». Aférrate a él. El versículo 12 promete que la senda del sabio no se «estrechará» (no encontrará obstáculos). El creyente que obedece a la Biblia evitará los obstáculos y trampas que otros encuentran al desviarse de la voluntad de Dios.

B. *Evitar la tentación y el pecado (vv. 14-19).*

Aquí Salomón enseña la separación del pecado y del mal. Como cristianos no podemos aislarnos del mundo, porque debemos vivir con personas y procurar ganarlas para Cristo, pero no debemos dejarnos infectar por sus pecados ni arrastrar a sus caminos. La vieja ilustración sirve todavía: es correcto que el bote esté en el agua, pero no que el agua esté en el bote. El cristiano debe estar en el mundo, pero el mundo no debe entrar en el corazón del cristiano. Hay personas malas en este mundo que esperan aprovecharse del joven insensato que ignoran las advertencias de la Biblia.

C. *Guarda tu vida (vv. 20-27).*

Leemos en el versículo 23: «Sobre toda cosa guardada, guarda tu corazón; porque de él mana la vida». El corazón es el «control maestro» de la vida; un corazón malo siempre origina una vida mala. Permitir que el pecado entre en el corazón es contaminar toda la vida. Salomón también nos advierte a *guardar nuestros labios* (v. 24) porque pueden hacernos pecar. El corazón controla la lengua (Lc 6.45), de modo que al guardar el corazón se guardarán los labios. Una boca «perversa» es la altanera, que habla con burla y arrogancia. Las palabras del cristiano deben pronunciarse siempre con amor (Ef 4.15, 31), sazonadas con sal (Col 4.6). Debemos *guardar nuestros ojos* (v. 25) para asegurarnos de que los mantenemos fijos en Jesucristo y en la meta que Él tiene para nosotros (Heb 12.1-2; Flp 3.12-16). Eva permitió que sus ojos vagaran y eso la llevó a pecar (Gn 3.6), y Juan nos advierte acerca de «los deseos de los ojos» (1 Jn 2.15-17). Sansón no miró hacia adelante, sino hacia la miel contaminada en el cadáver del león, y esto lo llevó a contaminarse y a desobedecer (Jue 14.8ss). Por último, Salomón nos insta a *examinar nuestra senda* (v. 26), a examinar nuestras vidas, para ver a dónde vamos. «La vida que no se examina no vale la pena vivirse», dijo Sócrates. El Señor considera (examina) nuestras vidas (5.21) y nosotros también debemos examinarlas.

Viva en la Palabra de Dios y Él protegerá sus caminos, dirigirá sus sendas y las perfeccionará para la gloria de Jesucristo.

PROVERBIOS 12, 18

En Proverbios hay muchas referencias a *la lengua*. sugerimos que se lean los capítulos 12 y 18 porque mencionan con frecuencia a la lengua, pero si lo desea, lea también y siga las referencias cruzadas y examine otros versículos. Muy a menudo damos el maravilloso don del habla por sentado y abusamos de una capacidad que debería guardarse y usarse para la gloria de Dios.

Antes de considerar algunos de los pecados de la lengua, debemos notar las bendiciones de una lengua piadosa. (Esto exige un corazón santo, porque la lengua sólo habla lo que atesora el corazón.) Cuando se usa para bien, la lengua es como plata valiosa (10.20), un hermoso y fructífero árbol de vida (15.4, véanse 12.14; 18.20), un pozo refrescante de agua (18.4; 10.11) y una saludable dosis de medicina (12.18). Véase también Santiago 3.

La lengua debe usarse para los propósitos correctos: hacer la paz (15.1,26), dar sabia represión al que yerra (25.12; 28.23), librar a las almas de la muerte (11.9; 14.3-5,25; 12.6), enseñar a las personas las cosas del Señor (15.7; 16.21,23; 20.15) y proclamar las buenas nuevas del evangelio (25.25).

Pero Satanás y la carne quieren controlar la lengua y los resultados son tristes. Quizás se haga más daño en nuestras vidas, hogares e iglesias con la lengua que con cualquier otro medio. Nos baja los humos percatarnos de que la lengua puede usarse para dañar reputaciones y causar problemas cuando debería usarse para alabar a Dios, orar y hablar a otros acerca de Cristo. La lengua es un «pequeño miembro» del cuerpo (Stg 3.5), pero es uno que debemos sometérselo a Dios como instrumento de justicia (Ro 6.12-13). Tal vez si consideramos algunos de los pecados de la lengua, nos animemos a usar nuestro don del habla con más cuidado.

I. Mentir (12.17-22)

Dios detesta la lengua mentirosa (6.16-17). Algunas veces una lengua mentirosa es sólo una envoltura del pecado que hay en el corazón (10.18), tal como el que vemos en Ananías y Safira (Hch 5) y Judas (Jn 12.1-8). En 12.18 Salomón sugiere que las mentiras son como espadas afiladas, pero la verdad es como una medicina que cura. La verdad es eterna, pero las mentiras un día se revelarán y los mentirosos se juzgarán (v. 19). Véase el Salmo 52.4-5. El versículo 20 explica que el engaño que hay en el corazón es lo que transforma una declaración en una mentira. Después de todo, los labios sólo pueden pronunciar palabras, pero si la intención del corazón es mala, la declaración es falsa. Asimismo, si pronunciamos por equivocación una afirmación falsa, la frase puede ser una mentira, pero no se condena como mentiroso al que la dice. La Biblia prueba y revela las intenciones del corazón (Heb 4.12), de modo que la mejor manera de asegurarnos de decir la verdad es permitir que la Palabra y el Espíritu controlen la lengua. La verdad libra las almas (14.25), pero las mentiras sólo llevan a la esclavitud y a la vergüenza. Proverbios 17.4 indica que los mentirosos disfrutan al escuchar a los mentirosos. Las personas que disfrutan de oír chismes avanzarán a ser chismosas también. El corazón controla al oído y a los labios. Pero todos los mentirosos serán castigados (19.5,9); y cuando tenga que «comerse sus propias palabras», será como cascajo (20.17). El infierno está esperando a «todo aquel que ama y hace mentira» (Ap 22.15).

II. Chismear (18.8)

Moisés advirtió respecto a este pecado en Levítico 19.16. Un «chismoso» es la persona que va de uno a otro diciendo cosas que deben mantenerse en reserva, ya sean verdaderas o falsas. Véase 11.13. «El amor cubrirá todas las faltas», dice 10.12. Véanse también 17.9, 1 Pedro 4.8 y Santiago 5.20. Cuando amamos a otros, trataremos de ayudarlos en privado y de hacerlos volver al camino correcto (Mt 18.15-18). Piense a cuántos ha herido el chismoso. Las palabras pueden ser tan mortales como armas; en 25.18 Salomón compara las palabras engañosas con tres armas diferentes: un martillo (mazo de guerra) que tritura de cerca, una espada que corta y una flecha que perfora y puede dispararse a distancia. Aléjese del chismoso (20.19). Lo que hace es provocar incendios (26.20) y destruir amistades (17.9).

III. Hablar demasiado (12.13; 18.6-7)

La idea detrás de estos versículos es que el necio habla demasiado y por ello se mete en problemas. Su boca llega a ser una trampa y él mismo cae en ella. Léase 6.1-5 para ver cómo este pecado mete a la gente en problemas. «En las muchas palabras no falta pecado», advierte 10.19. Una lengua controlada significa una vida segura (13.3); una lengua suelta significa pobreza (14.23: muchos prefieren hablar antes que trabajar) y sandeces (15.2). La persona de pocas palabras es de conocimiento (17.27-28). Es triste, pero a veces hay «muchas palabras» incluso en la casa de Dios, y Eclesiastés 5.1-7 tiene algunos buenos consejos al respecto.

IV. Hablar demasiado pronto (18.13, 17)

«Todo hombre sea pronto para oír, tardo para hablar», ordena Santiago 1.19. Demasiadas veces somos lentos para oír, en realidad nunca lo escuchamos todo con paciencia, y prontos para hablar; y esto nos mete en problemas. Es sabio «refrenar los labios» hasta tener realmente algo que decir (10.19). Una persona piadosa estudiará antes de responder, pero el necio abrirá su boca y dejará salir su insensatez (15.28). Potifar no oyó el lado de José de la historia y cometió un gran crimen a causa de ello. A Jesús y a los apóstoles no se les permitió decir toda su historia; sus enemigos dictaron los veredictos antes de que se juzgaran con honestidad los casos. Dios quiere que investiguemos las cosas cuidadosamente (25.2) y después que emitamos justos juicios. Proverbios 18.17 nos advierte a no apoyar la «primera causa» que oigamos, sino que procuremos comprender ambos lados de la cuestión. Incluso si los involucrados son cristianos consagrados, hay dos lados de la historia. Esto no se debe a que la gente necesariamente miente, sino sólo porque no hay dos personas que vean y oigan el mismo asunto de la misma manera. David llegó a conclusiones respecto al inocente Mefi-boset debido a que no oyó el otro lado de la historia (2 S 16.1-4; 19.24-30). Todos necesitamos orar: «Pon guarda a mi boca, oh Jehová; guarda la puerta de mis labios» (Sal 141.3). Véase el Salmo 39.1.

V. Lisonjear (26.28)

La lisonja es, por supuesto, una forma de mentir, pero es tan peligrosa que merece atención distinta. «La boca lisonjera hace resbalar», advierte 26.28; y 29.5 compara la lisonja con una red peligrosa escondida delante de los pies de un hombre inocente. Lea en el Salmo 5.9 una radiografía de la boca lisonjera. La lisonja es alabanza insincera que la da alguien con motivos egoístas. Hasta cierto punto «lisonjear» y «revolotear» se asocian, porque es fácil imaginarse al lisonjero «revoloteando» alrededor de su víctima, tratando de impresionarle. Satanás usó una forma de lisonja para tentar a Eva: «Seréis como Dios».

La mujer perversa usa la lisonja para tentar al joven (5.3; 7.5,21). «Muchos son los que aman al rico» (14.20; 19.4-6), principalmente porque quieren lisonjearle y obtener algo de él. Se nos advierte a no entremeternos con los lisonjeros (20.19). Es triste, pero a veces el justo lisonjeará al malo para obtener ventajas (25.26); y esto contaminará el hogar, la iglesia o la nación como una fuente envenenada. La represión sincera es mejor que la lisonja (28.23). «Fieles son las heridas del que ama», dice 27.6, «pero importunos los besos del que aborrece [como Judas]».

Por supuesto, hay lugar para la alabanza sincera en la vida cristiana; véase 1 Tesalonicenses 5.12-13. La alabanza sincera es como un horno (27.21); hace aflorar bien sea el oro puro o la escoria. Algunos cristianos son tan carnales que no pueden recibir elogios; se les va a la cabeza. Peor aún, no pueden soportar ver que se elogia a otro. Cuando los judíos alababan a David por sus victorias, estos elogios hicieron humilde a David, pero revelaron la envidia y altanería del corazón de Saúl (1 S 18).

VI. Rencillas (12.16,18)

Hay una ira justa (Ef 4.26), pero demasiado a menudo se convierte en ira injusta y provoca discusiones y a arranques temperamentales. Véase 29.22. Una persona iracunda continúa añadiendo leña al fuego, sólo para empeorar las cosas (26.21) y las palabras coléricas son la leña. La mejor manera de detener una discusión es usando palabras suaves (15.1-2); eso es lo mejor para «quebrantar huesos» (25.15). Ser capaz de controlar el temperamento de uno es lo mismo que gobernar un ejército o un imperio (16.32). Véanse también 14.17,29; 17.14.

PROVERBIOS 23

Nuestro énfasis recaerá sobre los versículos 15-35, en los cuales el padre piadoso advierte a su hijo contra el pecado de la embriaguez. Estudiaremos también otros pasajes que muestran que la Biblia magnifica la abstinencia total. Hay millones de alcohólicos en los Estados Unidos y millones más de «bebedores problema». Al menos el setenta por ciento de los bebedores problema empezaron durante su adolescencia. No sorprende que los cerveceros y fabricantes de bebidas alcohólicas concentren una gran parte de su presupuesto anual de publicidad para atraer a los jóvenes.

I. La Biblia advierte en contra del licor

El padre preocupado le dice al hijo los malos resultados que obtendrá en su vida si se da a la bebida:

A. Pobreza (vv. 20-21; 21.17).

Los anuncios de licor a menudo muestran a «un hombre de distinción» y dan la impresión de que la bebida va mano a mano con el éxito y la fortuna. Sin embargo, la bebida y la pobreza siempre han marchado juntas. Los estadounidenses gastan millones de millones de dólares al año en alcohol, y mucho de ese dinero debería comprar ropa, alimento y educación para las familias de los ebrios. Los alcohólicos pierden muchos días de trabajo cada año, costándole a la industria millones de dólares en horas hombre, todo lo cual contribuye a elevar los precios para el consumidor, sea o no bebedor.

B. Miseria (vv. 29-32).

El alcohol es el gran engañador (véase 20.1); promete gozo, pero da tristeza; pretende dar vida, pero realmente produce muerte. Jamás ha hecho un hogar más feliz ni a una persona más saludable. Véanse los resultados: ayes, dolor, rencillas (esto significa «argumentaciones, peleas»), quejas, heridas en balde, ojos amoratados. Más del cincuenta y cinco por ciento de los accidentes automovilísticos fatales involucran conductores ebrios. Cualquiera que piensa que beber da éxito, debe visitar una misión de rescate en alguna ciudad o escuchar los testimonios en una reunión de Alcohólicos Anónimos. El alcoholismo es el problema número tres de salud en Estados Unidos, después de las enfermedades del corazón y el cáncer.

C. Inmoralidad (vv. 26-28, 33).

Más de una mujer ha perdido su virtud y carácter debido a la bebida; e igualmente muchos hombres. Por lo general, beber y desobedecer el séptimo mandamiento van juntos. El alcohol *no* es un estimulante; es un narcótico que afecta al cerebro y hace que la persona pierda el control. El alcohol *no* es alimento; es un veneno. Cuando los jóvenes pierden el autocontrol, hay muchas tentaciones que se muestran seductoras y conducen al pecado.

D. Inestabilidad (vv. 34-35).

¡Qué cuadro vívido de un ebrio que tropieza! (Y no hay nada de simpático en un ebrio, sin que importe lo que los comediantes de la televisión hagan.) La bebida le roba a una persona su estabilidad; no puede andar derecho ni pensar adecuadamente. Por eso al rey se le advierte que no beba (Pr 31.4-5).

E. Eternidad en el infierno (1 Co 6.9-10).

Los borrachos van al infierno. Por supuesto, los borrachos pueden salvarse; véase el versículo 11. Pero una vez que el alcohol atrapa a la persona, la conversión a Cristo puede hacerse muy difícil. Quizás el borracho tenga la intención de confiar en Cristo algún día, pero a lo mejor se le quita la vida antes que llegue ese día.

II. La Biblia magnifica la abstinencia total

Téngase presente que la palabra «vino» en su Biblia puede referirse a muchas bebidas diferentes, inclusive el simple «jugo de uva». «Vino nuevo» era el jugo de uva sin fermentar; véase Mateo 9.14-17. Los judíos algunas veces mezclaban su vino con especias y otros jugos de frutas (Is 5.22; 24.9). El vino y la sidra con frecuencia se mencionan por separado (Dt 14.26; Pr 20.1). Nótese cómo la Biblia magnifica la abstinencia total dando muchos ejemplos:

(1) Israel en el desierto no bebió vino (Dt 29.6). En la Pascua no se usaba vino (Éx 12.8-10), porque el vino fermentado contenía levadura; y la levadura estaba prohibida. El vino se añadió a la ceremonia más adelante; pero Dios no lo ordenó.

(2) Los sacerdotes tenían que abstenerse cuando servían en el templo (Lv 10.8-10). Como sacerdotes del NT (1 P 2.5,9), ¿deben los cristianos tener una norma inferior de servicio diario al Señor?

(3) A los nazareos se les prohibía beber vino (Nm 6.1-3). Juan el Bautista era tal persona (Lc 1.15) y Jesús le llamó el más grande predicador nacido de mujer.

(4) Daniel rehusó «seguir la corriente» (Dn 1.5,8,16; 10.3), y Dios le honró y le exaltó. Contrástese esto con el borracho Belsasar en Daniel 5 y Herodes en Marcos 6.21ss.

(5) Pablo advierte a los cristianos a no hacer nada que haría tropezar al hermano (Ro 14.19-21). Véase también 1 Corintios 8.13. Los «bebedores

sociales» miembros de nuestras iglesias respaldan una industria maléfica como cualquier borracho consuetudinario, porque influyen en otros para que beban. Es más, un «bebedor moral que asiste a la iglesia» es mejor propaganda que el borracho en plena calle. Pablo contrasta la plenitud del Espíritu con estar borracho (Ef 5.18), y en Gálatas 5.21 menciona la embriaguez como una de las obras pecaminosas de la carne. En 1 Timoteo 5.23 se hace referencia al uso medicinal del jugo de la uva en una época en la cual los médicos no tenían las medicinas modernas. Decir que tenemos derecho a usar el alcohol porque se usa en algunas medicinas es tan razonable como decir que podemos usar morfina u otros narcóticos porque el dentista o el cirujano las usan en sus pacientes.

(6) Pedro advierte a los creyentes a abstenerse «de los deseos de la carne que batallan contra el alma» (1 P 2.11); y puesto que la borrachera es un deseo carnal (Gl 5.21), la abstinencia total es la mejor manera de obedecer esta admonición. ¿Cómo empieza uno la vida de embriaguez? Con la primera copa.

(7) Los profetas del AT prorrumpían en contra el licor. Habacuc 2.15 pronuncia una maldición sobre quienes dan una copa a su prójimo; véase Isaías 5.11-22. Amós condenó a los judíos ociosos que tenían que beber licor en tazones porque sus copas eran demasiado chicas (6.3-6).

(8) Jesucristo es nuestro mejor ejemplo: «Pero, ¿no convirtió Jesús el agua en vino?» sí, lo hizo; a cualquier persona que puede hacer lo mismo hoy se le debería permitir beber el vino. Al final de su ministerio Jesús dijo: «No beberé más de este fruto de la vid» (Mt 26.29). ¡Hoy Jesús es el abstemio total! Rehusó la copa en la cruz (Mc 15.23). Casi siempre los que quieren hacer de Cristo su «ejemplo» para beber señalan versículos como Mateo 11.18-19 y se olvidan de Mateo 26.29. ¿Qué tal en cuanto a la Cena del Señor? En ninguna parte de la Biblia se usa la palabra «vino» asociada con la Cena del Señor; o bien es «la copa» o «el fruto de la vid» (Mt 26.27-29).

Los japoneses tienen un proverbio: «Primero el hombre toma un trago; luego el trago toma otro trago; luego el trago toma al hombre». ¿Cuál es el curso correcto para tomar? Rehusar la primera copa y continuar haciéndolo por el resto de su vida.

PROVERBIOS 25

Debemos notar desde el principio que hay una ira justa contra el pecado que en sí no es pecado. El versículo 23 enseña que una mirada airada silenciará el chisme. Jesús miró «alrededor con enojo» (Mc 3.5) y Pablo nos aconseja: «Airaos, pero no pequéis» (Ef 4.26). Por supuesto, debemos enojarnos contra el *pecado* y no contra las personas. Proverbios 27.4 nos advierte que la ira es cruel y ultrajante; puede llevar a herir físicamente e incluso al homicidio (Mt 5.22). Los padres iracundos pueden lesionar para siempre el cuerpo y las emociones de un niño. La ira pecaminosa es de la carne (Gl 5.19-21) y no cumple la voluntad de Dios (Stg 1.19-20). Satanás puede obrar mediante nuestras palabras y actitudes iracundas (Ef 4.26-27), de modo que Dios nos advierte a «dejar la ira» (Ef 4.31; Col 3.8). El iracundo es un amigo peligroso (Pr 22.24; 29.22) y una mujer colérica es una pobre esposa (Pr 21.9,19; 25.24).

Este capítulo nos ilustra cómo lidiar con la ira en nuestra vida y en las de otros.

I. Paciencia (25.8)

El momento en que oímos algo que nos perturba, ¡cuán fácil es encolerizarnos y enredarnos en el asunto sin pensar ni orar. Lo sabio es pensar bien el asunto y esperar en Dios. Esto no significa que busquemos una excusa para soslayar el pecado, aun cuando el amor en efecto cubre multitud de pecados (Pr 10.12; 12.16). Más bien quiere decir que actuamos con prudencia, sabiendo primero lo que está involucrado. «Tardo para airarse» es un don maravilloso de Dios. (Pr 15.18); quien se enoja fácilmente hará locuras (Pr 14.17). «Deja la ira, y desecha el enojo; no te excites en manera alguna a hacer lo malo», aconseja el Salmo 37.8. De modo que, antes de precipitarnos, detengámonos a orar y pensar. Dedique tiempo para leer la Palabra de Dios y permítale al Espíritu Santo que le dé paz interior.

II. En privado (25.9-10)

Nuestro primer deseo es «decirle a todo el mundo» y lograr que todos se pongan de nuestra parte. Pero la Biblia aconseja precisamente lo opuesto: hablar a solas con la persona y no permitir que otros interfieran. Eso es lo que Jesús ordenó en Mateo 18.15-17 y si este método lo siguieran las familias e iglesias, habría menos peleas y divisiones. Es triste cuando cristianos profesantes divulgan las cosas a todo el mundo, excepto al involucrado. Sin duda requiere valentía y amor cristianos hablar con un hermano respecto a alguna diferencia, pero esta es la manera de crecer espiritualmente y glorificar a Cristo. Tal vez el asunto no se pueda arreglar entre ambos; entonces pídales a dos o tres personas espirituales que le ayuden. Si esto falla, debe intervenir la iglesia, y si el implicado rehúsa oírla, debe disciplinársele. «En cuanto dependa de vosotros, estad en paz con todos los hombres», dice Romanos 12.18. Es triste, pero habrá algunos con los cuales no podemos vivir en paz porque no quieren obedecer la Palabra de Dios.

III. Sabiduría (25.11-14)

Las palabras no son sólo sonidos que oímos, sino realidades vivas, poderosas, que pueden ayudar o herir. En Proverbios 25.18 Salomón compara las mentiras con tres armas: un mazo de guerra, una espada y una flecha. Pero en los versículos 11-14 indica que las palabras también pueden ser una fruta preciosa («manzanas de oro» son cítricos o naranjas), hermosas joyas y agua fría refrescante de las nieves de las montañas. Al enfrentar algún asunto debemos usar las palabras correctas y presentarlas de la manera correcta. Nuestras palabras deben «decirse apropiadamente», arregladas como fruta hermosa en bandeja de plata. Véase Job 6.25. Proverbios 19.11 indica que la discreción (prudencia) hará que la gente retenga su furor. Sólo un necio habla todo lo que tiene en su mente (Pr 29.11); los sabios meditan lo que van a decir, cómo lo van a decir y cuándo lo van a decir; véase Proverbios 15.23. Por supuesto, esta sabiduría espiritual debe venir de Dios (Stg 1.5).

IV. Delicadeza (25.15)

Qué contradicción: «La lengua blanda quebranta los huesos». Esto es un paralelo de Proverbios 15.1: «La blanda respuesta quita la ira; más la palabra áspera hace subir el furor». Nuestra primera reacción a la actitud furibunda de alguien es enfurecernos nosotros también, pero esto sólo añade leña al fuego (véase 26.20-21). Véase también Santiago 3.5. Se nos ordena a no devolver mal por mal (Ro 12.21) y a no maldecir cuando nos maldicen (1 P 2.20-23). Si lo que procuramos es restaurar al creyente que está pecando, necesitamos un espíritu de mansedumbre (Gl 6.1) y no una actitud de ira. Así Pablo ministraba a sus convertidos (1 Ts 2.7) y esto es lo que ordena a los creyentes que hagan (2 Ti 2.24). Elías tuvo que aprender que Dios algunas veces era un «un silbo apacible y delicado» y no un tornado (léase 1 R 19.11-13). Muchos tienen la idea de que delicadeza es debilidad, pero no es así; es poder bajo control. Es la delicadeza del cirujano lo que le hace grande, y sólo el Espíritu Santo puede darnos esta gracia preciosa (Gl 5.22-23).

V. Bondad (25.21-22)

La delicadeza debe conducir a la bondad; véase Romanos 12.19-21, donde el apóstol Pablo cita los mismos versículos y los aplica a los cristianos del NT. En vez de añadir leña al fuego de la ira (Pr 26.20-21), ayudamos a apagarlo al mostrar amor y bondad. Lea el mandamiento de Cristo en Mateo 5.9-12. Si la persona necesita disciplina, Dios se encargará del asunto: «Mía es la venganza, yo pagaré». Debemos ser cuidadosos, sin embargo, de realizar esta clase de obras con el motivo justo. Si tratamos de obligar a las personas en bien nuestro o si tratamos de «comprarlas», Dios no nos bendecirá. Pero si con sinceridad las amamos y queremos ayudarlas, Dios nos honrará y nos recompensará. Por supuesto, estas buenas obras no deben hacerse para impresionar a otros; Proverbios 21.14 dice que deben ser en secreto. Salomón no sugiere aquí un soborno; más bien dice que la bondad será como el aceite que aquieta las aguas agitadas.

VI. Dominio propio (25.28)

Esto yace en el mismo corazón del asunto: al cristiano que practica el dominio propio no lo destruirá la cólera, ni destruirá a otros. Este versículo debe compararse con 16.32: «Mejor es el que tarda en airarse que el fuerte; y el que se enseñorea de su espíritu, que el que toma una ciudad». Que las personas dominen su espíritu, su «reino interior», es mejor que gobiernen el mundo. Alejandro Magno pudo conquistar todo el mundo conocido, sin embargo, él mismo no se pudo conquistar. Por supuesto, la única manera de tener este dominio propio es mediante el reinado del Señor Jesucristo en nuestras vidas. «Reinamos en vida» por medio de Cristo (Ro 5.17). El dominio propio (temperancia) es uno de los frutos del Espíritu (Gl 5.22-23); la carne no puede producir dominio propio porque está en guerra con Dios.

El dominio propio es lo que nos da la paciencia necesaria, según se bosquejó al inicio de este estudio. Si ejercemos dominio propio en el mismo comienzo del problema, nos ahorrará toda clase de problemas más tarde. Proverbios 17.14 compara el principio de la rencilla con una pequeña fuga en un dique; si no se tiene cuidado, la rotura aumentará y provocará una inundación. Es más fácil detener la pequeña fuga al principio, que tratar de controlar una rugiente inundación. Proverbios 30.33 presenta un cuadro diferente: batir mantequilla o sonarse las narices. La lección es clara: forzar la ira y atizar los problemas sólo causan más problemas. El dominio propio, producido por el Espíritu, capacitará al creyente a resolver estos asuntos con paciencia y sabiduría.

La capacidad de enojarse respecto a las cosas apropiadas y en la manera correcta ayuda a edificar el carácter. Sin duda debemos reaccionar ante la injusticia y el pecado. Pero cuando la ira nos hace estallar, se vuelve destructiva. La ira santa es como el poder del vapor en la caldera: si se encamina a asuntos justos, logra mucho bien. La ira pecaminosa, perder los estribos, es más como un incendio forestal que se sale de control y destruye mucho bien. El Salmo 19.14 es una buena oración para usar: «Sean gratos los dichos de mi boca y la meditación de mi corazón delante de ti, oh Jehová, roca mía y redentor mío».

PROVERBIOS 31

Sólo en la eternidad veremos completamente la bendición que la mujer virtuosa ha traído a este mundo. Proverbios tiene mucho que decir sobre la mujer perversa en los capítulos 1–9 y sobre las esposas rencillosas (21.9 y 25.24); el libro concluye, sin embargo, con un glorioso tributo a la mujer virtuosa y dedicada que honra a Dios y da gozo a su familia. Muchos siervos de Dios agradecen a Él por las madres piadosas y esposas consagradas. Aparte de la decisión de recibir a Cristo, la más importante que el cristiano hace es la selección del compañero de su vida. «La mujer virtuosa es corona de su marido» (Pr 12.4). «El que halla esposa halla el bien, y alcanza la benevolencia de Jehová» (Pr 18.22). «De Jehová [es] la mujer prudente» (Pr 19.14). Los cristianos no deben unirse en yugo desigual con cónyuges incrédulos (2 Co 6.14-18). Deben casarse «en el Señor» (1 Co 7.39). La mujer cristiana que se casa con un inconverso puede arriesgar su vida en el alumbramiento; véase 1 Timoteo 2.12-15. Este capítulo de Proverbios describe a la «mujer virtuosa» y hace una lista de sus preciadas cualidades.

I. Espiritualidad (31.1-9)

La madre del rey le enseña a su hijo a obedecer la Palabra de Dios. Algunos eruditos piensan que el «rey Lemuel» es en realidad Salomón, pero no tenemos prueba de esto. El ministerio más importante que los padres tienen es preparar espiritualmente a sus hijos. Véanse 2 Timoteo 1.5; 3.15. La madre con valentía advierte a Lemuel sobre algunos peligros que enfrentará en la vida: compañeros pecadores, licor y la tentación a desobedecer la Palabra de Dios. Feliz es la persona que tiene una madre que teme a Dios y que le advierte acerca del pecado, y más feliz aún es quien presta atención a sus advertencias.

II. Lealtad (31.10-12)

Las dos palabras clave aquí son corazón y confianza, amor y fe. El matrimonio es asunto del corazón; debe haber verdadero amor entre los esposos. ¿Qué amor debe mostrar el hombre a su esposa? El mismo que Cristo le muestra a la Iglesia (Ef 5.18ss): sacrificial, paciente, sufrido, tierno, constante. Una esposa no tiene problemas en someterse en obediencia a un marido que la ama *y lo demuestra*. Los esposos necesitan estar atentos a que sus trabajos y quehaceres domésticos no les aparten de sus esposas y niños. Un hogar feliz no «aparece por casualidad»; es el resultado de arduo trabajo, oración y amor genuino. Cuando los cónyuges confían en el Señor y entre sí, habrá felicidad y bendición. Los votos matrimoniales son promesas que deben tomarse con seriedad. Romperlos es pecar contra Dios y el uno contra el otro.

III. Laboriosidad (31.13-22)

Esta inapreciable mujer es trabajadora. Ya sea que cosa, cocine, cuide a sus hijos o ayude a su marido en el negocio de la familia, es fiel en hacer su parte. Nótese que ella trabaja con diligencia (v. 13); no es asunto de compulsión sino de compasión. Ama a su esposo y por consiguiente procura complacerlo. (Véase en 1 Co 7.32-34 un maravilloso principio del matrimonio: vivir para agradar al otro.) Esta mujer ideal no pasa la mañana en la cama; se levanta temprano para hacer sus tareas (v. 15) y, si es necesario, se queda hasta altas horas de la noche (v. 18). Nótense las instrucciones de Pablo a las jóvenes en 1 Timoteo 5.14. Mientras que hay algunas emergencias y situaciones que requieren que las mujeres trabajen fuera de su casa, debe recordarse que incluso allí su primera responsabilidad es hacia su familia.

    Proverbios no tiene nada bueno respecto a la pereza, ya sea en el hombre o en la mujer. Véanse 6.6-11; 10.4,26; 13.4; 15.19; 18.9; 19.15,24;

20.4,13; 21.25; 22.13; 24.30-34; 26.13-16. Incluso en estos días de «equipos que ahorran trabajo», no hay sustituto para el trabajo duro y esmerado.

IV. Modestia (31.23-26)

A su esposo lo conocen en las puertas; a ella por su fidelidad en el hogar. Hombre y mujer tienen lugar en la economía de Dios y cada vez que alguno se sale de su lugar, hay confusión y problemas. Por supuesto, el hecho de que el hombre sea cabeza no significa dictador, sino más bien ejemplo y liderazgo en amor. El versículo 25 sugiere que la mujer piadosa no depende de vestidos lujosos para tener éxito; viste «fuerza y honor» en su ser interior. Pedro escribe acerca de los atavíos externos extravagantes y del atavío interno de «mansedumbre y espíritu humilde» (1 P 3.3-4). Pablo ordena a las mujeres que vistan «con modestia» (1 Ti 2.9) y que dependan de la belleza espiritual, no de la artificial del mundo. El versículo 26 nos dice que la mujer piadosa se cuida tanto por lo que habla como por su vestido. Qué maravilloso es cuando «la ley de clemencia» gobierna la lengua.

V. Piedad (31.27-31)

«La mujer que teme a Jehová, esa será alabada». Este es el secreto de su vida: teme a Dios y procura obedecer su Palabra. Sin duda debe levantarse muy de madrugada para meditar en la Palabra y orar. Todo el día orará por su esposo y su familia. Su verdadera belleza es la interna; con el correr de los años su cuerpo cambiará, su belleza en el Señor sólo aumentará. Su alabanza procede de Dios. «Siempre hago lo que le agrada».

¿Cómo alaba Dios a esta mujer? Bendiciendo sus trabajos y su vida. El fruto de su vida la alabará. Sin duda cosechará «vida eterna» porque ha sembrado para el Espíritu, no para la carne (Gl 6.7-8).

Su esposo e hijos también se levantan y la alaban. Cuánta necesidad hay en la actualidad de esposos e hijos que muestren constantemente su aprecio por lo que la esposa y madre hace en el hogar. Una de las más grandes debilidades en muchos hogares de hoy es que los miembros de la familia suponen que eso es lo correcto. Los esposos necesitan dar un buen ejemplo ante sus hijos alabando con franqueza al Señor y a la esposa por las bendiciones del hogar. Con cuánta frecuencia una esposa dedicada se sacrifica por la felicidad del hogar y nunca recibe ni siquiera un simple «gracias». Qué pecado de falta de aprecio hay en nuestros hogares. Esta distinción no debe reservarse sólo para el Día de las Madres o Navidad; más bien, debe mostrarse todo el año. La gratitud es una virtud cristiana maravillosa. Cada hogar necesita cultivarla.

Por supuesto, ¡las mismas cualidades deben verse también en el hombre de la casa! Cuán a menudo vemos a una mujer piadosa sufriendo pacientemente por un marido carnal y mundano. La Biblia no conoce nada de un «standard doble» para esposas y esposos. Es importante que el esposo sea espiritual, leal, laborioso, etc. En el plan de gracia de Dios se ha ordenado

que *tanto* esposos *como* esposas sean necesarios en el hogar, y que cada uno
cumpla ciertos ministerios especiales. Uno no puede reemplazar al otro, aun
cuando en algunas emergencias (tales como la muerte de uno de los cónyuges) Dios ha dado gracia a una persona para ser a la vez «padre y madre» en
el hogar.

Los cónyuges deben vigilar siempre para que Satanás no se inmiscuya y
destruya el hogar. Tienen responsabilidades espirituales, materiales y físicas
el uno para con el otro, y si estas no se satisfacen, Satanás se pone a trabajar
(1 Co 7.1-6; 1 Ti 5.8; Ef 5.21-33; 1 P 3.7). Es especialmente importante estar
en guardia después que los hijos han crecido y dejado el hogar paterno,
porque entonces se prueba la verdadera fortaleza del hogar. Un hombre y
una mujer no debe decir nunca: «Nos quedaremos juntos por causa de los
hijos». Que Dios nos ayude a escoger los cónyuges apropiados según su
voluntad y a edificar la clase de hogares que glorifiquen su Nombre.

ECLESIASTÉS

Bosquejo sugerido de Eclesiastés

Notas preliminares a Eclesiastés

I. Nombre

«Eclesiastés» procede de la palabra griega *ekklesía*, que en el NT se traduce «iglesia» o «asamblea». Lleva la idea de un predicador (o del que debate) hablándole a una asamblea de personas (véanse 1.1-2; 12.8-10). El Predicador aquí presenta un problema práctico y lo analiza procurando llegar a una conclusión.

II. Autor

Se menciona a Salomón como autor; véase 1.1-2,12. Sin duda se le conoció tanto por su sabiduría como por su riqueza y disfrute de placeres. Ningún otro rey del AT encaja mejor en la situación descrita en este libro.

III. Tema

El tema aparece en 1.1-3 y puede expresarse: «¿Vale la pena vivir?» Salomón mira la vida con lo que parecen contradicciones y misterios, y se pregunta si el «inacabable bregar» de la existencia vale la pena. Las personas se esfuerzan toda su vida, luego mueren y alguien menos digno hereda su riqueza y la desperdicia. Salomón llega a la conclusión de que lo mejor que se puede hacer es disfrutar de las bendiciones de Dios hoy, temerlo y guardar su Palabra. Por supuesto, con la aclaración adicional del NT sabemos que «nuestro trabajo en el Señor no es en vano» (1 Co 15.58).

Algunas de las palabras y frases clave en Eclesiastés son: *hombre* (56 veces), *trabajo* (26 veces), *debajo del sol* (28 veces), *vanidad* (37 veces), *sabiduría* o *sabio* (53 veces) y *mal* (31 veces). Tenga presente que Salomón razona sobre lo que ve y conoce «debajo del sol». Si usted se detiene en Eclesiastés, se quedará en las sombras; debe avanzar a la plena revelación del NT para tener todo el consejo de Dios. Muchas de las sectas falsas citan versículos aislados de este libro para respaldar sus extrañas doctrinas.

IV. Problemas

¿Enseña Eclesiastés que los hombres mueren como los animales y que no hay vida después de la muerte? No. Léase con cuidado los versículos de la «muerte»: 2.14-16; 3.16-22; 6.1-6; 7.2-4; 9.1-4. Usted notará que Salomón *en efecto* cree en la vida después de la muerte. En 3.17 menciona un juicio futuro y también en 11.9 y 12.14. Si no hay vida después de la muerte, ¿cómo puede haber un juicio futuro? Lo que ocurre a hombres y bestias, en 3.19-20, es que tanto los unos como los otros van al mismo lugar: el polvo. Pero nótese el versículo 21, donde el espíritu del hombre vuelve a Dios;

véase también 12.7. Salomón no tenía la revelación completa del NT con respecto a la vida, la muerte, la resurrección y el juicio, pero no contradice las enseñanzas del NT.

¿Enseña Eclesiastés a «comer, beber y alegrarse»? No. Lo que sí enseña, sin embargo, es que debemos recibir las bendiciones de Dios y disfrutarlas mientras podamos. Cada uno de los pasajes de «disfrutar» se equilibra con uno de «muerte»: 2.12-23 con 2.24-26; 3.16-21 con 3.12-15 y 22; 6.1-7 con 5.18-20; y 9.1-4 con 8.15-17. Salomón dice: «A la luz de la brevedad de la vida y la certeza de la muerte, disfruta hoy de las bendiciones de Dios y el fruto de tu trabajo. Usa estas bendiciones para su gloria». Esto concuerda con Pablo en 1 Timoteo 6.17. Salomón no aconseja el placer desenfrenado y la embriaguez. Más bien nos aconseja a apreciar la vida y sus bendiciones mientras podamos.

Las verdades de Dios no se revelan de una vez por todas; en la Biblia hay un desarrollo progresivo de verdad. Debemos interpretar Eclesiastés a la luz del NT. Si la muerte lo acaba todo, la vida no vale la pena vivirla y los seres humanos en verdad son miserables. Pero cuando conocemos a Cristo como Salvador y Señor, la vida se convierte en una emocionante aventura de fe. Y nuestros trabajos no son en vano en el Señor, porque un día seremos recompensados (1 Co 15.51-58). La salvación y la resurrección en Cristo hacen la vida digna de vivirse. «El que hace la voluntad de Dios permanece para siempre» (1 Jn 2.17). «Sus obras con ellos siguen» (Ap 14.13). Las conclusiones de Salomón en los capítulos 11–12 recalcan esto: vive por fe, obedece a Dios y Él se encargará del resto. Disfruta de sus bendiciones e invierte tu vida en lo que realmente cuenta.

ECLESIASTÉS

Imagínese una asamblea de judíos mientras escuchan al rey Salomón hablar respecto a un importante problema. Salomón es el «predicador» o «el que debate» en esta asamblea (1.1-2,12; 7.27; 12.8-10) y el tema que considera es este: «¿Vale la pena vivir esta vida?» ¿Puede pensar en un tema más práctico? ¿Y puede pensar de una persona mejor para tratarlo? Porque Salomón fue el más sabio de todos los reyes, hombre cuya sabiduría y riqueza le permitieron experimentar una vida plena. En esta breve sección sólo podemos tocar los puntos principales de este interesante libro.

I. Se declara el problema (1–2)

«¿Vale la pena vivir esta vida?» Esta es la cuestión que Salomón debate. En 1.1-3 indica su primera conclusión: la vida *no* vale la pena vivirse porque está llena de vanidad (vacío). Luego indica sus razones:

A. El hombre sólo es un diente en un enorme engranaje (1.4-11).

¿Qué es el hombre comparado con el vasto mundo? Todo en la naturaleza continúa, siglo tras siglo, pero el hombre está aquí por un breve tiempo, luego muere. Todo parece muy desprovisto de significado. Es vanidad. (Salomón usa la palabra «vanidad» treinta y siete veces en este libro.) Puesto que la vida es tan corta y el hombre tan insignificante, ¿por qué molestarle con vivir siquiera?

B. El hombre no puede comprenderlo todo (1.12-18).

Salomón fue el más sabio de los hombres, sin embargo, cuando trató de comprender el significado de la vida, se quedó confuso. Cuántos filósofos sabios han tratado de explicar la vida, sólo para admitir completa ignorancia. ¿Es razonable vivir cuando no se puede entender de qué se trata al fin y al cabo la vida?

C. Los placeres del hombre no satisfacen (2.1-11).

Salomón tenía abundancia de dinero, placer, cultura y fama; sin embargo, admitió que estas cosas no satisfacían. Tampoco duraban. Véase lo que Jesús dijo al respecto en Lucas 12.13-21.

D. La muerte lo acaba todo (2.12-23).

«Un mismo suceso» (la muerte) le ocurre tanto al necio como al sabio, al rico y al pobre. Una persona trabaja toda su vida, luego muere y deja la riqueza para que otro la disfrute. ¿Es esto justo?

Estos cuatro argumentos parecen conducir a una gran conclusión: para el ser humano no vale la pena vivir. Pero Salomón no llega a esa conclusión. En 2.24-26 nos dice que debemos aceptar las bendiciones de Dios hoy, disfrutarlas y beneficiarnos de ellas. Esto concuerda con el consejo de Pablo en 1 Timoteo 6.17. Pero incluso este «vivir para hoy» no satisface por completo, porque los seres humanos quieren ir *más allá* de hoy. Así que Salomón retrocede en los siguientes ocho capítulos («vuelve y considera»; véanse 4.1,7; 9.11) y estudia sus argumentos de una manera más profunda.

II. Se discute el problema (3–10)

A. Dios tiene un propósito en nuestras vidas (cap. 3).

Dios equilibra la vida: nacimiento-muerte, tristeza-alegría, encuentro-partida. ¿Por qué lo hace? Por dos razones: (1) para que no pensemos que podemos explicar fácilmente las obras de Dios (v. 11), y (2) para que aprendamos a aceptar y disfrutar lo que tenemos (vv. 12-13). Dios ha puesto «eternidad» en nuestros corazones (v. 11, donde algunas versiones traducen «mundo» en lugar de «eternidad»). Esto quiere decir que las cosas del mundo jamás pueden realmente satisfacernos. Por consiguiente, debemos hallar la voluntad de Dios para nuestras vidas y permitirle que Él «mezcle los ingredientes» de acuerdo a su propósito.

B. Dios da riquezas de acuerdo a su voluntad (caps. 4–6).

Estos capítulos tratan del significado de las riquezas. ¿Por qué una persona es rica y otra pobre? ¿Por qué hay injusticia y desigualdad en el mundo? Porque Dios tiene un plan para nosotros, no debemos confiar en las riquezas inciertas sino en el Señor. No viva para las riquezas, sino úselas de acuerdo a la voluntad de Dios.

C. La sabiduría de Dios puede guiarnos por la vida (caps. 7–10).

La palabra sabiduría (o sabio) se usa más de treinta veces en los capítulos 7–12. Es cierto que la sabiduría del hombre no puede sondear el plan de Dios, pero Él puede darnos sabiduría para conocer y hacer su voluntad. Simplemente porque no logremos comprenderlo todo no significa que debemos darnos por vencido en desesperación. Confíe en Dios y haga lo que le dice que haga.

¿Notó que en cada una de estas tres secciones Salomón enfatiza el disfrute de las bendiciones de Dios y la realidad de la muerte? Leáse 3.12-21; 5.18–6.7 y 8.15–9.4. Puesto que cada persona va a morir, no debemos molestarnos en trabajar ni ahorrar dinero ni servir a Dios: ¿es esto correcto? Salomón dice: ¡No! Y en los capítulos 11–12 explica lo que significa.

III. Se decide el problema (11–12)

Salomón ya ha decidido que el hombre no es «un diente en el engranaje» y que no hay nada de malo en disfrutar de las riquezas y placeres para la gloria de Dios, y que nuestra incapacidad para comprender todo lo que Dios hace no es obstáculo para una vida feliz. En los capítulos 11–12 Salomón resume todo el asunto con tres admoniciones prácticas.

A. Vive por fe (11.1-6).

Las circunstancias nunca van a ser ideales en esta vida, pero debemos seguir adelante y obedecer a Dios y confiarle a Él los resultados. Si espera el viento o el día correcto, quizás pierda la oportunidad. Tal vez parezca necio, como alguien que arroja pan en aguas corrientes, pero Dios velará para que eso vuelva a usted.

B. Recuerda que la vida acabará (11.7–12.7).

¿Es esta una sugerencia morbosa? No. Es realismo cristiano. Un día morirá, de modo que aproveche al máximo la vida que tiene ahora. Esta no es una actitud mundana: «Comamos, bebamos, y alegrémonos, que mañana moriremos». Más bien es la actitud de Pablo en Filipenses 1.20-21: vivir es Cristo y morir ganancia. Nótense aquí las tres palabras clave dirigidas especialmente a los jóvenes: alégrate (11.9), quita (11.10) y acuérdate (12.1). Alegrarse de las bendiciones de Dios mientras se es joven; quitar de la vida los pecados que causan tristeza; y acordarse de servir a Dios y temerle en los días de la juventud. En 12.1-7 tenemos una descripción poética de la ancianidad y la muerte. Analice si puede descubrir cuáles de estos términos poéticos se refieren al cuerpo humano.

C. Teme a Dios y obedécele (12.8-14).

Viva como quien un día enfrentará el juicio. ¿Se quemarán sus obras cuando el fuego de Dios las pruebe? (1 Co 3.9-17). Si así lo desea, interprete las conclusiones de Salomón a la luz de 1 Corintios 15, el gran capítulo de la resurrección en la Biblia. Si la muerte lo acaba todo, la vida no vale la pena vivirse, y todo verdaderamente es «vanidad» y vacuidad. Pero 1 Corintios 15 aclara que la muerte no es el acabóse. En razón de que Cristo resucitó de los muertos, nosotros también resucitaremos. Y la gloria y la recompensa que gozaremos en la eternidad dependerá de las vidas que hayamos vivido aquí en la tierra. Por consiguiente, nuestra labor «en el Señor no es en vano» (1 Co 15.58).

Desde el punto de vista humano «debajo del sol» parece como si la vida es fútil y vacía; todo es vanidad. Pero cuando se vive en el poder de Dios y para su gloria, la vida se vuelve significativa. Una persona puede vivir y laborar cincuenta años y luego morir. ¿Significa esto que desperdició su vida? Por supuesto que no. Su trabajo en el Señor no es en vano. Cuanto Cristo vuelva, recibirá las recompensas de sus trabajos. «El que hace la voluntad de Dios permanece para siempre» (1 Jn 2.17). El inconverso lo pierde todo al morir; lo mismo el cristiano carnal y mundano que «será salvo, mas así como por fuego» (1 Co 3.15). Pero el cristiano fiel que hoy se regocija en las bendiciones de Dios y usa su vida para glorificar a Cristo, recibirá abundantes recompensas en la vida venidera.

A la luz del NT, Eclesiastés no es un libro «pesimista» que niega las alegrías de la vida. Más bien demuestra que aunque hay muchos misterios en la vida que no sabemos explicar, podemos vivir de tal manera que disfrutemos las bendiciones de Dios y glorifiquemos su nombre.

CANTAR DE LOS CANTARES

Bosquejo sugerido de Cantar de los cantares

I. El rey corteja a su novia (1.1–3.5)
   A. El compañerismo en la sala del banquete (1.2–2.7)
   B. La visita en la primavera (2.8-17)
   C. La búsqueda nocturna (3.1-5)

II. El rey reclama a su novia (3.6–5.1)
   A. La majestuosa procesión nupcial (3.6-11)
   B. La belleza de la novia (4.1–5.1)

III. El rey y la comunión con su esposa (5.2–8.14)
   A. La separación del esposo (5.2-9)
   B. Su admiración por su esposo (5.10-16)
   C. Su encuentro en el jardín (6.1-13)
   D. Su admiración por su esposa (7.1-9)
   E. Su comunión satisfactoria (7.10–8.14)

Nota: Este es un bosquejo «genérico» que se puede aplicar a cualquiera de las interpretaciones sugeridas. Algunos intérpretes ven tres personajes principales: Salomón, un pastor enamorado y su amada. Sin embargo, es posible ver sólo a Salomón y a su amada presentados en el libro.

CANTAR DE LOS CANTARES

El título «Cantar de los cantares» (como el «Lugar Santísimo») quiere decir «el mejor de todos los cantos». Puesto que Salomón compuso más de 1.000 cantos (1 R 4.32), este debe clasificarse como el mejor de todos. Es un libro lleno de símbolos e imágenes, un libro que requiere madurez y discernimiento espiritual para apreciarlo y disfrutarlo. Sin duda, cualquier estudiante que abuse del lenguaje y del mensaje de este inapreciable libro revela carnalidad en su vida. No podemos examinar este libro en detalle, pero queremos tratar de comprender su mensaje desde un método cuádruple.

I. El significado literal

Aquí tenemos una preciosa historia de amor. Involucra tres personajes: una hermosa joven, obligada por su familia a trabajar (1.5-6; 2.15); su amado, indudablemente un joven vecino que se ha ganado su corazón y que también es pastor (1.7); y el rey Salomón, a quien se conoce porque le atraen las mujeres hermosas (1 R 11.3). Mientras se halla en uno de sus viajes para examinar sus tierras, Salomón conoce a la hermosa joven y la lleva a su palacio. Allí la joven sólo piensa en su amado que está en su pueblo (1.1-2.7). Les dice a las mujeres del harem («hijas de Jerusalén» en 2.7; 3.5; 8.4) que no traten de persuadirla a olvidarse de su verdadero amor. En 2.8-3.5 ella recuerda a su amado e incluso hasta sueña con él. Salomón la visita (3.6-4.16) para tratar de ganar su cariño, su amado la ve en un sueño (5.1-6.3). De nuevo, el rey trata de conquistarla (6.4-7.9) pero la joven rehúsa (7.10-8.3). A ella no le impresiona la riqueza del rey, ni sus especias, tierras ni lisonjas. Por último, el verdadero amor gana y la joven es puesta en libertad. Vuela hacia su amado (8.4-14) y se restaura de nuevo a su familia.

Por supuesto, esta interpretación no pone a Salomón en una luz muy favorable. Pero él no fue fiel en cuanto a los asuntos maritales y sin duda no es erróneo verle como un tipo del mundo, que trata de seducir al creyente y alejarlo de su verdadero amor. Esto se verá con más claridad a medida que examinamos las diferentes interpretaciones y aplicaciones de la historia.

El Cantar de los cantares magnifica y santifica el amor matrimonial. Dios hizo al varón y a la hembra, y fue Él quien «inventó» el sexo. El amor del hombre y su esposa debe ser una experiencia hermosa, según se describe en este libro, pero el pecado puede destruir este hermoso don. En el libro de Proverbios, Salomón advierte en contra de los pecados sexuales; en el Cantar de los cantares, exalta la belleza y el gozo del amor matrimonial.

II. El significado histórico

Desde los primeros días los judíos vieron en esta historia un cuadro de la relación entre Jehová e Israel. Israel se «casó» con el Señor en el monte Sinaí, cuando la nación aceptó la ley. Isaías 54 describe esta relación matrimonial; véanse también Jeremías 3 y el libro de Oseas. Es triste, pero Israel no fue fiel a su Esposo Divino y «actuó como ramera» con las naciones idólatras del mundo. Le dio la espalda a su Amado. Sin embargo, llegará el día cuando, como la joven en el Cantar de los cantares, Israel regresará a su hogar y se le restaurará a su Amado.

III. El significado típico

La relación matrimonial también se usa para describir la relación entre Cristo y la Iglesia. Véase Efesios 5.23-33. Esto se aplica no sólo a toda la Iglesia (los creyentes de esta era de la Iglesia), sino también a la iglesia local (2 Co 11.2). Pablo veía a cada iglesia local como «casada con Cristo» y en peligro de que Satanás y el mundo la sedujera al pecado. Así como los esposos son «uno» y se pertenecen el uno al otro, Cristo y su Iglesia son uno. Somos «huesos de sus huesos, carne de su carne». Él está en nosotros, nosotros estamos en Él. Él nos amó (tiempo pasado) y mostró ese amor muriendo por nosotros en la cruz. Nos ama (tiempo presente) y demuestra este amor cuidando de nosotros, nutriéndonos mediante la Palabra y procurando embellecernos espiritualmente tanto como sea posible. En el futuro continuará amándonos y participaremos de su gloria en la eternidad. Las «bodas del Cordero» se avecinan (Ap 19.7-9). Cristo volverá en gloria y llevará a su Esposa al cielo.

IV. El significado práctico

Este libro presenta un cuadro vívido del amor fiel y la comunión que se profundiza cada vez más. Los términos íntimos que se usan sólo ilustran el maravilloso amor entre Cristo y el cristiano. Notemos cómo el amor y el matrimonio ilustran la vida cristiana:

A. Salvación.

Estamos «casados con Cristo» (Ro 7.4). El matrimonio involucra a toda la persona: mente, corazón, voluntad, cuerpo. Un muchacho se encuentra con una muchacha y llega a conocerla con su mente. Tal vez esa amistad se profundice y capture su corazón. Pero aún no está casado con ella. No es sino hasta que él dice: «Sí, la acepto», que está casado. Muchos saben algo acerca de Cristo y hasta tienen sensaciones emocionantes, pero nunca han dicho: «Sí, acepto», ni confiado en el Señor.

B. Dedicación.

Cuando un hombre y una mujer se casan, todo lo que son y todo lo que tienen les pertenece mutuamente. Sus cuerpos no son suyos (1 Co 7.1-5); viven para complacer al otro. Así es con la vida cristiana: nuestros cuerpos le pertenecen a Cristo (véase Ro 12.1-2) y vivimos para agradarle a Él, no al mundo. Satanás y el mundo (como Salomón en nuestra historia) tal vez traten de tentarnos para alejarnos de nuestra devoción a Cristo (Stg 4.4), pero debemos perseverar siendo leales a Él. Cuando un hombre y una mujer se aman, ningún sacrificio es demasiado grande, ni ninguna carga demasiado pesada. Véase en 2 Corintios 11.2 la advertencia de Pablo en cuanto al «adulterio espiritual».

C. *Comunión.*

Esta es tal vez la más grande lección del Cantar de los cantares: la profunda comunión que debe existir entre los que se aman. Sin importar a dónde Salomón llevó a la joven, el corazón de ella siempre estaba con su amado. Hablaba de él, soñaba con él y cuando quedó libre, corrió a él. ¿Tenemos esta clase de amor por Cristo? ¿Vemos su belleza? (Sal 45). ¿Nos damos cuenta de cuánto nos ama y anhela nuestra comunión?

En Cantares 5 tenemos un interesante cuadro de la comunión del creyente con el Señor. La joven duerme, pero la voz de su amado se oye fuera de la puerta. Quiere darle su amor, pero ella es demasiado perezosa para abrir. «Tengo que ponerme mi abrigo; tengo que lavarme los pies». Es como si dijera: «Por favor, no me molestes. Estoy demasiado cómoda». Luego ella ve su mano (v. 4) y se da cuenta de su pecado. Recuerde: Sus manos están horadadas. Ella entonces se levanta, pero, tristemente, su amado se ha ido. Dejó cierto perfume en la puerta, pero, ¿de qué sirve la bendición sin el que bendice? Al tratar de hallar a su amado la joven se mete en problemas y disciplina.

Cuán a menudo el Señor quiere tener comunión con nosotros durante el día, pero estamos demasiado atareados. Como Marta (Lc 10.38-42), estamos «afanados con muchas cosas». Cuánto más felices serían nuestras vidas si tan solo mantuviéramos nuestros corazones abiertos a los impulsos de su amor. Así como el esposo y la esposa que se aman piensan el uno en el otro cuando están separados durante el día, el cristiano fiel debe pensar en su Salvador y tener comunión con Él. En 1.1-7 la joven no ve belleza en sí misma, pero en 1.14-17 su amado describe con tiernas palabras la hermosura de ella. En 2.1 ella se ve como la rosa común, el lirio ordinario, pero su amado la ve como un hermoso manzano, como un lirio en medio de espina (2.2-3). (A pesar de que lo cantamos en un himno bien conocido, es la mujer la que habla en 2.1 y no el Señor.)

D. *Gloria.*

El matrimonio aún no se ha efectuado. Estamos desposados con nuestro Señor y el Espíritu Santo es el «anillo divino de compromiso» (Ef 1.13-14). Todavía no le hemos visto, aunque le amamos (1 P 1.8). Pero un día la voz del Novio se oirá y Jesús volverá por su Iglesia. Entonces la maravillosa cena de bodas se celebrará (Ap 19.1-9) y estaremos para siempre con el Señor. No debe sorprendernos que al concluir Cantar de los cantares la joven dice: «Apresúrate, amado mío». Nosotros tan solo podemos añadir: «Sí, ven pronto, Señor Jesús».

ISAÍAS

Bosquejo sugerido de Isaías

I. Condenación (1–39) (Derrota de Asiria)

  A. Sermón contra Judá e Israel (1–12)

  B. Pronunciación de juicio contra las otras naciones (13–23)

  C. Cantos de la futura gloria de la nación (24–27)

  D. Ayes contra los pecados del pueblo (28–35)

  E. Interludio histórico (36–39) (El rey Ezequías)
    1. Su victoria sobre Asiria (36–37)
    2. Su pecado con Babilonia (38–39)

II. Consolación (40–66) (Regreso del remanente)

  A. La grandeza de Dios (40–48)
    El verdadero Dios versus los falsos dioses de los paganos
    Énfasis en el Padre, Jehová Dios

  B. La gracia de Dios (49–57)
    El Siervo sufriente, Jesucristo, muere por los hombres
    Énfasis en el Hijo, Jesucristo

  C. La gloria de Dios (58–66)
    La gloria del reino futuro
    Énfasis en el Espíritu (59.19,21; 61.1; 63.10-14)

Notas preliminares a Isaías

I. Nombre

«Isaías» significa «la salvación es de Jehová», y la palabra salvación se repite muchas veces en el libro. Evidentemente Isaías pertenecía a una familia destacada, puesto que tuvo acceso a varios reyes de Judá. Estaba casado (8.3) y fue padre de al menos dos hijos (7.3 y 8.1-3). Empezó su ministerio cerca del final del reinado de Uzías, o sea, alrededor del 758 a.C. Predicó hasta finales del siglo y la tradición nos dice que el perverso rey Manasés lo aserró por la mitad (Heb 11.37).

II. Tema

El libro de Isaías se divide en dos secciones, 1–39 y 40–66. La primera sección advierte a los judíos respecto a la invasión asiria que se avecinaba sobre Judá, en tanto que la segunda anima a los cautivos que volvieron de la cautividad babilónica.

El tema principal de la primera sección es el castigo de Dios sobre Judá por sus pecados, mientras que el de la segunda sección es la consolación de Dios a los cautivos después de su sufrimiento. Isaías experimentó los sucesos de los primeros treinta y nueve capítulos, pero profetizó los hechos de la segunda sección del libro. En la primera sección Asiria es el principal enemigo; en la segunda sección es Babilonia.

III. Escenario histórico

Usted recordará que la nación se dividió después de la muerte de Salomón; las diez tribus del norte se organizaron como Israel y las dos del sur como Judá. La capital de Israel era Samaria; la capital de Judá era Jerusalén. Isaías ministró en Jerusalén, pero sus mensajes atañían tanto al reino del norte como al del sur. Isaías vivió para ver a Israel (el reino del norte) declinar y finalmente caer bajo Asiria.

El escenario político de Judá era amenazante en ese tiempo. Asiria era el poder amenazador y las otras naciones querían formar una coalición para luchar en su contra. Sin embargo, el rey Acaz de Judá no quiso unirse a la liga. De modo que Siria e Israel se unieron para atacar a Judá y forzar a Acaz a que cooperara. En lugar de confiar en la ayuda de Dios, Acaz acudió a *Asiria* e hizo un pacto secreto. A Asiria tan solo le encantó meter su pie en la puerta; derrotó a Israel en el 721 a.C., pero Judá se convirtió en vasallo de Asiria y ese fue el precio que Acaz pagó por su seguridad. Tan pronto como Israel dejó de ser obstáculo, Asiria decidió atacar a *Judá* y esclavizar a toda la nación judía. Isaías le dijo al pueblo que confiara en la ayuda del Señor, pero varios grupos le dijeron al rey que acudiera a Egipto en busca de ayuda. En los capítulos 36–39 Isaías relata cómo Dios le dio al rey Ezequías la victoria sobre Asiria cuando el ejército invasor estaba a las puertas de Jerusalén. Sin embargo, Judá estaba tan debilitada por la guerra y sus ciudades tan devastadas por el enemigo, que la nación en realidad nunca se recuperó. Los egipcios derrotaron a Asiria; y los egipcios cayeron ante Babilonia; y en 606-587 a.C. los babilonios llevaron a Judá al cautiverio. Así Isaías, en la primera mitad del libro, aconsejó a la nación respecto a Asiria; en la segunda mitad consoló al remanente respecto a su regreso de Babilonia.

IV. Cristo en Isaías

Isaías da un rico cuadro profético de Jesucristo. Vemos su nacimiento (7.14 con Mt 1.23; véase también Is 9.6); el ministerio de Juan el Bautista (40.3-6 con Mt 3.1ss); el ungimiento de Cristo por el Espíritu (61.1-2 con Lc 4.17-19); Cristo el Siervo (42.1-4 con Mt 12.17-21); el rechazo de Cristo por Israel (6.9-11 con Jn 12.38ss, Mt 13.10-15 y referencias paralelas en los Evangelios; también Hch 28.26-27 y Ro 11.8); la piedra de tropiezo (8.14 y 28.16 con Ro 9.32-33 y 10.11; 1 P 2.6); el ministerio de Cristo a los gentiles (49.6 con Lc 2.32; Hch 13.47; véase también 9.1-2 con Mt 4.15-16); el sufrimiento y muerte de Cristo (52.13–53.12); su resurrección (55.3 con Hch 13.34; 45.23 con Flp 2.10-11 y Ro 14.11); y el Rey que viene (9.6-7; 11.1ss; 59.20-21 con Ro 11.26-27; 63.2-3 con Ap 19.13-15).

V. El Siervo sufriente

Hay diecisiete referencias en Isaías al «siervo de Jehová». En trece de estas la nación está en la mira (43.10; 44.1-2, 21, 26; 45.4; 48.20; 49.3, 5-7); en cuatro es Jesucristo (42.1 y 19; 52.13–53.11). Toda la sección de 52.13–53.12 es una descripción vívida de los sufrimientos, muerte y resurrección de Jesucristo. Israel era el siervo de Jehová en el sentido de que Dios la usó para traer al Verbo y al Salvador al mundo. Sin embargo, Israel fue un siervo desobediente que se tuvo que castigar. Jesucristo es el verdadero Siervo de Jehová que murió por el mundo e hizo perfectamente la voluntad del Padre. En 41.8-9 Ciro es el siervo.

VI. Los dos hijos de Isaías

Los nombres simbólicos de sus dos hijos (7.3 y 8.1-3) ilustran los dos principales mensajes del libro de Isaías. Sear-jasub significa «un remanente volverá» y encaja con la segunda mitad de la profecía, el regreso del remanente desde Babilonia. Maher-salal-hasbaz significa «El despojo se apresura, la presa se precipita» y encaja con los capítulos 1–39, la derrota de Asiria.

Se ha sugerido que el libro de Isaías es como «una Biblia en miniatura». Sus sesenta y seis capítulos se dividen en dos partes: treinta y nueve capítulos en la primera división (como el AT) y veinte y siete capítulos en la segunda división (como el NT). Los primeros treinta y nueve capítulos enfatizan el juicio; los últimos veinte y siete enfatizan la misericordia y el consuelo.

ISAÍAS 6

El rey Uzías muere y el trono de Judá está vacío. Como todos los hombres de fe, Isaías acudió a Dios en busca de ayuda y consuelo, y la hora que parecía de derrota, experimentó una gran bendición espiritual. ¡Vio que aún Dios ocupaba el trono del cielo! Nótese la visión triple que Dios le dio a Isaías.

I. La mirada hacia arriba: Vio al Señor (6.1-4)

Como todo ciudadano dedicado, Isaías respetó mucho al rey Uzías. Durante cincuenta y dos años Uzías guió a Judá en un programa de paz y prosperidad. Fue una época de expansión y logros. Es triste que el rey se haya rebelado contra la Palabra de Dios y muriera leproso (2 R 15.1-7; 2 Cr 26). Isaías se dio cuenta de que aunque la nación prosperó desde el punto de vista material, espiritualmente estaba en terrible condición. El crecimiento económico y paz temporal eran un barniz que recubría el perverso corazón de la nación. ¿Qué le iba a ocurrir a Judá?

Dios hizo que Isaías levantara sus ojos al trono del cielo, quitándolos de sí mismo y de su pueblo. Quizás había confusión e inquietud en la tierra, pero en el cielo había perfecta paz: Dios estaba sentado en poder y gloria majestuosa. Tal vez la gente en la tierra recordaba la vergüenza de la muerte de Uzías como leproso, pero en el cielo no había vergüenza ni sombra de fracaso. Antes bien, los serafines decían: «Santo, santo, santo».

Juan 12.38-41 nos informa que Isaías vio a Jesucristo en su gloria. Estaba en el trono del cielo y los serafines le alababan. Su manto real llenaba el templo celestial y la casa se llenó del humo de su ira contra el pecado (Sal 80.4). Sus criaturas angélicas, los serafines («los de fuego»), le alababan por su santidad y gloria. «Toda la tierra está llena de su gloria». Isaías no veía mucha gloria en esa época, ni la vemos nosotros hoy. Más bien parece que la tierra está «llena de violencia» (Gn 6.11). Vemos los hechos desde la perspectiva humana; los ángeles los ven desde el punto de vista de Dios. Un día, cuando Jesús reine, toda la tierra será llena de su gloria (véanse Nm 14.21; Sal 72.19 y Hab 2.14). Véase también Isaías 11.9.

«Jehová de los ejércitos» es el nombre favorito que usa Isaías para Dios; lo usa sesenta y una veces. El profeta también llama a Dios «el Santo de Israel» veinticinco veces. Jehová es el Dios de la guerra santa, el Dios que se opone al pecado y derrota al enemigo. Isaías necesitaba darse cuenta de este hecho en un día cuando Judá al parecer estaba derrotado. Esta es una buena lección práctica para los cristianos de hoy: cuando el día está oscuro, alce sus ojos al cielo y vea a Cristo en el trono. «Jehová está en su santo templo».

II. La mirada hacia el interior: Se vio a sí mismo (6.5-7)

Una verdadera visión de Dios y su santidad siempre nos hacen percatarnos de nuestro pecado y fracaso. Job vio a Dios y se arrepintió (Job 42.6); Pedro exclamó «soy pecador» cuando vio el poder de Cristo (Lc 5.8). El farisaico rabí Saulo vio que su justicia no era sino «basura» comparado con la gloria de Cristo (Hch 9 y Flp 3), y creyó y llegó a ser el apóstol Pablo. Cuando los creyentes tienen una verdadera experiencia con el Señor, no se vuelven arrogantes; más bien se vuelven humildes y los quebranta.

Cuando Isaías confesó sus pecados, mencionó especialmente sus labios inmundos. Por supuesto, los labios inmundos son el producto de un corazón inmundo. El profeta sabía que no podía predicar con fidelidad a menos que se preparara y el Señor lo limpiara. Qué diferente a algunos cristianos que se precipitan a servir a Cristo antes de darse tiempo para conocerlo y ser limpios. Dios suplió la necesidad del profeta: envió un serafín que le limpiara con un carbón encendido del altar. ¡Qué trágico sería tener el trono sin el altar! Habría convicción de pecado, pero no limpieza. Nótese que fue más importante que el serafín equipara a Isaías para ganar almas, que alabar a Dios. La verdadera adoración debe conducir al testimonio y al servicio. Demasiados cristianos quieren aferrarse a la «experiencia espiritual» con el Señor, antes que prepararse para salir y hablar a otros de Él.

Hay una maravillosa palabra de aliento aquí: Dios rápidamente contesta la oración y nos limpia (1 Jn 1.9). Anhela equiparnos para que le sirvamos.

III. La mirada hacia afuera: Vio la necesidad (6.8-13)

Todo hasta este punto fue preparación. Ahora Dios puede llamar a Isaías y usarlo para predicar su Palabra. Ya al profeta no le preocupan sus necesidades; quiere hacer la voluntad de Dios. No siente la carga del pecado; le han limpiado. Ha dejado de sentirse desanimado; sabe que Dios está en el trono. Ahora está listo para salir a trabajar.

El llamado es una evidencia de la gracia de Dios. Él está dispuesto a usar a los seres humanos para realizar su voluntad en la tierra. Es cierto que Dios pudiera enviar a uno de los serafines y este obedecería al instante y a la perfección. Pero cuando se trata de proclamar su Palabra, Él debe usar labios humanos. Hoy Dios llama aún a los creyentes y, es triste, pero pocos responden. En el tiempo de Isaías sólo un «remanente» obedecería.

«Anda y di». Esta es la comisión que Dios nos da hoy. «Me seréis testigos[...] hasta lo último de la tierra» (Hch 1.8). Dios no le dio una misión fácil al profeta, porque la nación no estaba en condiciones de oír sus mensajes de pecado y de juicio. En el capítulo 1 Dios describe a la nación como un cuerpo enfermo, cubierto de heridas y llagas purulentas, y como un animal obstinado y rebelde, demasiado ignorante como para oír a su amo. En el capítulo 5 se compara a la nación con una hermosa viña que no dio buenas uvas. Al leer los capítulos 1–5, comprenderá la carga que Dios le daba a Isaías. La nación prosperaba; ¿por qué predicar sobre el pecado? A las «damas de distinción» no les gustaría (3.16-26), ni tampoco a los dirigentes (5.8ss). Cuando la gente está rica, llena y satisfecha, no cree que el juicio se avecina.

Seis veces se citan los versículos 9-10 en el NT: Mateo 13.13-15, Marcos 4.12, Lucas 8.10, Juan 12.40, Hechos 28.25-28 y Romanos 11.8; lo que da un total de siete referencias. ¿Dice Dios que ciega y condena a propósito? No, de ninguna manera. Lo que dice es que la Palabra de Dios tiene este efecto endurecedor y cegador sobre los pecadores que no quieren oír ni someterse. El sol que derrite el hielo también endurece el barro. Nótense los pasos descendentes en Juan 12: *no creían* (v. 37); por consiguiente, *no podían creer* (v. 39); y así *no creerán* (v. 40), porque han sellado su condenación.

El siervo de Dios debe proclamar la Palabra sin importar cómo responda la gente. Exigió gran fe de Isaías obedecer tal mandato. «¿Cuánto tiempo debo predicar y por tanto producir estos resultados trágicos?», preguntó. «Hasta que haya concluido mi juicio sobre la tierra», responde el Señor. Esta clase de juicio se anuncia en 1.7-9 y 2.12-22. Pero el Señor salvará un remanente, aun cuando la nación será llevada lejos en cautiverio (vv. 12-13). Esta profecía se aplicaba a un futuro inmediato al cautiverio, pero también representa las relaciones de Dios con Israel en los últimos días, cuando un pequeño remanente de judíos creerá durante el período de la tribulación. Isaías muestra a la nación como un árbol cortado; donde el tocón queda y nuevos brotes crecen en él. Relacione esto con 11.1ss, la profecía del «Renuevo: Jesucristo».

Cuando Isaías salió del templo aquel día no era más un doliente; era un misionero. No era un simple espectador; era un participante. Dios le equipó para que hiciera el trabajo: Isaías vio al Señor, se vio a sí mismo y vio la necesidad. Al saber que Dios estaba en el trono y que le había llamado y comisionado, estaba listo para predicar la Palabra y ser fiel hasta la muerte. Qué ejemplo para seguir hoy.

ISAÍAS 7–12

Hay dos principios importantes a tener en cuenta al estudiar la profecía del AT: (1) los profetas vieron la venida de Cristo en humillación y gloria, pero no vieron el período entre estos dos sucesos: la era de la Iglesia (1 P 1.10-12); y que (2) cada profecía brotó de una situación histórica definida, pero que miraba más allá de ese día presente, al futuro. Veremos estos principios en los capítulos que tenemos delante. El profeta se refiere a una crisis en particular en la historia de Judá: el ataque inminente de Israel (el reino del norte) y de Siria; y le dice a la nación exactamente lo que ocurrirá. Dentro de estas profecías Isaías también anunció la venida del Mesías. Nótense las profecías que da.

I. Judá será librada de sus enemigos (7.1-16)

A. *La situación (vv. 1-2).*

Asiria se fortalecía cada vez más y amenazaba a las otras naciones, de modo que Israel y Siria unieron sus fuerzas para protegerse. Querían que Judá se aliara a ellos, pero esta no quiso hacerlo. En realidad Acaz estaba haciendo arreglos en secreto con Asiria para que lo protegiera (2 R 16.1-9). La nación estaba asustada porque Siria e Israel estaban a punto de atacarla y parecía que no había vía de escape.

B. La promesa (vv. 3-9).

Dios envió a Isaías y a su hijo Sear-jasub («el remanente volverá») a que hablara con el rey Acaz mientras este inspeccionaba el acueducto de Jerusalén. Isaías le dio al rey un mensaje de esperanza y confianza: «No temas a Siria e Israel, porque dentro de sesenta y cinco años serán quebrantados». Esta profecía se cumplió: Asiria derrotó a Siria (Damasco) en el 732 y a Israel (Efraín, Samaria) en el 721, dentro del tiempo señalado.

C. La señal (vv. 10-16).

Acaz fingió ser muy piadoso al rehusar pedir señal de Dios. De modo que el Señor dejó a Acaz y le dio una señal a toda la casa de David (v. 13). Esta señal se cumplió al final en el nacimiento de Jesucristo (Mt 1.23). Nació de la virgen María y el Espíritu Santo lo concebió (Lc 1.31-35). Decir que la palabra «virgen» en el versículo 14 significa «joven» es tergiversar las Escrituras. Su nombre era «Emanuel» que significa «Dios con nosotros» (véanse 8.8 y 10). Jesucristo es Dios venido en carne humana, pero sin pecado (Jn 1.14). No es un simple «buen hombre» o un «gran maestro»; es el mismo Hijo de Dios. Negarlo es negar la Palabra de Dios (1 Jn 4.1-6).

Es posible (pero no necesario) que hubo algún tipo de cumplimiento inmediato de la profecía como una señal para el rey y la nación. Esto no significa un nacimiento milagroso, puesto que sólo Jesucristo nació de esta manera. Pero sí sugiere que una joven judía y virgen se casaría y que dentro del siguiente año daría a luz a un niño. Antes de que el niño llegara a la edad legal de responsabilidad (12 años), las naciones enemigas, Israel y Siria, serían derrotadas. Si esta señal se dio en el 735 a.C., como quizás lo fue, la promesa se cumpliría para el 721. Como hemos visto, Siria cayó en el 732 y Samaria en el 721. Es posible que el «hijo-señal» le nació a la esposa de Isaías; según se narra en 8.1-8. Esto significaría que la primera esposa del profeta (la madre de Sear-jasub, 7.3) habría muerto y que el profeta se casó con su segunda esposa poco después de pronunciar esta profecía. A pesar de la incredulidad y argucias del rey Acaz (robó el templo para sobornar a Asiria: 2 Cr 28.21,24-25), Dios por su gracia libró a Judá de sus enemigos. Pero esta quedó esclavizada a Asiria y sólo la intervención divina en días de Ezequías libró a la nación (véase Is 36–37).

II. Israel será derrotado por Asiria (7.17–10.34)

Desde 7.17 y en adelante Isaías habla a la apóstata Israel y a Peca, su rey. Advierte al reino del norte que Asiria vendrá sobre ellos y los arruinará por completo, dejando a la tierra en pobreza y ruina en lugar de abundancia y bendición. Fue en este punto que el «hijo-señal» nació (8.1-4) y se le llamó Maher-salal-hasbaz: «El despojo se apresura, la presa se precipita». Su nombre enfatiza la ruina que se avecinaba sobre Samaria y Siria (8.4). La confederación de Israel con Siria no protegería al pueblo (8.11-15); necesitaban unirse a Jehová y permitirle que fuera su roca de fortaleza. Necesitaban volver a la ley (8.20).

En 9.1-7 Isaías da una segunda predicción del Mesías que viene; véase Mateo 4.13-16. Las áreas mencionadas en 9.1 fueron las que más sufrieron cuando Asiria invadió a Israel, pero serían las que verían la luz del Mesías. En los versículos 3-5 el profeta mira a los años cuando Israel se regocijará, cuando las cargas le serán quitadas, cuando las armas de guerra serán quemadas como combustible: el tiempo cuando Jesucristo reinará como Príncipe de Paz. Véase aquí la humanidad de Cristo («Un niño nos es nacido») y la deidad de Cristo («Hijo nos es dado»). Entonces el profeta salta de su humilde nacimiento a su glorioso reinado, cuando reinará desde Jerusalén y habrá perfecta paz.

En 9.8–10.34 Isaías continúa advirtiendo a Israel de la ruina que se avecinaba. También advierte a Asiria que no se enorgullezca de sus victorias, porque no era sino un instrumento en las manos de Dios. Su día de derrota llegará también. Podemos ver en Asiria un tipo del anticristo, el cual reunirá a todas las naciones en contra de Jerusalén en la batalla del Armagedón. Así como Dios derrotó a Asiria con su poder milagroso, derrotará a Satanás y a sus ejércitos unidos (Ap 19).

III. Israel y Judá se unirán en el reino (11–12)

Nótese 11.12: las naciones divididas un día se unirán y volverán a su tierra en paz. En 11.1-3 tenemos un cuadro de Jesucristo: «el vástago» o «retoño». En 6.13 vimos que la nación fue «derribada» como árbol, quedando sólo el tronco; ahora vemos a Cristo brotando del trono para salvar al pueblo. Jesucristo es el descendiente legal de David; está enraizado en Judá como judío. Se le llama «el renuevo de Jehová» en 4.2; «renuevo justo» en Jeremías 23.5; «mi siervo el Renuevo» en Zacarías 3.8; y «el varón cuyo nombre es el Renuevo» en Zacarías 6.12. La palabra hebrea *netzer* («renuevo», «rama») se identifica con el nombre dado a Jesús en Mateo 2.23: el «nazareno».

Los cuatro Evangelios describen al «Renuevo» como sigue: *Mateo*, la vara justa de David (Jer 23.5); *Marcos*, mi siervo el Renuevo (Zacarías 3.8); *Lucas*, el varón cuyo nombre es el Renuevo (Zacarías 6.12); y *Juan*, el Renuevo de Jehová (Is 4.2). Así Jesucristo un día cumplirá las promesas del AT que Dios dio a los judíos y reinará sobre su reino en gloria y victoria (Ro 15.8-12). Vemos a las tres Personas de la Deidad en 11.2: «Y reposará sobre Él [Cristo] el Espíritu de Jehová [el Señor]». Aquí hay un ministerio séptuple del Espíritu. Sin duda el Espíritu Santo dio poder a Cristo en su ministerio aquí en la tierra (Jn 3.34); y el Espíritu también nos dará poder hoy para prepararnos para servir a Cristo y glorificarle (Hch 1.8). A partir de 11.4 tenemos una descripción del glorioso reino que Cristo establecerá cuando vuelva para reinar. Será un tiempo de juicio justo cuando el pecado se juzgará inmediatamente. La naturaleza se restaurará (Ro 8.18-25) y no habrá más maldición. La violencia y la guerra serán cosa del pasado. «La tierra será llena del conocimiento de Jehová» (v. 9); véanse Isaías 6.3 y Habacuc 2.14. Por favor, no «espiritualice» estas promesas. Arrebatárselas al judío y aplicarlas a la Iglesia es tergiversar las Escrituras. Estas son promesas literales de un reino literal sobre el cual Cristo reinará un día.

En 11.10 se nos dice que Cristo llamará tanto a gentiles como a judíos. El milagro del cruce del Mar Rojo en el éxodo se repetirá en los últimos días, de modo que Israel regresará a su tierra (11.11-16). Antes la gente se reía de estas promesas, pero ahora que Israel posee su tierra y la ciudad santa, su cumplimiento parece cerca. El capítulo 12 es el canto de victoria de la nación. Entonaron este canto cuando fueron librados de Egipto (Éx 15.2) y también al regresar después del exilio para reconstruir el templo (Sal 118.14). Cantarán de nuevo cuando regresen a su tierra en victoria y gloria, cuando Jesús reine sobre un mundo de paz y prosperidad.

ISAÍAS 40–66

A Isaías 40–66 a menudo se le ha llamado la «sección del Nuevo Testamento» del libro. Tiene veinte y siete capítulos, en forma similar a los veinte y siete libros del NT. Empieza con el ministerio de Juan el Bautista (40.3-4 con Mt 3.1-3) y su énfasis está en Cristo y la salvación. En el mismo corazón de esta sección está el capítulo 53, la más grande predicción del AT acerca de la muerte de Cristo en la cruz. Mientras que Isaías 1–39 enfatiza el juicio de Dios sobre su pueblo, Isaías 40–66 hace resonar una nota de consuelo y redención. Se escribió para animar al remanente judío acerca de su futura liberación del cautiverio babilónico después de setenta años de cautividad. Isaías escribió esta asombrosa profecía más de ciento cincuenta años antes de que el remanente siquiera la necesitara como aliento.

Al leer estos capítulos notará que se destacan varias ideas. La primera es el constante énfasis: «No temas». Véanse 41.10,13-14; 43.1,5; 44.2,8. ¿Qué temían los judíos? Temían a las grandes naciones gentiles que avanzaban conquistando el mundo. Asiria conquistó a Israel; Babilonia capturó a Judá y ahora un nuevo imperio, los persas, surgían en la escena. Y todas estas naciones adoraban ídolos. «Si estas naciones tienen tal victoria», argüían algunos judíos, «sus dioses deben ser verdaderos y en Jehová no se puede confiar». Esto lleva a la segunda idea principal: ¡la grandeza de Dios y la falsedad de los ídolos paganos! Léanse con cuidado 40.18-20; 41.6-7, 29; 42.8, 17; 43.10-12; 44.9-20 (una acusadora exposición de la insensatez de adorar ídolos); 45.16,20; 46.1-2,5-7. Por favor, note cuánto se repite que Dios es fiel y que no hay nadie que se pueda comparar a Él (40.18,25; 43.10-11; 44.6,8; 45.5-6,14). En cada uno de estos capítulos Isaías expone la insensatez de los ídolos y exalta la grandeza de Jehová. El remanente judío no debía temer: Dios era lo suficiente grandioso.

La tercera idea principal se relaciona con Ciro, rey de Persia, el hombre que Dios levantó para conquistar a Babilonia y permitir que los judíos volvieran a su tierra (léanse 41.2-5,25; 44.28–45.4; 47.11). Este es el Ciro mencionado en Esdras 1.1; reinó alrededor del 559 al 529 a.C. El hecho de que Isaías lo llama por nombre dos siglos antes de que naciera es otra prueba de la inspiración divina de la Biblia. También se mencionó al rey Josías cientos de años antes de su nacimiento (1 R 13.2 y 2 R 23.15-18).

Al leer estos capítulos tenga presente que tienen un cumplimiento inmediato en Ciro y el regreso del remanente desde Babilonia, y también uno superior en Jesucristo y la redención que tenemos en Él. La maravillosa liberación de Babilonia representa la redención que Cristo compró para nosotros en la cruz. En este sentido, el rey Ciro, a pesar de ser un gobernante pagano, es un tipo de Cristo, nuestro Redentor (45.1-4). Isaías 42.1-9 presenta a Cristo como el siervo obediente de Dios, trayendo gloria a los judíos y salvación a los gentiles. Compárense estos versículos con Mateo 12.18-20.

Con estos antecedentes podemos mirar estos capítulos y ver cómo Dios se revela a su pueblo y les anima a confiar en Él. Dios les revela varios aspectos de su grandeza.

I. La grandeza de su Persona (40)

Este capítulo contrasta la grandeza de Dios con la debilidad del hombre (vv. 6-8) y los ídolos (vv. 18-20). ¿Cómo podría este endeble remanente judío volver alguna vez a su tierra y establecer de nuevo la nación? Dios iría delante de ellos y les abriría el camino (vv. 3-5). En Mateo 3.3 esta promesa se aplica a Juan preparando el camino para la llegada de Cristo. «No se miren a ustedes mismos», dice el profeta en los versículos 9-17. «Miren a su Dios. Él es el creador del universo. ¿No es Él capaz de fortalecerlos y sostenerlos?» Nótese la bendita promesa en los versículos 28-31.

II. La grandeza de su propósito (41)

Jehová no es simplemente el Dios de los judíos; es el que controla a las naciones. Levantará a Ciro del este (Persia, v. 2) pero lo traerá desde el norte (después que conquiste a los medos, v. 25). Las naciones temblarán y se volverán a sus ídolos, pero estos no podrán librarlas (vv. 3-7). Dios tiene un propósito en el ascenso y caída de las naciones; Israel no tenía que temer (vv. 10,13-14) porque Dios estaba con ellos y realizaba sus propósitos (Ro 8.28). ¡Él convertiría el «gusano» en «trillo» y movería montañas! Los ídolos no tenían propósitos; no podían planear ni controlar los acontecimientos futuros (vv. 21-24).

III. La grandeza de su perdón (42–43)

En 42.1-9 se nos presenta a Jesucristo (Mt 12.18-20) según vemos su primera venida en humildad y gracia, y su segunda venida en poder y juicio. Entre estos dos acontecimientos tenemos la presente edad de la Iglesia. Dios permitió que capturaran y llevaran al exilio a los judíos para castigarlos por sus pecados (42.18-25), pero su cautiverio no será para siempre. Él vendrá en juicio y destruirá a Babilonia (42.10-17), usando a Ciro como su instrumento. El capítulo 43 asegura a Israel: «No temas; yo estoy contigo». Su liberación los haría testigos al mundo respecto a la gracia y al poder de Dios (43.10,12). Pero Isaías regaña a la nación por haberse olvidado de Dios (43.22-27); y sin embargo en su gracia Dios les perdonaría sus pecados (43.25). Es posible aplicar estas promesas de perdón al remanente futuro judío durante el período de la tribulación.

IV. La grandeza de sus promesas (44–45)

Nótese en estos capítulos la repetición de las afirmaciones futuras. Aquí Dios le promete a la nación su ayuda y bendiciones. En 44.1-8 promete restaurarlos a su tierra, bendecir la tierra y reinar como su Rey. Por supuesto, la nación debe arrepentirse de sus pecados antes de que Dios restaure y perdone (44.21-23). En 44.9-20 el profeta de nuevo expresa la insensatez de los ídolos paganos: un hombre corta un árbol, usa parte del mismo como leña y el resto para hacerse un dios. Jehová es el Dios que hace promesas y las guarda; los ídolos no son sino mentiras (44.18-20). En 44.24–45.8 tenemos otra promesa de liberación por medio de Ciro. Los sacerdotes paganos y hechiceros pueden prometer derrota (44.25), pero Dios frustrará sus mentiras y le dará a Ciro la victoria. Judá se habitará otra vez y Jerusalén se reconstruirá. Esto se cumplió en Esdras 1. En 45.1-3 Isaías incluso dice cómo Ciro capturará la invencible fortaleza de Babilonia: secará uno de los ríos que corren por el interior de la ciudad y entrará por debajo de sus puertas. La historia narra este suceso, pero la profecía se anunció cientos de años antes de que ocurriera. ¿Puede alguien frustrar u oponerse a las promesas y a los propósitos de Dios? (45.5-10) No. Dios levantaría a Ciro para que reconstruyera su ciudad (45.13); le daría a Ciro otras naciones como recompensa por servir a Dios (45.14). Los ídolos quedarán confundidos, pero Dios será glorificado (45.16-19). Nótese en 45.17 que lo histórico se amalgama con lo eterno: será una salvación eterna. Aquí el profeta Isaías mira a través de los siglos a la salvación que tenemos en Cristo (45.22), así como a la futura liberación de Israel y el establecimiento del reino.

V. La grandeza de su poder (46–48)

Estos capítulos describen la completa ruina de Babilonia. Cuando Isaías habló y escribió estas palabras, Babilonia aún no era un gran poder mundial. Algunos de los judíos deben haberse quedado perplejos por este mensaje. Pero Babilonia en efecto ascendió al poder y en realidad conquistó Judá. Sin embargo, Dios un día conquistaría a Babilonia y sus falsos dioses irían al cautiverio. En lugar de que los dioses paganos llevaran a su pueblo, la gente llevaría a sus dioses (46.5-7). Pero Dios llevaría a su pueblo (46.3-4) y traería salvación a Sion. El «ave» de 46.11 es Ciro, por supuesto. Léanse los capítulos 47–48 para ver cómo el poder de Dios destruiría a la gran nación de Babilonia.

«No temas» es la gran promesa de Dios para nosotros como cristianos neotestamentarios. Él es más grande que Satanás y que este mundo; de modo que no tenemos por qué temer. Él tiene un propósito para nuestras vidas y lo cumplirá si confiamos en Él. Él nos perdonará nuestros pecados y guardará sus promesas.

ISAÍAS 53

Este capítulo es el mismo corazón de Isaías 40–66 y nos lleva a la cruz. Que estos versículos se aplican a Jesucristo queda demostrado en Juan 12.38, Mateo 8.17, Hechos 8.32-35, Marcos 15.28, Lucas 22.37, Romanos 10.16 y 1 Pedro 2.24. En el NT se cita o se hace al menos ochenta y cinco referencias a Isaías 53.

La profecía empieza con 52.13-15. El versículo 13 nos habla de la exaltación de Cristo y el resto de la sección trata de su humillación. Como nos informa 1 Pedro 1.10-11, esta extraña «contradicción» dejaba perplejos a los profetas del AT. No se percataban de que habría un período largo entre la venida del Mesías como Siervo sufriente para morir y su venida como el Soberano Exaltado para reinar. El versículo 14 nos informa que los sufrimientos físicos de Cristo le hicieron parecer inhumano, a tal punto que los hombres se asombraron de Él. Pero cuando vuelva por segunda vez (v. 15), el mundo entero quedará «asombrado, pasmado». Véanse Zacarías 12.9-10 y Apocalipsis 1.7. La primera vez que vino asombró a unas pocas personas en Palestina; la próxima vez que venga asombrará al mundo entero. Ahora pasemos al capítulo siguiente. Traza la vida y ministerio de Cristo.

I. Su rechazo (53.1-3)

Ahora se anuncia la incredulidad de Israel: le vieron, le oyeron, pero no confiaron en Él (Jn 1.11; 12.37-38). Hubo un rechazo triple: rechazaron sus palabras, su «anuncio» y sus obras, «el brazo de Jehová». Véase especialmente Juan 12.37-40. En 6.9-10 se le advirtió al profeta respecto a esta dureza de corazón.

El tercer foco de rechazo fue su persona (v. 2). No nació en un palacio; nació en un establo de Belén y creció en el despreciado pueblo de Nazaret (Jn 1.43-46). La palabra «renuevo» significa literalmente «un pequeño arbusto», tal como el que brotaría de una rama baja. En otras palabras, Cristo no era un gran árbol, sino un arbusto humilde. Véase Isaías 11.1. Cuando apareció, la nación estaba espiritualmente desolada y seca. Tenían su forma de religión, pero no tenían vida, y debido a que Él trajo vida, le rechazaron.

Qué Hombre más asombroso, humano («subirá», o crecerá), y sin embargo divino. Esto ofendió a los judíos que no podían creer que Dios vendría en forma de siervo (Mc 6.1-3). Su apariencia física no era inusual; no había esplendor ni atractivo humano especial al ojo humano. Por supuesto, para quienes le conocieron, Él es el más hermoso de todos (Sal 45.1ss). Lo despreciaron (no lo querían, lo menospreciaban), rechazaron (lo olvidaron sus discípulos, su nación y su mundo), estimaron en poco (no lo valoraron mucho, no lo quisieron). Sin embargo, Él hizo el bien y ayudó al desvalido. Esto sólo muestra la perversidad del ser humano que trata así al mismo Hijo de Dios.

II. Su redención (53.4-6)

¿Por qué un hombre inocente como Jesucristo sufrió tan terrible muerte en la cruz? Estos versículos explican el porqué: Tomó el lugar de los pecadores y llevó el juicio en lugar de ellos. Véanse 1 Pedro 2.24 y 2 Corintios 5.21. Nótese el precio que pagó: (1) herido, traspasado, refiriéndose a su muerte en la cruz, horadado por los clavos: Juan 19.37, Zacarías 12.10; molido, que significa «aplastado» como debajo de una carga, el peso del pecado que le pusieron; (3) castigado, como si hubiera quebrantado la ley, en este caso con las llagas de la flagelación.

Pero estos sufrimientos físicos no eran nada comparados al sufrimiento espiritual de la cruz, donde llevó nuestros pecados (vv. 5,8), rebelión y quebrantamiento deliberado de la ley de Dios; nuestras iniquidades (vv. 5-6), lo torcido de nuestra naturaleza; y nuestros dolores y aflicciones (v. 4), nuestras calamidades y los resultados infelices de nuestros pecados. Somos pecadores de nacimiento («todos nosotros nos descarriamos como ovejas») y por elección («cada cual se apartó por su camino»). Véanse Salmo 58.3 y Romanos 5.12ss. El versículo 6 empieza con el «todos» de la condenación, pero termina con el «todos» de la salvación. Él murió por todos. Estos versículos son el mismo corazón del evangelio: «Cristo murió por *nuestros* pecados».

III. Su resignación (53.7-9)

No lo trataron con justicia; lo oprimieron, vejaron, trataron con rigor. Sin embargo, ni se quejó ni clamó. Se mofaron de Él y le llevaron de un lugar a otro, mas Él permaneció en silencio y manso como un cordero. Fue el «Cordero de Dios» que vino para quitar los pecados del mundo (Jn 1.29). El versículo 8 sugiere que lo arrebataron de la prisión y no permitieron que se le hiciera justicia. Véanse Hechos 8.33 y Mateo 27.22-31. El juicio fue «arreglado» y todo el asunto fue ilegal. Sin embargo, su «generación» no protestó; sus discípulos le abandonaron y huyeron. Y su muerte no fue nada gloriosa; lo «cortaron» de la ciudad como a un leproso inmundo proscrito. A pesar de este tratamiento ilegal e inhumano, Jesucristo no protestó ni arguyó. ¿Por qué? Porque vino a morir por el pueblo. A Barrabás, el criminal, lo trataron con más bondad que a Jesús el Hijo de Dios.

El versículo 9 debería decir: «Dispusieron su sepultura con los impíos, mas fue rico en su muerte». Si no hubiera sido por Nicodemo y José, hubieran sepultado el cuerpo de Jesús en un «campo del alfarero» o arrojado en el basurero (Jn 19.38-42). Dios le prometió a su Hijo un «sepulcro en el huerto» y esto se cumplió. «Nunca hizo maldad, ni hubo engaño en su boca». Los hombres fueron injustos, pero Dios fue justo. Qué ejemplo de lo que Jesús es para nosotros cuando nos sometemos por completo a la voluntad de Dios (1 P 2.18-25). Cuando los hombres nos tratan injustamente (y lo harán debido a que seguimos a Cristo), debemos glorificar al Señor sometiéndonos a su voluntad.

IV. Su recompensa (53.10-12)

Todo esto lo planeó Dios y su plan fue un completo éxito. Véanse 52.13 y 42.1-4, donde comprobamos el éxito de la obra del Salvador. Estos versículos del capítulo 53 nos muestran el lado divino de la cruz: Su muerte «agradó al Señor». ¿Significa esto que el Padre se regocijó de los sufrimientos y muerte de su Hijo? No. Pero le agradó ver la obra de salvación completa, el sacrificio aceptado y el pecado expiado. Ahora un Dios santo podía, en su gracia, salvar a los pecadores inmerecedores. Aun cuando Cristo fue inmolado por las manos impías de los hombres, sus obras fueron anuladas para lograr el propósito de Dios (Hch 2.22-24). La muerte de Cristo no fue un «ejemplo moral»; fue una ofrenda por el pecado (v. 10). Murió en nuestro lugar.

¿Cuál fue la recompensa de Cristo, aparte del gozo de haber hecho la voluntad de su Padre? Fue levantado de los muertos («vivirá por largos días») y se le dio una familia espiritual («verá linaje»). El versículo 11 presenta el cuadro de una familia espiritual, porque describe la «aflicción» de su alma en la cruz. Véanse Salmo 22.30 y Hebreos 2.13. En Isaías 9.6 a Cristo se le llama «Padre Eterno» y esta es la razón: Su muerte y aflicción en la cruz hicieron posible la familia de Dios de pecadores salvos. Estas son personas a quienes Él ha justificado, declarado justos mediante su gracia.

El versículo 12 presenta otra recompensa del siervo fiel: una herencia del Padre. Ha conquistado el pecado y a Satanás; ahora divide los despojos (Ef 4.8). Cuando estaba en la tierra, a Cristo lo estimaron en poco, pero ahora se le cataloga «con los grandes». Los reyes se inclinarán ante Él (52.13,15; Sal 72.8-11; Ap 19.14ss). El Salmo 2 describe cómo Cristo un día pedirá su herencia.

Las afirmaciones finales nos llevan de nuevo a la cruz. Cristo fue contado con los transgresores: fue crucificado entre dos ladrones y tratado como un criminal (Mt 27.38). Intercedió por los transgresores, orando por ellos (Lc 23.34,43). No abrió su boca cuando los hombres cruelmente le denostaban, pero ahora habla a favor de los pecadores perdidos. Y hoy intercede por los suyos (Ro 8.34). No hay juicio sobre ellos debido a que Él lo llevó todo. ¿Ha confiado en Él como *su* Salvador?

ISAÍAS 60–66

Estos capítulos describen el glorioso reino que Jesucristo establecerá cuando vuelva a la tierra a reinar. La palabra «gloria», en sus diversas formas, se halla veinticuatro veces en estos capítulos. Sin duda no había ninguna gloria en Israel ni en Judá cuando terminó el cautiverio babilónico y el debilitado remanente volvió a su tierra. Qué desalentador debe haber sido regresar a una tierra agostada por la guerra, a la ciudad con las murallas destrozadas y las puertas quemadas por el fuego, y a un templo dejado en ruinas. Pero Isaías miraba a través de los años y veía una «ciudad santa» gloriosa, con un templo glorioso (60.7; véase 64.11), y murallas y puertas reconstruidas (60.10-11). Israel era burla de las naciones gentiles, pero sería el centro de la tierra, el mismo trono de Dios; y los gentiles vendrían a Jerusalén y adorarían al verdadero Dios (véanse 60.3,5,11,16; 61.6,9; 62.2; 66.12,19). Estas promesas de la gloria futura de la nación serían un gran estímulo para los judíos al regresar a su tierra después del cautiverio. Nótense en estos capítulos cuatro cuadros maravillosos de la nación restaurada.

I. Un glorioso amanecer (60)

A. Nace el nuevo día (vv. 1-9).

Qué sombrío era todo para los judíos en los días de Isaías y cuánto más oscuro será durante la tribulación, cuando la nación sufra bajo las manos del anticristo y las naciones gentiles. Pero las tinieblas acabarán con el regreso de Cristo. El Señor mismo aparecerá a los judíos: «Mirarán a mí, a quien traspasaron» (Zac 12.10; Ap 1.7). En ese día Israel participará de la gloria de Cristo cuando Él reine sobre el trono de David, y la Iglesia reine con Él en su reino. Isaías ve a las naciones gentiles viniendo a Jerusalén en paz, no en guerra, y a Israel participando de la riqueza de las naciones (vv. 3-9). Algunos aplican el versículo 5 al Mar Muerto, porque incluso hoy los judíos extraen algo de riqueza de esta masa de agua. Hoy las naciones están contra Jerusalén; ha sido el centro de oposición mundial. Pero en el día que Cristo restaure la gloria a Israel, los gentiles se postrarán en paz.

B. Las bendiciones abundan (vv. 10-22).

La nación se reconstruirá y las puertas nunca se cerrarán por el peligro. El reino milenial (mil años, Ap 20.4-5) será un tiempo de paz y prosperidad para todo el mundo. Será «un nuevo día» para la humanidad cuando el Sol de Justicia, Jesucristo, vuelva (Mal 4.1-3). No aplique estas promesas a los cristianos de hoy, espiritualizándolas o convirtiéndolas en símbolos. Se cumplirán literalmente en la tierra de Israel cuando Jesús vuelva. Como cristianos neotestamentarios esperamos «la estrella resplandeciente de la mañana» (Ap 22.16) que precede a la aurora; porque Cristo vendrá en el aire a buscar a su Iglesia y nos llevará al cielo antes de que sus juicios caigan sobre el mundo.

II. Una boda gozosa (61–62)

Cristo leyó en la sinagoga de Nazaret Isaías 61.1-2 (Lc 4.16-21), y se aplicó a sí mismo las palabras. Vino para satisfacer las necesidades espirituales del pueblo y a «proclamar el año agradable del Señor». Allí se detuvo en su lectura, porque «el día de venganza» no vendrá sino en la tribulación (véase 63.1-4). Hoy vivimos en el «año de la buena voluntad», el día de la gracia. Por supuesto, Isaías habla aquí del ministerio del Señor a Israel, cuando vuelva para convertir su «funeral» en una «boda» gozosa. El versículo 3 describe a los dolientes secando sus lágrimas y vistiéndose de ropas festivas en lugar de su luto. El versículo 10 describe a la nación regocijándose como lo hacen la novia y el novio.

Israel se «casó» con Jehová en el monte Sinaí, cuando Él les dio la ley. Pero la nación fue infiel y se fue tras los dioses de otras naciones. Debido a su «adulterio espiritual» la nación fue enviada al cautiverio, pero incluso esto no la curó de sus pecados. Hoy Israel es una «esposa desamparada», pero cuando Cristo vuelva y la nación sea limpiada, de nuevo «se casará» con Jehová. Isaías 62.4 promete que no será «desamparada» o «desolada»; más bien será llamada «Hefzi-bá»: «Mi deleite está en ella», y «Beula»: «Desposada». El versículo 5 describe al Señor regocijándose por su esposa restaurada. No confunda esto con la Iglesia, la Novia de Cristo (2 Co 11.1-2. Véanse Oseas 2, Isaías 50.1 y 54.1.

III. Una victoria justa (63–64)

En 63.1-6 tenemos a Cristo como el Guerrero salpicado de sangre, regresando de su victoria sobre las naciones en la batalla del Armagedón (Ap 19.11-21). Su victoria se ilustra como un labrador que exprime el jugo en el lagar. El primer milagro de Cristo en la tierra fue convertir el agua en vino; su última victoria antes de establecer su reino en la tierra será pisar el lagar de su ira. ¿Por qué Cristo derrotará a las naciones que tratan de destruir a los judíos? Debido a su gracia y fidelidad (vv. 7-9). Cuando Isaías consideró la bondad de Dios hacia Israel, a pesar de su rebelión, tuvo que clamar en oración por el limpiamiento de la nación (63.15–64.12). Cuánto anhelaba ver a Dios obrar poderosamente como lo hizo en el pasado. El templo estaba profanado y la nación lo poseyó tan solo durante unos pocos años (63.18). Isaías destaca sus pecados: impureza (64.5-6), despreocupación (64.7) y obstinación (64.8). Cuando Jesús entró en Jerusalén, entró en paz sobre un asno. Cuando venga a la tierra por segunda vez cabalgará en majestad en un caballo blanco. Y las naciones sabrán que el Príncipe de Paz es también Varón de Guerra, juzgando el pecado y librando a su pueblo.

IV. Un nacimiento maravilloso (65–66)

Dios describe lo que su voluntad hará cuando el reino se establezca en la tierra. Le recuerda a la nación sus pecados (65.1-7) y le reprende anunciando su salvación a los gentiles (Ro 10.19-21). El AT prometía salvación a los gentiles, pero no revelaba que los creyentes judíos y gentiles serían hechos un solo cuerpo, la Iglesia. La nación merecía destrucción, pero Dios la preservaría (65.8). Su remanente fiel heredaría la tierra, mas los incrédulos serían cortados (64.9-17). Isaías 65.18-25 describe las bendiciones del Reino cuando Jerusalén es el centro de la tierra. Había una larga vida (65.20); la muerte no se destruirá sino hasta después de la edad del Reino, cuando Satanás es finalmente juzgado (Ap 20.7-14; 1 Co 15.26). La gente trabajará en sus labores en paz y felicidad, y verán sus labores cumplidas. La naturaleza estará en paz (65.25; véase Ro 8.18-24). Qué glorioso será ese día. En 66.7-9 tenemos el nacimiento milagroso de una nueva nación. El Israel «político» nació el 14 de mayo de 1948, pero es una nación en incredulidad. El «Israel justo» nacerá cuando Jesús regrese y le vea y confíe en Él. El período de la tribulación será el «tiempo de angustia para Jacob» (Jer 30.7), cuando la nación «estará de parto» por el dolor. Será un tiempo cuando Dios purgará a Israel y un remanente creyente será librado para establecer el Reino. Al Israel actual le llevó años de «parto» político para llegar a ser una nación, pero la nación restaurada nacerá en un solo día cuando vean a Cristo. El nacimiento se anuncia en 66.7-9; el gozo del nacimiento en 66.10. Pero en lugar del «bebé» que se nutre de otros, Israel proveerá bendiciones a las otras naciones (66.11-12). Y Jehová Dios será la «madre» de la nueva nación (66.13) y dará gozo y bendición a toda la tierra.

Nótese en 66.7 que *antes* del «parto» de la tribulación, la nación dará a luz a Cristo. Véase Apocalipsis 12.1-6. Hay, entonces, dos nacimientos aquí: el nacimiento de Cristo, el Hombre-Niño (66.7) y el nacimiento de la nación restaurada después de la tribulación (vv. 8-9). Tenga presente el orden de los sucesos: (1) el Arrebatamiento de la Iglesia (1 Ts 4.13-18); (2) el levantamiento del anticristo (2 Ts 2); (3) la ruptura del pacto de siete años del anticristo con los judíos (Dn 9.27) después de tres años y medio; (4) el derramamiento de la ira de Dios sobre el mundo (Mt 24.15-28) para juzgar a los gentiles y purificar a Israel; (5) el regreso de Cristo con la Iglesia a la tierra para derrotar a las naciones (Ap 19.11-21, Armagedón); y entonces (6) el establecimiento del reino milenial (Ap 20.1-6).

JEREMÍAS

Bosquejo sugerido de Jeremías

Introducción: El llamado del profeta (1)

I. Nacional: Mensajes a Judá (2–33)

A. Condenación (2–24)
  1. La nación en general (2–20)
  2. Los líderes en particular (21–24)

B. Cautiverio (25–29)

C. Restauración (30–33)

II. Personal: Sufrimientos de Jeremías (34–45)

A. Antes del asedio de Jerusalén (34–39)

B. Después del asedio, con el remanente (40–45)

III. Internacional: Mensajes a las naciones (46–51)

A. Egipto (46)

B. Filistea (47)

C. Moab (48)

D. Amón (49.1-6)

E. Edom (49.7-22)

F. Siria, Cedar, Elam (49.23-39)

G. Babilonia (50–51)
  (Babilonia se menciona ciento setenta veces en Jeremías)

Conclusión: Cautiverio y liberación del profeta (52)

Notas preliminares a Jeremías

I. El hombre

El nombre «Jeremías» significa «aquel a quien Jehová nombra». Sin el nombramiento de Dios, el profeta no podría haber continuado ministrando fielmente. Procedía del linaje sacerdotal y vivía en la ciudad sacerdotal de Anatot. Parece que tenía cierta riqueza personal porque pudo comprar tierras e incluso contratar a un escriba. Lo llamaron al ministerio cuando era «un niño» (1.4-6); esto fue en el año 627 a.C.

II. Los tiempos

Jeremías ministró durante los últimos cuarenta años de la historia de Judá, desde el año treinta y nueve de Josías (627 a.C.) hasta la destrucción de Jerusalén y más allá (587 a.C.) Menciona a los reyes durante cuyos reinados sirvió (1.1-3), los últimos líderes del una vez próspero reino de Judá. *Josías* fue un rey piadoso; murió en el 608 a.C. Fue durante su reinado que se halló el libro de la ley y se restauró la adoración en el templo. *Joacaz* le siguió, pero sólo reinó tres meses, de modo que Jeremías ni lo menciona. Siguió *Joacim* (608-597 a.C.); hombre impío que fue al extremo de perseguir a Jeremías. Fue quien quemó el rollo de las profecías de Jeremías, según Jeremías 36. *Joaquín* fue el siguiente rey, pero también sólo reinó tres meses antes de ser llevado cautivo a Babilonia. El último rey fue *Sedequías* (597-586 a.C.); presidió sobre la ruina de la nación y la captura de la ciudad de Jerusalén. De modo que el profeta Jeremías vivió para ver a su amada nación caer en el pecado, la guerra y el juicio; sin embargo, a través de todo eso fue fiel al predicar la Palabra de Dios por toda la tierra.

Cuando Jeremías empezó su ministerio, Asiria era la mayor potencia del mundo, pero Egipto y Babilonia rápidamente fueron ganando fuerza. En el 607 a.C., Babilonia conquistó Nínive y destruyó el poder de Asiria. Babilonia entonces atacó a Judá y los «políticos» de Judá le aconsejaron al rey que pidiera la ayuda de Egipto. Jeremías siempre estuvo en contra de la alianza con Egipto. Sabía que Dios era la única esperanza de Judá, pero los pecados de la nación eran tan grandes que había perdido la bendición de Dios. Babilonia a la larga capturó a Judá y tomó a Jerusalén (606-586). Jeremías escribió Lamentaciones para conmemorar la muerte de la ciudad santa.

III. El mensaje

La tarea de Jeremías no fue fácil porque tenía que tañer la muerte de su nación. En la primera parte de su libro aparecen varios de sus sermones, dados en Jerusalén, en los cuales denuncia al pueblo, a los sacerdotes y a los príncipes por sus pecados, especialmente el pecado de idolatría. En el capítulo 25 anuncia que la nación irá setenta años al cautiverio y luego volverá para establecerse de nuevo. En el capítulo 31 profetiza un «nuevo pacto» entre Jehová y su pueblo, no un pacto de ley y obras escrito en piedra, sino uno de amor y fe, escrito en el corazón. En los capítulos finales Jeremías se refiere a las naciones gentiles que rodeaban a Judá y les cuenta los planes de Dios para ellas.

Una de las palabras clave en el libro es «rebelde» o «rebeldía» (2.19; 3.6,8,11-12,14,22; 49.4). La nación le dio las espaldas al Señor y seguía a los falsos profetas que la llevaban a adorar ídolos. El profeta esperaba el arrepentimiento, pero la nación no se arrepintió. Leemos que Jeremías lloró, apabullado por la caída de su nación. Véanse 9.1; 13.17; 14.17; 15.17-18; Lamentaciones 1.2; 2.11,18. Debido a que profetizó el cautiverio y les dijo a los reyes que se rindieran ante Babilonia, a Jeremías lo llamaron traidor y su pueblo lo persiguió. Ningún profeta del AT enfrentó mayor oposición de falsos profetas como Jeremías (véanse 2.8,26; 4.9; 5.31; 6.14; 14.13-16; 18.18; 23.9-40; 26.8-19; 27.9-16; caps. 28 y 29). Si Judá se hubiera arrepentido y vuelto a Dios, Él la habría librado de Babilonia. Como la nación persistió en sus pecados, tuvo que ser castigada, pero entonces Dios prometió restauración «por amor a su nombre».

Jeremías usó muchas ilustraciones dramáticas para presentar sus mensajes: fuentes y cisternas (2.13); medicina (8.22); un cinto «bueno para nada» (13.1-11); una vasija de barro (caps. 18–19); yugos (cap. 27); hundir un libro (51.59-64).

IV. Jeremías y Jesús

Las similitudes entre Jeremías y Jesucristo son dignas de notarse. Nunca se casaron (16.2) y a ambos los rechazaron sus propios pueblos (11.21 y 12.6 con Lc 4.16-30). Jeremías ministró bajo la amenazante sombra de Babilonia, Jesús bajo la sombra de Roma. A ambos el pueblo los consideró traidores. A Jeremías se le opusieron ferozmente los falsos profetas; a Jesús los escribas y fariseos, falsos líderes de su día. Ambos lloraron sobre la ciudad de Jerusalén y predijeron su ruina. Jeremías reunió un puñado de discípulos a su alrededor; Jesús tuvo un pequeño grupo que le seguía. A ambos los arrestaron falsamente y persiguieron. Ambos enfatizaron una religión del corazón y no una de simples formas y ceremonias externas. Fue Jeremías 7.11 que Jesús citó cuando limpió el templo y les dijo a los sacerdotes que lo habían hecho «cueva de ladrones». Ambos enfatizaron el nuevo pacto del corazón (Jer 31.31-37; Heb 8.7ss). En su predicación, usaron ilustraciones y comparaciones de impacto. Revelaron un corazón tierno y lleno de simpatía que se destrozó por la perversidad de una nación que debía haber obedecido a la Palabra de Dios. Al final parecía que ambos fueron fracasos en sus vidas y ministerio, pero Dios los honró e hizo su obra un éxito.

JEREMÍAS 18–19

En el capítulo 18 el profeta visita la casa del alfarero y le observa modelar el barro, mientras que en el capítulo 19 lleva una vasija terminada y la rompe en el valle de Hinom. El primer acto es un cuadro de la gracia de Dios; el segundo, de su juicio. Al considerar al alfarero y el barro se puede ver un cuadro de nuestras vidas y relación con Dios. Cada objeto tiene su significado.

I. Dios es el Alfarero

A. *Una persona.*

Nuestras vidas no están en las manos de alguna «fuerza» invisible o «destino» ciego; están en las manos de una Persona: el Dios todopoderoso. Dios no es simplemente nuestro Creador; es nuestro Padre y tiene un interés personal en nuestras vidas. Él es el Alfarero. Véase Isaías 64.8.

B. *Poder.*

El barro no puede moldearse a sí mismo; sólo Dios tiene el poder para dirigir nuestras vidas. Él aclara en 18.6-10 que es soberano sobre todas las personas. No podemos ser bendecidos si discutimos con Él o tratamos de decirle lo que tiene que hacer; véase Romanos 9.20-24. Por supuesto, esto no quiere decir que Dios es culpable de los pecados de los hombres ni de los fracasos de las naciones.

C. *Un plan.*

El alfarero tiene un plan perfecto para el barro; ve en su mente el producto terminado. Dios tiene un plan perfecto para nuestras vidas (Ro 12.1-2; Ef 2.10; Flp 1.6). Nosotros no podemos ver el producto terminado, pero Él nos promete que es maravilloso (1 Co 2.9).

D. *Paciencia.*

El alfarero trabaja con paciencia con el barro, moldeando tiernamente su forma. Dios dirige con paciencia nuestras vidas, tratando de cumplir su voluntad. A menudo usa las manos de otros para ayudar a formarnos: padres, maestros, otros creyentes, incluso los que nos persiguen. Demora hacer un producto que valga la pena y Dios está dispuesto a esperar.

II. Nosotros somos el barro

Por supuesto, en el mensaje de Jeremías el barro representaba al pueblo de Judá, pero no nos equivocamos al aplicarlo a nuestras vidas. Los creyentes son los vasos de Dios, moldeados por Él para contener el tesoro del evangelio (2 Ti 2.19-21; 2 Co 4.7; Hch 9.15). Los seres humanos están hechos de barro; el barro es polvo mezclado con agua. Somos polvo (Sal 103.14), pero el agua del Espíritu de Dios nos ha dado viva mediante la fe en Cristo. El barro no tiene gran valor en sí mismo, pero puede convertirse en algo grande

si lo moldean manos apropiadas y para el propósito apropiado. Nadie puede calcular el tremendo potencial en la vida de un individuo.

La cualidad más importante del barro es que se somete. Si no se somete a las manos del alfarero, se arruinará. El barro no se puede automoldear; tiene que tener al alfarero. No hay cristianos «de cosecha propia» en la voluntad de Dios. Cuando decimos «el barro no puede automoldearse», no sugerimos que las personas no juegan ninguna parte en el cumplimiento de la voluntad de Dios. No somos inactivos ni resignados, simples montones de barro en las manos de Dios. Él quiere que cooperemos en la oración, la meditación, la obediencia a su voluntad y al rendirnos a su toque tierno.

III. La vida es una rueda

El alfarero hace girar la rueda con rapidez y es el único que controla su velocidad. A nuestras vidas como creyentes no las controlan la suerte ni la casualidad; Dios las controla. Él arregla las circunstancias de la vida que nos moldean. Él fue quien dispuso que el joven José fuera a Egipto, donde sería moldeado como gobernante. Tal vez nos preguntemos sobre las circunstancias de nuestras vidas y pensemos que Dios ha sido riguroso con nosotros, pero un día nos daremos cuenta de la verdad de Romanos 8.28 y afirmaremos que todas las cosas *en efecto* ayudaron a bien. Lo más importante en cuanto a la rueda no es su tamaño (algunas vidas son más cortas que otras), sino su centro. Si la rueda está «centrada», todo estará equilibrado. Cristo es el centro de la vida cristiana consagrada (Mt 6.33).

IV. Desobedecer estropea

Sería maravilloso si el barro siempre se sometiera a las manos del alfarero, pero este no es el caso. El profeta vio que la vasija se estropeó. ¿Tiró el alfarero el barro y empezó con un nuevo montón? No, lo volvió a hacer. Este es un cuadro de la rebelión del hombre y su restauración por la gracia de Dios. ¿Por qué se estropeó el barro? Debido a que quería salirse con la suya (véase 18.11-12). Cuán a menudo nosotros como cristianos estropeamos nuestras vidas haciendo nuestros planes fuera de la voluntad de Dios. Si sólo pudiéramos ver el producto terminado que Dios ha planeado, nunca le desobedeceríamos. Es triste, pero pensamos que sabemos más que Él acerca de la vida.

Dios en su gracia nos perdona y «nos hace de nuevo». Algunas veces usa pruebas difíciles para conseguir que nos sometamos. Invirtió veinte años moldeando a Jacob, quien al final llegó a ser un instrumento útil. Después de que estropearon sus vidas, Dios les dio una segunda oportunidad a David, Jonás y Pedro. Primera de Juan 1.9 es una promesa maravillosa de perdón, pero no es una excusa para la desobediencia.

V. Las pruebas son el horno

Jeremías no menciona el horno del alfarero, pero tenía que estar allí. Ninguna vasija sirve para algo mientras no haya atravesado el horno. El calor le da al barro fuerza y belleza, e incrementa su utilidad y valor. La vida debe tener sus hornos. Job atravesó el horno del dolor (Job 23.10) y 1 Pedro 4.12ss habla del horno de la persecución. Los tres jóvenes hebreos fueron arrojados en el horno y descubrieron que el Alfarero estaba allí en el fuego con ellos (Dn 3.19-25). Dios sabe exactamente cuánto calentar el horno; sabe exactamente cuántas pruebas podemos soportar (1 Co 10.13). Los cristianos que han vivido protegidos, fuera de los hornos de Dios, se pierden muchas de las bendiciones de su gracia que reciben quienes han estado dispuestos a sufrir con Cristo y por Él. Cuando las pruebas nos salen al paso, debemos rendirnos al Alfarero y permitirle que haga su voluntad.

VI. El juicio es la vasija quebrada

En 19.1-13 Jeremías se fue al valle de los hijos de Hinom, lugar que los judíos dedicaron a la adoración a los ídolos. Algunos de los peores pecados en la historia judía se cometieron en ese lugar; véase 7.31. El nombre «hijos de Hinom» se escribía «ge-Hinom» y con el correr del tiempo se convirtió en «Gehenna», en griego, la palabra que usa el NT para el infierno. El rey Josías convirtió este lugar idolátrico en el basurero de Jerusalén (2 R 23.10). Qué terrible cuadro del infierno: el eterno basurero del universo. Esta vez el profeta trajo una vasija terminada y sosteniéndola ante los ancianos de la tierra predicó un sermón de juicio. «Vosotros os habéis olvidado de Dios y habéis adorado ídolos aquí. Vosotros habéis pecado contra su Palabra. Pero viene pronto el día cuando este valle no será llamado "Tofet" (ardiente o inmundicia), sino "Valle de la Matanza". El juicio se avecina sobre Judá». Entonces rompió la vasija y nunca más podría repararse. Véanse los versículos 10-11. Una nación o la vida de un individuo puede llegar al «punto sin regreso». Si el barro se endurece, ya no puede ser modelado. Qué importante es rendirse a Cristo en la vida. Sansón rehusó someterse y Dios tuvo que quebrar el instrumento. «Hay pecado de muerte» (1 Jn 5.16).

Dios quiere que seamos instrumentos útiles. Una vasija no produce nada; sólo recibe, contiene y da. Recibimos sus bendiciones y se las damos a otros. Todo lo que Dios pide es que estemos a su disposición, que seamos limpios y estemos vacíos. Véase 2 Timoteo 2.19-21, donde Pablo nos advierte que nos apartemos del pecado. Si estamos demasiado llenos de nosotros mismos, Dios no puede llenarnos, y si no estamos llenos, no podemos darle nada a otros. Que el Señor nos ayude a ser vasijas de honor, apropiadas para el uso del Maestro.

JEREMÍAS 36 y 45

Jeremías había predicado más de veinte años cuando ocurrieron estos sucesos. Babilonia acababa de derrotar a Egipto, de modo que la «política foránea» del rey Joacim quedó arruinada. El profeta sabía que Babilonia un día llevaría a Judá cautiva, pero aún anhelaba ver a su pueblo arrepentirse. Se requiere de un siervo piadoso para que continúe ministrando cuando la situación parece no tener esperanza.

I. La inspiración de la Palabra (36.1-4)

Hasta aquí el ministerio de Jeremías fue oral; predicó en los atrios del templo e intentó despertar a la nación rebelde. Pero Dios quería los mensajes de Jeremías escritos para siempre como parte de su Palabra. En los versículos 17-18 vemos cómo se hizo esto: Dios le hablaba al profeta; Jeremías le decía las palabras a su secretario, Baruc; y Baruc las escribía. Lo que Baruc escribió era la revelación de Dios, verdades que ningún ser humano podría descubrir por sí mismo. La Biblia es la revelación de Dios a los seres humanos; la mente humana no podría descubrir las verdades que hay en ella. La Biblia es el libro de «así dice el Señor».

Inspiración es la palabra que se usa para describir cómo se escribió la Biblia. «Toda la Escritura es inspirada por Dios», dice 2 Timoteo 3.16. Esto significa que «Dios sopló la Biblia»; no es el producto que la mente humana elaboró. «Santos hombres de Dios hablaron siendo inspirados por el Espíritu Santo» (2 P 1.21). El mundo se refiere a los grandes escritores como «inspirados», pero esto no es lo que la Biblia quiere decir por «inspiración». Shakespeare fue un escritor inspirado en el sentido humano de grandeza, pero sus escritos no los inspiró Dios como lo hizo con la Biblia. El Espíritu Santo habló a los hombres de Dios y por medio de ellos para darnos la Palabra de Dios. No soslayó sus personalidades, ni hizo «robots» de ellos; cada escritor bíblico revela su personalidad en sus escritos. Pero lo que escribieron es la Palabra de Dios, final, completa y autoritativa. Usted puede confiar en la Biblia.

II. La proclamación de la Palabra (36.5-10)

Al comparar el versículo 1 con el versículo 9 recibimos la impresión de que se necesitó al menos un año para escribir este libro. El pueblo pidió un día especial de ayuno, al parecer para buscar la ayuda de Dios en contra de Babilonia. El rey concedió su petición, aun cuando los hechos posteriores mostraron que no respetaba a Dios ni a su Palabra. Era como muchos líderes políticos que siguen la corriente de las «festividades religiosas» nacionales y sin embargo personalmente rechazan a Cristo y la Palabra. Baruc proclamó la Palabra al leer el libro al pueblo que ayunaba en el templo. Jeremías estaba en prisión, pero la Palabra de Dios no se podía atar (2 Ti 2.9; véase 2 Ts 3.1-2). Exigió valor de parte de Baruc hacerlo, puesto que Jeremías no era popular en la ciudad.

Dios ordenó que su Palabra debía esparcirse mediante predicación y enseñanza. Sin duda hay lugar para la literatura bíblica y la distribución de tratados, pero es la predicación de la Palabra lo que Dios bendice especialmente. Dios usa su Palabra para convencer a las personas de pecado, llevarlos a un genuino arrepentimiento y darles la seguridad de la salvación (véase v. 3). Baruc trataba de advertir a Judá a que huyera a los brazos de la misericordia de Dios debido al juicio que se acercaba. Hoy procuramos ganar a muchos para Cristo debido a que la ira de Dios ya está sobre ellos (Jn 3.36).

III. La preservación de la Palabra (36.11-32)

Es interesante ver cómo responden a la Palabra de Dios las diferentes personas, Micaías estaba presente cuando Baruc leyó la Palabra en el templo frente a la cámara del escriba Gemarías, quien era el padre de Micaías. La Palabra estimuló a Micaías e inmediatamente se la comunicó a otros líderes de la nación. Ellos enviaron por Baruc, el cual leyó la Palabra por segunda vez. Los príncipes ahora se llenaron de temor (v. 16). Alguien debe decírselo al rey.

El rey Joacim era un hombre impío que recibió su trono sólo por su sumisión a Egipto (2 R 23.31-24.7). Ya había matado a un profeta de Dios, Urías (Jer 26.20-24); y no era amigo de Jeremías. Pero consintió en oír la lectura sentado cómodamente en su casa de invierno. Debería haber estado en el templo, humillándose delante de Dios. Cuánta gracia muestra Dios al traerle la Palabra cuando la necesitaba. Pero cuando Jehudí leyó el rollo, el rey con altanería lo cortó en pedazos y lo usó como combustible para su brasero. No temía a Dios. Tres de los líderes protestaron (v. 25), pero el rey no quiso escucharlos. En lugar de someterse a la Palabra, la resistió y procuró arrestar y ejecutar a Jeremías y a Baruc.

La gente impía ha atacado a la Biblia durante siglos, sin embargo ella aún se yergue firme. Jeremías escribió una nueva copia de su libro, de modo que los esfuerzos del rey fueron en vano. Todavía tenemos la profecía de Jeremías, pero el rey Joacim hace ya mucho que es polvo. Muchos que aman el pecado se oponen a la Biblia porque ella los deja al descubierto y les advierte respecto a la ira venidera. En el año 303 el emperador Diocleciano de Roma confiscó y quemó ejemplares de la Palabra de Dios y luego erigió un monumento que decía: «Extinto es el nombre de los cristianos». Veinte años más tarde Constantino hizo del cristianismo la religión oficial de Roma y puso la Biblia de nuevo en las manos del pueblo. Los que detestaban la verdad persiguieron a Wycliffe porque tradujo la Biblia al inglés; a Tyndale lo quemaron en la hoguera; sin embargo, la Biblia aún está aquí. Dios preserva su Palabra. «Para siempre, oh Jehová, permanece tu palabra en los cielos» (Sal 119.89). «El cielo y la tierra pasarán, mas mis palabras no pasarán» (Mt 24.35). El que edifica su vida sobre la Biblia edifica en lo que no se puede derribar.

A esta nueva copia Jeremías añadió un juicio especial para el rey. Joacim pensó que había destruido la Palabra, pero la Palabra lo destruyó a él. Tendría una muerte miserable y no dejaría heredero que reclamara su trono (v. 30). Véase Jeremías 22.18-19. Su hijo Joaquín subió al trono cuando su padre murió, pero duró sólo tres meses y después lo llevaron cautivo a Babilonia

(2 R 24.6-12). Y Babilonia en efecto capturó a Judá, exactamente como Jeremías lo profetizó. La profecía cumplida es una de las más grandes evidencias de la divina inspiración de la Biblia.

IV. La consolidación de la Palabra (45)

Este capítulo narra las reacciones de Baruc ante los hechos del capítulo 27. Participó en la escritura de la Palabra de Dios, sin embargo se ocultó para salvar su vida. En lugar de recibir honra por su fidelidad, lo obligaron a sufrir persecución. Qué gran desilusión.

Sin duda algunos de los ayudantes del rey le ofrecieron a Baruc «un buen empleo» entre el personal del rey, ya que es cierto que era un escriba muy capaz. Su hermano Seraías era uno de los oficiales del rey (32.12; 51.59). ¿Por qué identificarse con un predicador detestado cuando podría ser un secretario popular del rey? Dios conocía su corazón y Él le habló a Jeremías al respecto. «¿Buscas para ti grandezas?», le preguntó Dios a Baruc. «No las busques. No hay futuro en esta tierra de Judá porque Babilonia vendrá y destruirá la ciudad y la tierra». Si Baruc se hubiera olvidado de Jeremías y de la Palabra a cambio de «un lugar fácil» con el rey, lo hubiera perdido todo. Pero así como fue, Dios protegió su vida y le usó en su servicio.

No es fácil permanecer fiel a la Palabra en días de oposición y persecución. Pablo escribió: «Demas me ha desamparado, amando este mundo» (2 Ti 4.10). Y Pablo mismo, como Jeremías y Baruc, sufrió persecución y problemas debido a la Palabra (2 Ti 2.8-9), pero al final de su vida pudo decir: «He guardado la fe».

¿Cómo está *usted* tratando la Palabra de Dios? ¿Está poniéndola en un anaquel? (36.20). ¿Está destrozándola como lo hacen los «críticos modernos» de la Biblia? ¿Está procurando destruirla? ¿O está inclinándose ante ella y obedeciendo sus verdades? «Por esto estimé rectos todos tus mandamientos sobre todas las cosas, y aborrecí todo camino de mentira» (Sal 119.128).

LAMENTACIONES

No bosquejaremos este libro. Es una serie de "poemas fúnebres" que marcan la destrucción de Jerusalén y del templo. Está escrito en forma de acróstico: cada uno de los veintidós versículos de los capítulos 1, 2, 4 y 5 empieza con una letra consecutiva del alfabeto hebreo; en el capítulo 3 hay tres versículos por cada letra. Ningún libro de la Biblia revela el corazón sufriente de Dios por el pecado como lo hace este. Véanse Jeremías 13.17 y Mateo 23.36-38.

LAMENTACIONES 1–5

Esta es una colección de cinco «lamentaciones» o «endechas fúnebres» conmemorando la caída de Jerusalén ante los babilonios en el 586 a.C. Jeremías presenció este trágico suceso. Se le partió el corazón al ver a Jerusalén y el templo destruidos, el pueblo masacrado y los prisioneros llevados cautivos a Babilonia. Podemos ver las lágrimas del profeta a través de todo el libro. De este libro podemos aprender cinco importantes lecciones acerca de Dios y su voluntad.

I. Lo terrible de los juicios de Dios (1.1-6)

Estos versículos comparan a Jerusalén con una rica princesa o reina que de repente la dejan sola y la privan de toda su riqueza y hermosura. Antes estaba llena; ahora está vacía. Antes la honraban; ahora está en desgracia. Su gozo se ha reemplazado con lágrimas; sus grandes victorias ahora se pierden en la derrota. ¿Por qué? Debido a que en lugar de amar a Jehová ha cortejado a muchos «amantes» (v. 2) y a los dioses falsos de las naciones paganas. Ahora esas naciones paganas se han convertido en sus enemigas.

El pecado siempre trae aflicción y tragedia. En el capítulo 2 Jeremías explica que Dios no será más su amigo, sino su enemigo. Antes Él peleaba las batallas de ellos, pero ahora era demasiado tarde. Lea la triste descripción de los que por el hambre se comían a sus hijos (2.20; 4.10; y véase Jeremías 19.9). Jerusalén no sólo perdió su gozo, riqueza y hermosura, sino también su testimonio. Todos los paganos se ríen de ella (2.15-16). Sin duda esto se aplica al creyente hoy: cuando Dios castiga al rebelde la experiencia no es nada fácil. El pecado siempre hace que el pecador pierda.

II. La rectitud de la ira de Dios (1.18-22)

«Estamos cosechando simplemente lo que sembramos», es el clamor del profeta. Los terribles juicios que vinieron eran sólo lo que la ciudad y la nación merecían. «Nos hemos rebelado contra su Palabra». La rebelión siempre acarrea la disciplina; véase Hebreos 12.1-14. ¿Por qué permitió Dios que su pueblo fuera al cautiverio? Para enseñarles a confiar en Él y a obedecer su Palabra. En el versículo 19 Jeremías menciona los siguientes buscapleitos: los «amantes», es decir, los falsos dioses y las naciones paganas en quienes Judá confiaba cuando se veía en problemas; y los falsos profetas y sacerdotes que enseñaban mentiras y le daban al pueblo una confianza falsa. Cuando una nación no escucha la verdad de la Palabra de Dios, no hay esperanza para tal nación.

¿Qué podía hacer el pueblo? Nada, excepto someterse a la mano de disciplina de Dios y confiar en su misericordia (1.22). La confesión de pecado es mejor que la rebelión continua contra Dios. Era demasiado tarde para que Dios cancelara la invasión, pero Él vería el arrepentimiento de su pueblo y empezaría a obrar a favor de ellos incluso mientras estuvieran en el cautiverio.

III. La veracidad de la Palabra de Dios (2.17)

«Ha cumplido su palabra». Durante cuarenta años Jeremías le había adverti-do al pueblo que sus pecados traerían juicio; sin embargo, la nación no escuchaba. El pueblo no quería oír la verdad; preferían los «mensajes popu-lares» de los falsos profetas (2.14). Jerusalén se reía de Jeremías, lo persiguió y hasta trató de matarlo, pero al final Dios honró a su siervo y sus palabras se hicieron realidad. Léase en Jeremías 4.5-10 el mensaje de advertencia dado por el profeta. Léase en Jeremías 5.30-31 su descripción de la nación creyendo mentiras. Suena muy contemporáneo. En Jeremías 6.13-14 com-para a los falsos profetas con los médicos que ocultan los síntomas, pero no curan la enfermedad. Véase 8.11,21-22. En 23.9ss, Jeremías explica lo que ocurre a un pueblo cuando rechaza la verdad de la Palabra de Dios y cree en las mentiras de los hombres. Sin embargo, la verdad de la Palabra de Dios seguirá firme, así como lo hizo en los días de Jeremías. El tiempo ha llegado cuando la gente no puede soportar la «sana doctrina», sino que quiere en su lugar predicadores que le acaricien los oídos y les entretengan con un men-saje de falsa seguridad (2 Ti 4.1-5). No cabe duda que Dios juzgará a este mundo, a pesar de lo que digan los falsos profetas.

IV. La ternura del corazón de Dios (1.12-16)

Jeremías nos revela el corazón de Jehová, destrozado por los pecados de su pueblo. El juicio es la «extraña obra» de Dios (Is 28.21); no aflige porque quiere. E incluso cuando en efecto castiga a su pueblo, está con ellos en su sufrimiento (Is 63.9). «El Señor al que *ama* castiga». Las lágrimas de Jeremías nos recuerdan que Dios ama a los suyos, incluso cuando son rebeldes, y que su amor hacia ellos jamás cambia. Al pasar la gente por las ruinas, Jeremías les pregunta: «¿No os conmueve a cuantos pasáis por el camino?» Podemos oír la voz de Jesucristo aquí, cuando lo colgaron en la cruz por los pecados del mundo. ¿Recuerda cómo lloró sobre Jerusalén porque vio que se aveci-naba el día del juicio sobre la ciudad?

Dios, en su amor, ha advertido al pueblo respecto a sus pecados y a su juicio inminente. Es más, desde el mismo Moisés el Señor advirtió a Israel que no siguiera a los dioses falsos (véanse Lv 26 y Dt 28). En amor envió profetas para que les previnieran (2 Cr 36.15-17), pero no querían escuchar. Ahora, en su amor, tenía que castigarlos para enseñarles las lecciones que no querían aprender.

V. La fidelidad de la misericordia de Dios (3.18-36)

Aquí, en el corazón de este libro, hallamos una de las más grandes confesio-nes de fe que se hallan en toda la Biblia. Jeremías se explayó en sus aflicciones y en el sufrimiento de su pueblo, pero entonces alzó sus ojos al Señor... y este fue el punto decisivo. En medio de la aflicción y la ruina recordó la misericordia de Dios. «Nunca decayeron sus misericordias». Nosotros le fallamos, pero Él no nos falla. «Grande es tu fidelidad».

La fidelidad de Dios es un tremendo estímulo en días cuando los corazones de las personas desfallecen de temor. Si usted edifica su vida sobre personas o cosas de este mundo, no tendrá esperanza ni seguridad; pero si lo hace en Cristo, el Fiel, estará seguro para siempre. Él es *fiel para castigar* (Sal 119.75); Lamentaciones mismo enseña esta lección. Él quiere traernos al lugar de arrepentimiento y confesión (Lm 3.39-41). Él es *fiel para perdonar* cuando confesamos nuestros pecados (1 Jn 1.9). Es *fiel para compadecerse* cuando tenemos cargas y problemas (Heb 2.17-18; 4.14-16). Nunca tenemos que temer de que esté demasiado ocupado como para escuchar o demasiado cansado como para ayudar. Él es *fiel para librar* cuando clamamos su ayuda en la tentación (1 Co 10.13). Es *fiel para guardarnos* en esta vida y para la vida eterna (1 Ti 1.15; 1 Ts 5.23-24). Podemos entregar nuestras vidas y almas en las manos del fiel Creador (1 P 4.19) y saber que Él hará bien todas las cosas.

Dios, en su misericordia, dejó un remanente de Judá, los protegió y bendijo durante los años de cautiverio y luego les permitió regresar a su tierra de nuevo. Les capacitó para que reconstruyeran la ciudad y el templo; los protegió de las naciones paganas que aborrecían a los judíos. Cuán misericordioso fue Dios con su pueblo. Cuán misericordioso es con nosotros hoy.

En tiempos duros necesitamos imitar a Jeremías, el cual dejó de mirarse para mirar al Señor y quien esperó en Él con paciencia y fe (3.24-26). Demasiado a menudo nos miramos a nosotros mismos y a nuestros problemas y llegamos a estar tan desanimados al punto de darnos por vencidos. En lugar de eso debemos «mirar a Jesús» (Heb 12.1-2) y permitirle que Él nos haga salir adelante. Es difícil esperar en el Señor. Nuestra naturaleza caída anhela actividad y por lo general lo que hacemos sólo empeora las cosas. Jeremías esperó en Dios, confió en su misericordia y dependió de su fidelidad. Conocía la verdad de Isaías 40.31: «Los que esperan a Jehová tendrán nuevas fuerzas; levantarán alas como las águilas; correrán, y no se cansarán; caminarán, y no se fatigarán».

EZEQUIEL

Bosquejo sugerido de Ezequiel

I. Ordenación del profeta (1–3)

II. Condenación de Judá (4–24)
   A. Una nación desobediente (4–7)
   B. Una gloria que se va (8–11)
   C. Una nación bajo disciplina (12–24)

III. Condenación de las naciones gentiles (25–32)

IV. Restauración del pueblo de Dios (33–48)
   A. Regresan a su tierra (33–36)
   B. Experimentan una nueva vida y unidad (37)
   C. Los protegen de sus enemigos (38–39)
   D. Adoran aceptablemente al Señor (40–48)

EZEQUIEL 1–36

En el año 606 a.C. los babilonios empezaron la primera de varias deportaciones de judíos; Daniel estaba en este grupo. En el segundo grupo (597 a.C.) estaba el joven Ezequiel, que para ese entonces tenía alrededor de veinticinco años. Lo llevaron a Tel-abib, cerca del río Quebar (3.15). Allí vivió en su casa con su querida esposa (8.1; 24.16ss). Cinco años después de que Ezequiel llegó a Tel-abib, Dios lo llamó a ser profeta, cuando tenía treinta años (592 a.C.). Este fue el sexto año antes de la destrucción de Jerusalén en el 586, de modo que mientras Jeremías ministraba al pueblo allá en su tierra natal, Ezequiel predicaba a los judíos cautivos en Babilonia. Como Jeremías, Ezequiel fue un sacerdote llamado a ser profeta.

Su libro también puede dividirse en tres secciones, a continuación del llamamiento del profeta en 1–3: (1) el juicio de Dios sobre Jerusalén, 4–24; (2) el juicio de Dios sobre las naciones vecinas, 25–32; y (3) Dios restaura a los judíos a su reino, 33–48. Los capítulos 1–24 fueron dados antes del asedio de Jerusalén; los capítulos 25–32 durante el sitio; y los capítulos 33–48 después del sitio. Aun cuando el profeta estaba en la distante Babilonia, pudo ver los acontecimientos en Jerusalén mediante el poder del Espíritu de Dios. Ezequiel no sólo proclamó el mensaje de Dios al pueblo, sino que tuvo que vivirlo delante de ellos. Dios le ordenó que hiciera una serie de actos simbólicos para llamar la atención del pueblo; jugar a la guerra (4.1-3); acostarse de un lado durante cierto número de días (4.4-17); rasurarse al rape el cabello y la barba (5.1-4); actuar como alguien que huye de la guerra (12.1-16); sentarse y suspirar (21.1-7); y, lo más difícil de todo, que su esposa muriera (24.15-27). No era fácil ser profeta.

En esta sección nos concentraremos en las visiones de Ezequiel sobre la gloria de Dios.

I. La gloria revelada (1–3)

Ezequiel («Dios fortalece») era un sacerdote en cautiverio (1.1) y por tanto no podía ejercer su ministerio, ya que estaba lejos del templo y del altar sagrados. Pero Dios le abrió los cielos y le llamó a que fuera profeta. Cinco años estuvo cautivo antes de que le llamaran; los sacerdotes empezaban su ministerio a los treinta años (Nm 4.3). Véase en el Salmo 137 un cuadro de la condición espiritual de los cautivos. Jeremías les dijo que se establecieran setenta años en Babilonia, pero los falsos profetas le dijeron al pueblo que Dios destruiría a Babilonia y libertaría a los cautivos (léase Jer 28–29). Fue tarea de Ezequiel decirle al pueblo que Dios destruiría a *Jerusalén*, no a Babilonia, pero que habría un día de gloriosa restauración del pueblo y de reconstrucción del templo.

La frase «Vino a mí palabra de Jehová» se usa cincuenta veces en este libro. Qué maravilloso saber que la Palabra de Dios nunca está demasiado lejos del pueblo de Dios, si tan solo quieren oírla. Juan oyó la Palabra estando exilado en Patmos (Ap 1.9ss) y Pablo la recibió en prisión. ¿Qué vio Ezequiel aquel día?

A. Un torbellino de fuego (1.4).

Esto simbolizaba el juicio de Dios sobre Jerusalén, la venida de Babilonia desde el norte. El viento tempestuoso con sus fulgurantes rayos significaba la destrucción de Jerusalén.

B. Los querubines (1.5-14).

Estas criaturas simbolizan la gloria y el poder de Dios. Podían ver y moverse en todas direcciones sin volverse. Las cuatro caras hablan de sus características: la inteligencia del hombre, la fuerza y el arrojo del león, la fidelidad y el servicio del buey, y el encumbramiento del águila. Algunos ven en estas caras los cuatro Evangelios: Mateo (el león—rey), Marcos (buey—siervo), Lucas (hombre—Hijo del Hombre), Juan (águila—Hijo del Dios del cielo). Las criaturas podían moverse rápidamente para cumplir la voluntad de Dios.

C. Las ruedas (1.15-21).

Cada criatura estaba asociada con un juego de ruedas, dos ruedas en cada juego. Las ruedas en cada juego no estaban colocadas paralelas la una respecto a la otra, como el aro y el eje de una rueda de bicicleta; más bien estaban en ángulo recto la una respecto a la otra, como la parte superior de un giroscopio. Las ruedas estaban en constante movimiento y, puesto que miraban a las cuatro direcciones, podían moverse en cualquier dirección sin cambiar su movimiento, así como los querubines. Sus aros estaban «llenos de ojos» (v. 18), lo que ilustra la omnisciencia de Dios al regir su creación (Pr 15.3), y el movimiento de las ruedas coincidía con el de los querubines. Todo esto habla de la obra constante de Dios en el mundo, su poder y gloria, su presencia en todo lugar, su propósito para el hombre, su providencia. El mundo estaba lleno de terror y cambio, pero Dios estaba obrando.

D. El firmamento (1.22-27).

Esta era una hermosa «plataforma» que contenía el trono de Dios y que estaba encima de las ruedas y de los querubines. Dios sigue en el trono y su voluntad se cumple en este mundo, aun cuando no siempre lo veamos. Los complejos movimientos de los querubines y las ruedas revelan cuán intrincada es la providencia de Dios en el universo; sólo Él puede comprenderla, sólo Él puede controlarla. Pero hay perfecta armonía y orden.

E. El arco iris (1.28).

Hubo un arco iris en la tormenta. Sin duda esto le decía a Ezequiel que la misericordia y el pacto de Dios no le fallaría a su pueblo. Véase Génesis 9.11-17, donde se designa al arco iris como una señal de misericordia. También véanse Apocalipsis 4.3 y 10.1.

Noé vio el arco iris después de la tormenta; el apóstol Juan lo vio antes de la tempestad; pero Ezequiel lo vio en la tempestad. Toda esta visión de la gloria de Dios muestra a Dios obrando en el mundo, juzgando los pecados de su pueblo, pero aún guardando su pacto de misericordia. El resultado de esta visión fue el colapso total de Ezequiel (1.28). Pero Dios le levantó, le llamó a ser un atalaya, le alimentó con la Palabra (véanse Jer 15.16; Job 23.12; Mt 4.4; Ap 10.9) y le llenó con su Espíritu. «Sabrán que yo soy Jehová», esta frase y sus variantes se hallan sesenta y una veces en este libro; resume el ministerio y mensaje de Ezequiel.

II. La gloria quitada (8–11)

Un año más tarde Dios le dio a Ezequiel otra visión, esta vez de los pecados del pueblo allá en Jerusalén. La gloria apareció de nuevo (8.2) y Dios llevó al profeta en visión a la ciudad santa. Allí vio una visión cuádruple de los pecados del pueblo: (1) una imagen levantada en la puerta norte del templo, quizás de Astarté, la perversa diosa babilónica, 8.5; (2) adoración pagana secreta en los recintos ocultos del templo, 8.6-12; (3) mujeres judías llorando por el dios Adonis, el cual se pensaba que había muerto para ser resucitado de los muertos cada primavera, 8.13-14; y (4) el sumo sacerdote y los veinticuatro grupos de sacerdotes adorando al sol, 8.15-16. ¿Es de asombrarse que Dios planeara destruir la ciudad?

Por supuesto, la gloria de Dios no podía permanecer en un lugar tan pervertido. La gloria vino al templo, 8.4; pero en 9.3 la gloria pasa al umbral del templo. El trono de la gloria ahora estaba vacío. Se convertiría en un trono de juicio. En el capítulo 9 vemos al siervo de Dios poniendo una marca de protección en el remanente fiel de creyentes, para que no mueran en el juicio venidero. Entonces, en 10.4, la gloria de Dios se eleva por encima del umbral de la casa y sobrevuela allí antes de que caiga el juicio. En 10.18 la gloria se eleva aún más y pasa a la puerta oriental del templo (v. 19); y por último, en 11.22-23, la gloria sale del templo y se va a la cumbre del Monte de los Olivos. «Icabod[...] Traspasada es la gloria» (1 S 4.21).

¿Por qué se quitó la gloria? Porque Dios no puede compartir su gloria con otro. Los ídolos y los pecados del pueblo le echaron fuera. Sus pecados podrían haber estado ocultos al pueblo, pero Dios los veía y los juzgaba. Así hoy Dios quitará de nuestras vidas su gloria y sus bendiciones si no le servimos fielmente con corazones sinceros y puros.

III. La gloria restaurada (43.1-12)

En los capítulos 40–48 el profeta ve la restauración futura de Israel y su gloria en el Reino. Describe a la ciudad y el templo restaurados, más grandiosos de lo que Israel había conocido. En 43.1-6 ve la gloria de Dios volver al templo. Nótese que la gloria vendrá por la misma ruta que utilizó al salir. Por supuesto, Jesucristo es la gloria del Señor, y volverá la gloria de Dios a la nación de Israel. Sin duda la Palabra dada en los capítulos 40–48 no se cumplió cuando los judíos regresaron a su tierra después del cautiverio, de modo que tiene que haber un cumplimiento futuro cuando Jesús vuelva a la tierra a reinar.

Dios está preocupado por su gloria. Debemos glorificar a Dios en nuestros cuerpos (1 Co 6.19-20) y magnificarle en todo lo que hacemos (Flp 1.20-21). Nuestras buenas obras deben glorificarlo (Mt 5.16). Pero podemos pecar y alejar la gloria de Dios de nuestras vidas. No cabe duda de que el Espíritu de Dios nunca nos dejará (Ef 1.12-14), pero podemos entristecerlo y perder la gloria de Dios en nuestro andar diario (Ef 4.30). Los pecados secretos no se quedan así mucho tiempo. Dios los ve y, antes que pase mucho tiempo, otros también los verán.

EZEQUIEL 37–48

Estos capítulos finales miran hacia el futuro de Israel y Judá, al tiempo cuando Dios hará una nueva obra y su gloria volverá a la tierra.

I. La nueva nación (37)

A. Revivida (vv. 1-14).

En este tiempo tanto Israel como Judá estaban arruinados políticamente. Asiria había esparcido a Israel y Babilonia acababa de conquistar a Judá. Tanto Isaías como Jeremías predijeron el regreso del cautiverio, pero las visiones de Ezequiel van incluso más allá en los años. Vio el tiempo cuando la nación muerta volvería a vivir. En la visión vio muchísimos huesos en el valle (literalmente «campo de batalla») y los huesos estaban muy secos. Era un cuadro de total derrota, con los huesos de los ejércitos secos y sin sepultura. ¡Qué descripción más vívida del pueblo judío! Mediante el poder de la Palabra de Dios los huesos se juntaron y formaron hombres, y mediante el poder del Espíritu («viento»), se les dio vida. Esto nos enseña la resurrección corporal, ni siquiera la salvación de los judíos. Más bien es un cuadro del resurgimiento futuro de la nación, cuando los judíos se saquen de las «tumbas» de las naciones gentiles a donde fueron esparcidos. Políticamente esto ocurrió el 14 de mayo de 1948, cuando la nación moderna de Israel entró de nuevo en la familia de naciones. Por supuesto, la nación está muerta espiritualmente; pero un día, cuando Cristo vuelva, la nación nacerá en un día y será salva.

B. Reunificada (vv. 15-28).

La división de la nación en los reinos del norte y del sur fue el principio de su caída. Un día Dios volverá a reunir a las tribus bajo el verdadero David, Jesucristo. Él hará un pacto de paz con ellos (v. 26) y traerá de nuevo gloria a su pueblo.

¿Hay algún futuro para Israel? Algunos eruditos dicen: «No, porque todas estas profecías del AT deben aplicarse espiritualmente a la Iglesia». No estamos de acuerdo con esto. Estas profecías son demasiado detalladas como para «espiritualizarlas» y aplicarlas a la iglesia de hoy. Jesús enseñó acerca de un futuro para los judíos (Lc 22.29), lo mismo que Pablo (Ro 11) y Juan (Ap 22.1-6).

II. La nueva victoria (38–39)

Estos capítulos se refieren a la famosa «batalla de Gog y Magog». No confunda esta guerra con la Batalla del Armagedón descrita en Apocalipsis 19.11-21, porque el Armagedón ocurrirá al final del período de siete años de tribulación que sigue al Arrebatamiento de la Iglesia. Tampoco es la misma batalla que involucra a Gog y Magog en la mencionada en Apocalipsis 20.7-9, porque aquella será después de finalizado el reinado milenial de Cristo, cuando se suelte de nuevo a Satanás. La batalla dada en Ezequiel 38–39 ocurrirá en un tiempo cuando los judíos vivan con seguridad en su tierra (38.8,11-12,14) al «cabo de años» (38.8). ¿Cuándo será esto? Parece probable que esto será durante la primera parte del período de la tribulación, cuando Israel estará protegida de sus enemigos por el pacto con la cabeza del Imperio Romano (Dn 9.26-27).

Después del Arrebatamiento de la Iglesia, ocurrirán grandes hechos en el mundo rápidamente. El antiguo Imperio Romano se restaurará en Europa, encabezado por un fuerte gobernante que al final se revelará como el anticristo. Acordará proteger a los judíos durante siete años (Dn 9.27), que es la duración exacta del período de la tribulación, la septuagésima semana de Daniel (Dn 9.25-27). Los primeros tres años y medio de la tribulación serán relativamente pacíficos e Israel disfrutará de reposo en su tierra, guardados por el gobernante romano. Pero Gog querrá la gran riqueza de la tierra (38.12-13) y más o menos a mitad del período de la tribulación invadirá a Israel sin advertencia. Entonces Dios intervendrá y destruirá al ejército invasor. Tan grande será la derrota que se requerirán siete meses para sepultar a los muertos (39.12) y el pueblo quemará durante siete años el material de guerra abandonado (39.9-10). El gobernante romano se apresurará a Israel para cumplir su pacto, descubrirá que Gog ha dejado de ser un poder mundial y entonces se establecerá como dictador mundial en el templo judío, rompiendo así su pacto con Israel (Dn 9.27). Esta será la «abominación desoladora» y la señal del principio de la gran tribulación sobre la tierra.

III. El nuevo templo (40–46)

Sin duda este templo nunca se ha construido, de modo que debe referirse a un tiempo futuro. La mayoría de los estudiosos opinan que este será el gran templo milenial que se llenará de la gloria de Dios durante el reino de Cristo de mil años sobre la tierra. A Ezequiel se le dijo que revelara estos planes al pueblo, para avergonzarlos de sus pecados y rebeliones (43.10-11). No es necesario que entremos en detalles en nuestro estudio. Nótese que todas las medidas han aumentado, de modo que toda el «área sagrada» mide casi ciento veinte kilómetros cuadrados. No se nos dice cómo va a caber todo esto en la tierra y la ciudad de Jerusalén. Tal vez habrá cambios en la tierra.

Puesto que Cristo ha cumplido los tipos del AT (e.g., sacrificios, sacerdocio), ¿por qué estos se restituirán y practicarán mil años? Algunos creen que esas prácticas serán para el judío en el Reino lo que la Cena del Señor es para la iglesia de hoy, un recordatorio de la obra de Cristo. Sin embargo, es probable que Ezequiel usaba el lenguaje que la gente entendía para trasmitirles las verdades acerca de la futura adoración en el templo. La Pascua hablaba de la redención por la sangre (45.21-24) y la Fiesta de los Tabernáculos del cuidado de Dios por su pueblo y el gozo de este en el Reino (45.25). No podemos creer que los judíos salvos querrán cambiar su íntima comunión con Cristo por ritos antiguos que pertenecían a la edad de la ley.

¿Qué le ocurrirá a este templo? Cuando Dios cree el nuevo cielo y la nueva tierra no habrá necesidad de ningún templo (Ap 21.1-5,22). La nueva Jerusalén que Juan describe en Apocalipsis 21–22 sobrepasará a cualquier cosa que Ezequiel vio. Toda la ciudad santa será un templo para la gloria de Dios.

IV. La nueva tierra (47–48)

A. *Se refresca (cap. 47).*

La tierra se refrescará mediante las aguas salutíferas del río que brota del altar de Dios. Todas las bendiciones de Dios deben empezar con el altar. Ezequiel describe la sanidad de la tierra, la bendición de Dios sobre la tierra que escogió para Israel. Nótese que habrá una nueva frontera para ella (13–21). Por el oeste estará el Mar Mediterráneo, al norte una línea que va desde Tiro a Damasco, por el este el río Jordán y el Mar Muerto, y al sur desde el Mar Muerto hasta el río de Egipto. Esto significa que la herencia estará *dentro* de la tierra, sin ninguna tribu al otro lado del Jordán.

Podemos ver en este río salutífero un hermoso cuadro del Espíritu de Dios. La fuente es el altar, la muerte de Cristo (Jn 7.37-39). El río se torna cada vez más profundo, de modo que el profeta pudo nadar en él. Ojalá podamos adentrarnos cada vez más profundamente en las cosas de Dios y apartarnos de las aguas de poca profundidad. El río dio sanidad y vida; y así el Espíritu sana y da vida hoy.

B. *Nueva división (cap. 48).*

Ya hemos notado las nuevas fronteras de la tierra. Este capítulo explica cómo se hará el reparto a las tribus durante la edad del Reino. Las tribus estarán al oeste del Jordán; la nación no tendrá más división. Las tribus poseerán «franjas» de tierra a lo largo de la nación, de este a oeste. Siete tribus estarán ubicadas en la parte superior: Dan, Aser, Neftalí, Manasés, Efraín, Rubén y Judá. Entonces vendrá la enorme «porción sagrada» para el área del templo (vv. 8-20). Hacia abajo estarán otras cinco tribus: Benjamín, Simeón, Isacar, Zabulón y Gad. ¡Las tribus estarán allí, y Dios también estará allí! (v. 35). El nombre de la ciudad será «Jehová-sama»: «¡Jehová (está) allí!»

DANIEL

Bosquejo sugerido de Daniel

I. Historia personal de Daniel (1–6)

   A. Mantiene su andar piadoso (1)

   B. Interpreta el «sueño de la imagen» (2)

   C. La estatua de oro: Daniel no está presente aquí (3)

   D. Interpreta el «sueño del árbol» (4)

   E. Interpreta la escritura en la pared (5)

   F. Mantiene su devoción piadosa: el foso de los leones (6)

II. Ministerio profético de Daniel (7–12)

   A. Su visión de las cuatro bestias (7)

   B. Su visión del carnero y macho cabrío (8)

   C. Su oración de confesión: las setenta semanas (9)

   D. Su visión final del futuro (10–12)

Los reinos en Daniel: Debe tener presente que en el libro de Daniel se identifican por lo menos seis reinos diferentes. Son:

1. Babilonia (606-539 a.C.)
   Cabeza de oro (2.36-38)
   León con alas de águila (7.4)
2. Medo-Persa (539-330 a.C.)
   Brazos y pecho de plata (2.32,39)
   Oso con tres costillas (7.5)
3. Grecia (330 a.C.-c. 150 d.C.)
   Muslos de bronce (2.32,39)
   Leopardo con cuatro cabezas (7.6)
4. Roma (c. 150 a.C.-c 500 d.C.)
   Piernas de hierro (2.33,40)
   La «bestia espantosa» (7.7)
5. El reino del anticristo
   Diez dedos de hierro y barro (2.41-43)
   Cuerno pequeño (7.8)
6. El reino de Cristo
   La piedra que derribó la imagen (2.34-35,44-45)
   El Anciano de días (7.9-14)

Tenga presente que el Imperio Romano nunca ha sido reemplazado por otro imperio mundial, de modo que en realidad continúa hasta el ascenso del anticristo en los últimos días. Este último dictador mundial establecerá los Estados Unidos de Europa (los diez dedos de los pies), según el modelo del antiguo Imperio Romano. Nótese que en el capítulo 2 tenemos el punto de vista humano de las naciones (metales valiosos), mientras que en el capítulo 7 tenemos el punto de vista divino (bestias peligrosas).

Notas preliminares a Daniel

I. El hombre

Daniel se destaca como uno de los más grandes hombres de la historia judía. Sabemos que fue una persona real por Ezequiel 14.14 y 28.3, así como Mateo 24.15 y Hebreos 11.33. Era un adolescente en el año 605 a.C., cuando Nabucodonosor vino a Jerusalén y empezó su conquista de Judá. Hubo varias «deportaciones» de judíos a Babilonia y Daniel fue en el primer grupo porque pertenecía al linaje real. Era la práctica de Babilonia deportar a los mejores ciudadanos y prepararlos para el servicio en su propio gobierno. Daniel aún estaba activo en el año 539 a.C. cuando Ciro tomó el reino, de modo que más de cuarenta años vivió y ministró en Babilonia. Es más, vivió durante el reinado de cuatro gobernantes (Nabucodonosor, Belsasar, Darío y Ciro) y tres reinos diferentes (Babilonia, Media, Persia). Su nombre significa «Dios es mi juez». Ocupó varias posiciones importantes y lo alabaron mucho debido a su carácter y sabiduría, y porque la bendición de Dios estaba sobre él. Nabucodonosor le nombró jefe de los sabios y gobernador de la tierra (2.48), posición similar a la del primer ministro moderno. El nieto de Nabucodonosor, Belsasar, llamó a Daniel de su jubilación y, como le explicó la escritura en la pared, le hizo el tercer gobernador de la tierra (5.29). Darío le dio el liderazgo de todo el reino (6.1-3). Al menos setenta y cinco años Daniel fue el testigo fiel de Dios en un reino perverso e idólatra.

II. El libro

Daniel es al AT lo que Apocalipsis al NT; es más, no podemos entender a plenitud el uno sin el otro. Proféticamente Daniel trata del «tiempo de los gentiles» (véase Lc 21.24), aquel período que empezó en el 606 a.C. con la cautividad de Jerusalén, y terminará cuando Cristo vuelva a la tierra para juzgar a las naciones gentiles y establecer su reino. En las varias visiones y sueños en Daniel vemos el programa de la historia de los gentiles desde el ascenso de Babilonia, y a través de las conquistas de los medos, los persas, griegos y romanos, y hasta el gobierno del anticristo antes de que Cristo vuelva. Este libro prueba que «hay un Dios en los cielos» (2.28) y que «el Altísimo tiene dominio en el reino de los hombres» (4.25). Daniel aclara que el Dios Todopoderoso es soberano en los asuntos del mundo; «la historia es su historia». Dios puede quitar a los gobernantes de sus tronos; Dios puede derrotar a las naciones más fuertes y entregarlas a sus enemigos. En 1.1–2.3 el relato está escrito en hebreo, pero desde 2.4 hasta 7.28, está en el lenguaje caldeo. Las secciones hebreas se refieren fundamentalmente a los judíos.

III. El orden de la historia

El libro de Daniel no está ordenado cronológicamente. En la primera mitad Daniel interpreta los *sueños* de otros; en la segunda mitad recibe *visiones* respecto al futuro de su pueblo. El orden histórico del libro es como sigue:

(1) Cautiverio (605-604 a.C.)
(2) Sueño de la imagen (602 a.C.)
(3) La estatua de Nabucodonosor
(4) El sueño de Nabucodonosor sobre el árbol
(7) La visión de las cuatro bestias (556 a.C.)
(8) La visión del carnero y del macho cabrío (554 a.C.)
(5) La fiesta de Belsasar: Babilonia cae (539 a.C.)
(9) La visión de las setenta semanas (538 a.C.)
(6) El foso de los leones
(10–12) Visiones finales

Se comprueba que Daniel tenía ochenta años cuando lo echaron en el foso de los leones.

DANIEL 1

En la historia personal de Daniel (caps. 1–6) hallamos tres tiempos diferentes de dificultad: la prueba de los cuatro hebreos cuando arribaron a Babilonia (cap. 1); el horno de fuego (cap. 3); y el foso de los leones (cap. 6). En cada una de estas experiencias Daniel y sus amigos obtuvieron la victoria, pero esta primera victoria estableció la base de las demás. Puesto que estos muchachos judíos fueron fieles a Dios mientras eran aún adolescentes, Dios les fue fiel en los años siguientes.

I. Una prueba difícil (1.1-7)

Imagínese a cuatro muchachos hebreos, adolescentes, arrebatados de sus cómodos hogares en Jerusalén y llevados a la distante Babilonia. Puesto que todos eran príncipes que pertenecían a la familia real, quizás no estaban acostumbrados a esta clase de trato. Es demasiado grave cuando los jóvenes deben sufrir por los pecados de los padres. Los judíos rehusaron arrepentirse y obedecer al Señor, de modo que (como Jeremías advirtió) el ejército babilónico vino durante 606-586 a.C. y conquistó la tierra. Era su costumbre llevarse a los mejores jóvenes a Babilonia para prepararlos en la corte del rey. En el versículo 3 vemos qué magníficos ejemplares de juventud eran los cuatro muchachos: físicamente fuertes y hermosos, con experiencia social y gozaban de la simpatía de otros, con mentes alertas y bien educados, y espiritualmente devotos a Dios. Sus vidas eran equilibradas, como vemos la de Cristo en Lucas 2.52: ¡perfectos ejemplos de adolescentes!

Pero una prueba difícil les esperaba: el rey quería obligarlos a que se conformaran a las costumbres de Babilonia. No le interesaba poner a trabajar a buenos judíos; quería que estos judíos llegaran a ser babilonios. Los cristianos de hoy enfrentan la misma prueba: Satanás quiere que «nos conformemos a este mundo» (Ro 12.1-2). Es triste, pero demasiados cristianos ceden ante el mundo y pierden su poder, su gozo y su testimonio. Nótense los cambios que estos jóvenes experimentaron:

A. Un nuevo hogar (vv. 1-2).

Ya no los rodeaban las cosas de Dios como en Jerusalén, ni tampoco tenían la influencia de sus padres y maestros piadosos. Cuando algunos cristianos se alejan del hogar, se gozan en la oportunidad de «bajar la guardia y darse a la vida»; pero no fue así con Daniel y sus amigos.

B. Nuevo conocimiento (vv. 3-4).

La antigua sabiduría judía debía descartarse; a partir de ahora debía ser la sabiduría del mundo, la de Babilonia. Tenían que aprender la sabiduría y el lenguaje de sus captores. El rey esperaba que este «lavado de cerebro» haría de ellos mejores siervos. El pueblo de Dios a menudo tiene que estudiar cosas que no concuerdan con la Palabra de Dios. Como Daniel y sus amigos, debemos actuar lo mejor posible para no abandonar nuestra fe.

C. Nuevas dietas (v. 5).

Durante los siguientes tres años se suponía que los cuatro jóvenes debían comer de la dieta del rey, la cual, por supuesto, era contraria a las leyes dietéticas de los judíos. Sin duda el alimento se ofrecía a los ídolos de la tierra y, para los jóvenes judíos, comerlo hubiera sido blasfemia.

D. Nuevos nombres (vv. 6-7).

Al mundo no le gusta reconocer el nombre de Dios y sin embargo el nombre de cada uno de los jóvenes tenía el nombre de Dios incluido en el suyo. Daniel («Dios es mi juez») fue cambiado a Beltsasar («Bel protege su vida»). Bel era el nombre de un dios babilónico. Ananías («Jehová es gracia») llegó a ser Sadrac («el mandato del dios lunar»); Misael («¿quién como Dios?») llegó a ser Mesac («quién es como Ajú», uno de los dioses paganos); y Azarías («Jehová es mi ayudador») vino a ser Abed-nego («el siervo de Nego», otro dios pagano). Los babilonios esperaban que estos nuevos nombres contribuirían a que los jóvenes se olvidaran de su Dios y poco a poco llegaran a ser cada vez más como los paganos con quienes vivían y estudiaban.

II. Una prueba desafiante (1.8-16)

Los babilonios pudieron cambiar el hogar de Daniel, sus textos, el menú, el nombre, pero no pudieron cambiar su corazón. Él y sus amigos se propusieron en sus corazones que obedecerían la Palabra de Dios; rehusaron conformarse al mundo. Por supuesto, pudieron haber presentado excusas y «seguir la corriente» de la mayoría. Pudieron haber dicho: «¡Todo el mundo lo hace!», o «¡Será mejor obedecer al rey!» o «¡Obedeceremos en lo exterior, pero conservaremos nuestra fe en privado!» Pero no hicieron componendas. Se atrevieron a creer en la Palabra de Dios y a confiar en Él por la victoria. Rindieron sus cuerpos y entendimientos al Señor, como enseña Romanos 12.1-2, y estaban dispuestos a permitir que Dios hiciera el resto.

Daniel pidió una prueba de diez días, que no sería un tiempo muy largo dado que tenían tres años de preparación por delante; el jefe de los mayordomos accedió a su plan. «Cuando los caminos del hombre son agradables a Jehová, aun a sus enemigos hace estar en paz con él» (Pr 16.7). Véanse también Mateo 6.33 y Proverbios 22.1. El siervo temía cambiar las órdenes del rey, por el riesgo de que algo les ocurriera a los jóvenes y a sí mismo, de modo que la prueba que Daniel propuso fue una buena solución al problema. Por supuesto, Dios honró su fe. A los muchachos se les dio legumbres y agua durante diez días, evitando así el alimento contaminado de los babilonios. Al final de la prueba los cuatro muchachos estaban más saludables y más hermosos que los demás estudiantes que comían de la mesa del rey.

Requiere fe y obediencia sobreponerse a las tentaciones y presiones del mundo. Aún no se había escrito 1 Corintios 10.13, pero Daniel y sus tres amigos sabían esa verdad por experiencia. Nótese lo cortés y amable que fue Daniel con el siervo babilónico; no «hizo desfilar» su religión ni abochornó al hombre. Este es un buen ejemplo para seguir: ¡podemos mantener nuestras convicciones sin convertirnos en maniáticos!

III. Triunfo divino (1.17-21)

Una prueba de diez días es una cosa, pero, ¿qué tal en cuanto al curso de tres años en la universidad de Babilonia? La respuesta se halla en el versículo 17: «Dios les dio», ¡todo lo que necesitaban! Les capacitó para que aprendieran sus lecciones mejor que los demás estudiantes y añadió a este conocimiento su sabiduría espiritual. Los «magos y astrólogos» del versículo 20 eran los hombres del reino que estudiaban las estrellas y trataban de determinar qué decisiones debía tomar el rey. También decían que interpretaban sueños. Es cierto que Daniel y sus amigos no creían en la religión y prácticas insensatas de los babilonios, pero de todas maneras las estudiaron, así como el estudiante cristiano debe hacerlo hoy cuando asiste a una universidad y se le dice que debe aprender «hechos» que él sabe que son contrarios a la Palabra de Dios. Daniel comprendía que Dios podría usarlo como testigo en un lugar impío; ¡y lo hizo durante los siguientes setenta y cinco años!

El rey mismo tuvo que admitir que los cuatro jóvenes hebreos eran diez veces más listos que sus mejores consejeros. Por supuesto, esta clase de reputación despertó la envidia de los astrólogos y no sorprende que más tarde trataran de deshacerse de los jóvenes hebreos. Si Daniel se hubiera preocupado por complacer a la gente y de ser «popular», hubiera cedido a las presiones y le hubiera fallado al Señor. Pero como vivía para agradar al Señor, eludió las caras y las amenazas de los demás, e hizo lo que Dios quería. Necesitamos cristianos hoy que se propongan en su corazón poner a Dios primero en todo: en el comedor, en el salón de clases, ¡e incluso en el salón del trono!

«Y continuó Daniel». ¡Qué testimonio! Satanás debe haberle dicho a Daniel: «Mejor será que sigas la corriente si quieres ser alguien por aquí». Pero Daniel obedeció al Señor; y «continuó» allí más que ningún otro. Ministró bajo cuatro reyes y quizás vivió para ver a los judíos regresar a su tierra al finalizar el cautiverio. «El que hace la voluntad de Dios permanece para siempre» (1 Jn 2.17). Es más, hoy recibimos bendición y ayuda debido a la fidelidad de Daniel. Si le hubiera fallado a Dios cuando enfrentó las pruebas en su juventud, Daniel jamás hubiera obtenido las victorias y bendiciones de los años posteriores. Le llamaron «amado» (10.11), honor dado en la Biblia sólo a otro: Jesucristo. Debido a que vivió en la voluntad de Dios, Daniel disfrutó del amor de Dios (1 Jn 2.15-17). Su consagración le dio valentía; su fe le hizo fiel.

DANIEL 2

Este capítulo es el bosquejo de la historia del mundo. Una comprensión de este capítulo y del capítulo 7 le ayudará en su estudio de Apocalipsis y otras profecías bíblicas. Nótese la tabla en las notas preliminares a Daniel.

I. El peligro de Daniel (2.1-13)

Cuando Nabucodonosor llegó por primera vez a Jerusalén a conquistar, aún no era rey; servía a su padre, Nabopolasar de Babilonia. Esto explica lo que parece ser una contradicción entre los tres años de preparación de Daniel en 1.5 y el «segundo año» del reinado del rey en 2.1. Una vez más la arqueología ha demostrado que la Biblia es veraz. Al rey le preocupaba su futuro (véase v. 29) y si su reino duraría o no. Dios le dio un sueño describiendo el futuro, pero no pudo comprenderlo. Es más, ¡se le olvidó! Los cristianos tienen el Espíritu Santo para enseñarles y recordarles (Jn 14.26). Los «falsos» magos y sabios estuvieron realmente en un aprieto, porque el rey no sólo quería la interpretación, ¡sino también una descripción del sueño! Cualquiera podía «inventar» una interpretación, pero era imposible que describieran un sueño que jamás vieron. Trataron de «dar largas al asunto» (v. 8), esperando que el rey «cambiara de parecer» (v. 9). En lugar de eso, el rey ordenó que se matara a todos los sabios y esto incluía a Daniel y a sus tres amigos. Satanás es un homicida (Jn 8.44); con seguridad le hubiera encantado ver muerto a Daniel.

II. La oración y la alabanza de Daniel (2.14-23)

Debemos admirar la valentía de Daniel, porque se enfrentó con audacia al verdugo principal e incluso fue directamente a ver al rey. «El justo está confiado como un león» (Pr 28.1) y el rey le dio a Daniel tiempo, aun cuando había rehusado dárselo a los otros sabios. Daniel y sus tres amigos sabían lo que tenían que hacer: pasaron las siguientes horas en ferviente oración a Dios. «Si alguno de vosotros tiene falta de sabiduría, pídala a Dios» (Stg 1.5). «Pedid, y se os dará» (Mt 7.7). Y Dios le reveló el sueño y su significado a Daniel en las horas de la noche. Léase Proverbios 3.32 y Salmo 25.14 para ver por qué se le dio a Daniel este privilegio. En lugar de correr hasta donde el rey, o de jactarse de su nueva sabiduría, Daniel se detuvo para alabar a Dios. Y usted notará en los versículos 25-30 que Daniel le dio toda la gloria a Él; no se atribuyó ninguna. No hay límite a lo que Dios hará por el creyente que le da a Él toda la gloria.

III. La profecía de Daniel (2.24-25)

El profeta fue a ver al jefe de los verdugos y le dijo que no matara a los demás sabios. Merecían la muerte, por supuesto, y si los hubieran eliminado, eso hubiera exaltado la posición de Daniel; pero este no era hombre que odiara a sus enemigos. Sólo la eternidad revelará cuántos perdidos se han salvado de daño físico por la presencia e intercesión de un creyente. Entonces Daniel le dijo al rey el contenido de su sueño olvidado. El rey se quedó preocupado por el futuro de su reino (v. 29), de modo que Dios le dio una visión de los reinos venideros. Vio una enorme imagen de hombre: la cabeza era de oro, el pecho y los brazos de plata, el vientre y los muslos de cobre o bronce (pero no latón, el cual no se conocía en ese tiempo), las piernas de hierro y los pies de barro y hierro. También vio una piedra que daba contra los pies y reducía a polvo toda la imagen. Luego la piedra creció y llenó la tierra como una gran montaña.

El versículo 28 nos dice que el significado completo es para los «postreros días». Cada metal representaba un reino diferente: Babilonia era la cabeza de oro (v. 38); le seguiría el Imperio Medo Persa, el pecho y los brazos de plata; luego vendría Grecia, el vientre y los muslos de bronce; Roma le seguiría con las dos piernas de hierro (y el Imperio Romano se dividió en dos partes: oriental y occidental). Los pies de hierro y barro (una mezcla quebradiza) representaban los reinos del final de los tiempos, una continuación del Imperio Romano dividido en diez reinos (los diez dedos de los pies). Por supuesto, el «reino humano» final sobre la tierra será el del anticristo durante la última parte de la tribulación. ¿Cómo acabará todo? Cristo, la Piedra (Mt 21.44), aparecerá de repente y golpeará las naciones del mundo, estableciendo su propio reino mundial de poder y gloria.

Esta imagen es, entonces, un cuadro de la historia mundial. Usted puede ver que los materiales decrecen en *peso* (de oro a barro), de modo que la imagen es más pesada en la parte superior y fácil de derribar. Muchos piensan que la civilización humana es muy fuerte y duradera; en realidad descansa en pies quebradizos de barro. Nótese también que decrece el *valor*: de oro a plata a bronce a hierro y a barro. ¿Está «mejorando» la humanidad con el paso del tiempo? ¡No! La civilización humana en realidad se desprecia y debilita. También hay un decrecimiento en *belleza* y *gloria* (sin duda el oro es más hermoso que el hierro mezclado con barro); y también hay un decrecer de *fuerza* (de oro a barro) conforme nos acercamos al final de la historia humana. Cada uno de los siguientes reinos tenían su fortaleza, por supuesto, y Roma ejerció un tremendo poder militar; pero a través de la historia la civilización se ha debilitado cada vez más. Esto explica por qué el anticristo podrá organizar una dictadura mundial: las naciones serán tan débiles que demandarán un dictador tan solo para sobrevivir.

Cada uno de estos reinos tenía una forma diferente de gobierno. A Babilonia la gobernaba un monarca absoluto, un dictador (véase 5.19). El Imperio Medo Persa tenía un rey, pero trabajaba mediante príncipes y leyes establecidos (véase 6.1-3; y recuerde la «ley de los medos y los persas» en Ester 1.19). Grecia actuaba a través de un rey y un ejército, y Roma, que se suponía debía ser una república, era en realidad un gobierno militar mediante leyes. Cuando se llega al hierro y al barro, tenemos el gobierno presente: el hierro representa la ley y la justicia; el barro representa a la humanidad y juntos hacen una democracia. ¿Cuál es la fuerza de la democracia? La ley. ¿Cuál es su debilidad? La naturaleza humana. Hoy en día vemos que la ley se abandona cuando la naturaleza humana rehusa a que la limite el orden y las leyes de Dios.

Todo este cuadro no es nada optimista. Nabucodonosor vio que su reino caería un día y lo reemplazaría los medos y los persas. Esto ocurrió en el 538 a.C. (Dn 5.30-31). Alrededor del 330 a.C., los griegos conquistarían a los medos y los persas; y Grecia daría paso a Roma. El Imperio Romano desaparecía externamente, pero sus leyes, filosofías e instituciones continuarían hasta este mismo día, llevándonos a los «pies de barro». La única esperanza para este mundo es la venida de Cristo. Cuando Él venga a la tierra, conquistará a las naciones (Ap 19.11ss) y establecerá su reino glorioso.

IV. El ascenso de Daniel (2.46-49)

El rey cumplió su promesa (v. 6), y le dio a Daniel honores y regalos, pero este no los aceptó puesto que sólo anhelaba que Dios recibiera la gloria. A Daniel lo honraron y ascendieron porque fue fiel a Dios y no porque haya hecho componendas con sus convicciones. Se sentó a la puerta, que era el lugar de autoridad. Lot también se sentó a la puerta (Gn 19.1), pero lo hizo porque se comprometió y abandonó la voluntad de Dios, ¡y lo perdió todo! Nótese que Daniel no se guardó todos los honores para sí, sino que pidió que sus tres amigos participaran también del ascenso (v. 49). Mientras más vemos al hombre, más lo apreciamos por su desprendimiento y humildad.

Veremos otra vez estos reinos en el capítulo 7. Allí se mostrarán como bestias salvajes, porque así es lo que Dios ve cuando mira a la historia humana. A Dios no le impresiona ni el oro, ni la plata, ni el bronce. Ve el corazón humano y sabe que los reinos de este mundo están llenos de violencia y pecado. Desde el punto de vista humano, los reinos terrenales son como metal: duraderos y fuertes; desde el punto de vista de Dios son bestias feroces que deben inmolarse. Daniel tenía perfecta confianza y paz debido a que sabía el plan de Dios para el futuro. El cristiano de hoy que conoce la Palabra de Dios también tendrá paz.

DANIEL 3

¡Qué historia tan dramática es esta! ¡Imagínese a tres judíos atreviéndose a desafiar al rey del mundo y a ser diferentes a los miles de babilonios! Aunque este suceso ocurrió hace más de dos mil años en la distante Babilonia, tiene lecciones para nosotros hoy.

I. La lección práctica

Hay un intervalo de veinte años entre este capítulo y los acontecimientos del capítulo 2. Como verá, el corazón de Nabucodonosor no había cambiado ni un ápice. Admitió en 2.46-47 que Jehová Dios era un Dios grande, pero esta verdad realmente jamás llegó a su corazón. Alabó a Daniel y al Dios de Daniel, pero no se arrepintió de sus pecados ni confió en Él. Como resultado, el rey trató de obligar a toda la nación a que adoraran ídolos, lo cual, a la larga, en realidad quería decir adorar al rey. Después de todo, ¿no era él la «cabeza de oro» en la imagen que vio en su sueño (2.38)? Entonces, ¿por qué no hacer una estatua de oro (quizás de madera recubierta en oro) y glorificar más al rey? Así es como actúa el corazón humano cuando no honra a Dios: el hombre se glorifica a sí mismo y trata de que todo el mundo lo adore.

Naturalmente, los tres oficiales judíos no podían seguir las órdenes del rey. Romanos 13 les dice a los creyentes que obedezcan a los gobernantes y las leyes, pero Hechos 5.29 y 4.19 aclara que ningún creyente debe desobedecer a Dios por obedecer al gobierno. Cuando el gobierno trata de controlar nuestra conciencia y decirnos cómo debemos adorar, debemos obedecer a Dios antes que a los hombres, cueste lo que cueste. No fue fácil para Sadrac, Mesac y Abed-nego mantenerse en pie mientras todo el mundo se inclinaba al oír el son de la música, pero rehusaron ceder. Algunos de los otros sabios (v. 8) aprovecharon esto como una oportunidad para acusar a los judíos, y el rey se encolerizó cuando oyó que su decreto se había desobedecido. Sabiendo que los tres hombres eran buenos (y amigos de Daniel), les dio otra oportunidad, pero ellos permanecieron firmes. ¡Preferían morir quemados antes que claudicar! Así, los arrojaron al horno, atados con sus ropas. Tres promesas se destacan en esta historia:

A. La promesa de persecución.

Los cristianos deben esperar el horno de la persecución si van a ser totalmente consagrados a Cristo. «No os sorprendáis del fuego de prueba que os ha sobrevenido» (1 P 4.12ss). El mundo nos aborrece y Satanás trata de que «calienten el horno» siete veces más. Por supuesto, los tres judíos pudieron haber presentado excusas y seguir la corriente. En vez de eso, permanecieron firmes juntos y con el Señor, confiando en que Dios se glorificaría a sí mismo, bien sea por su vida o por su muerte. Cristiano, espere persecución; Dios la ha prometido (Flp 1.29; Jn 15.18-20).

B. La promesa de preservación.

Dios nunca abandona a los suyos cuando atraviesan la prueba de fuego. Tal vez no nos mantenga fuera del horno, pero entrará con nosotros y nos hará salir adelante para su gloria. Lea en Isaías 43.2 la promesa de Dios para usted. Cuando el rey miró dentro del horno vio a cuatro hombres; y uno de ellos era Jesucristo. Cristo andaba con ellos; Él desató sus ligaduras; los preservó para que no sufrieran daño; es más, ni siquiera tenían el olor del fuego al salir (v. 27). ¿El secreto? Su fe (Hebreos 11.30-34).

C. La promesa de engrandecimiento.

Estos hombres estuvieron en realidad mucho mejor por haber atravesado por el fuego. Por un lado, les dio la oportunidad de andar con Cristo y de sufrir con Él. Vale la pena el peligro y la prueba para saber cuán cerca puede estar el Señor de nosotros. El fuego los libró de sus ataduras, así como los sufrimientos por Cristo hoy nos da gozosa libertad del pecado y del mundo. Su experiencia glorificó a Dios ante otros (1 Co 6.19-20), y el rey los engrandeció y les dio honores. Primero los sufrimiento; luego la gloria (véase 1 P 5.1,10-11).

II. La lección doctrinal

En la Biblia «Babilonia» es más que una ciudad o un imperio; representa un sistema. Es la designación de Dios para el sistema de Satanás en este mundo. Babilonia empezó en Génesis 10.10; fue la obra de Nimrod, el «poderoso que se rebeló contra Dios». Babilonia representa nuestra rebelión contra el Señor y nuestros sustitutos por lo que Él nos da. En Génesis 11 vemos a Babel en su rebelión contra Dios, un intento humano de unidad mundial política y religiosa. Esto es lo que Nabucodonosor quería lograr con esta gran estatua; quería unificar a su reino bajo un solo gobierno y una sola religión. Pero toda esta artimaña se centraba en el hombre; no había ningún lugar para Dios. Y se centraba alrededor del oro. Todo este sistema babilónico es la falsificación de Satanás, oponiéndose a la verdad de Dios y tratando de atrapar el corazón, el entendimiento y el cuerpo de la gente. En realidad, el nombre «babel» significa «la puerta de Dios». Pretende ser el camino al cielo. En verdad es el camino al infierno.

En Apocalipsis 17–18 vemos el desarrollo final de este falso sistema; todos los sistemas materiales, culturales y religiosos del mundo unidos en una federación mundial. Dios permitirá que este sistema de «un mundo» crezca y luego lo destruirá de una vez por todas. Es importante que usted conozca la diferencia entre la verdad de Dios y las mentiras de Satanás, entre el verdadero cristianismo y las «religiones» de Satanás. Los verdaderos creyentes no son parte de este sistema mundano (Ap 18.4-5). Como los tres hebreos, debemos adoptar una posición firme contra Babilonia y testificar de la verdad de la Palabra de Dios.

III. La lección profética

Aquí tenemos un cuadro de los acontecimientos de los últimos días. Nótese, antes que todo, que Daniel no estaba cuando ocurrieron estas cosas. Sin duda estaba lejos en asuntos oficiales del rey y este aprovechó su ausencia para erigir su impío ídolo. Esto ilustra el Arrebatamiento de la Iglesia: cuando la Iglesia salga de este mundo, Satanás llevará a cabo sus planes diabólicos para esclavizar las mentes y los cuerpos de los hombres.

En 2 Tesalonicenses 2 y Apocalipsis 13 se nos aclara que Satanás tendrá su «agosto» después que los cristianos hayan sido arrebatados y llevados al cielo. Por un lado, levantará un gobernador mundial, el anticristo, quien (como Nabucodonosor) conquistará naciones y establecerá un gobierno totalitario. La Iglesia ya no estará aquí, pero habrá 144.000 creyentes judíos sellados por el Señor y protegidos de las artimañas de Satanás (Ap 7.1-8; 14.1-5). El anticristo erigirá su imagen y obligará al mundo a que la adore (véase Ap 13); pero los judíos fieles no se postrarán. Como los hebreos en Babilonia, los 144.000 servirán a Dios y Él los protegerá. Es interesante notar que la imagen del rey Nabucodonosor se identifica con el número seis (sesenta codos de alto, seis codos de ancho, Dn 3.1) y la imagen del anticristo se identifica con su número, 666 (Ap 13.18). Es a esta imagen que Jesús llamó «la abominación desoladora» en Mateo 24.15-22.

De modo que Daniel 3 es un pronóstico profético de Israel durante el período de la tribulación, después que la Iglesia haya sido arrebatada. Nabucodonosor representa al anticristo; su imagen representa la imagen del anticristo que se erigirá; y los tres hebreos representan a los creyentes judíos, los 144.000 que serán protegidos durante la tribulación. Es probable que estos judíos lean Daniel 3 y lo comprendan, y saben que su Dios entrará con ellos en el horno de la tribulación y los sacará de nuevo para su gloria.

Cada día podemos ver a nuestro mundo actual avanzando hacia la unificación. En estos días hay cientos de organizaciones y acuerdos que ligan a las naciones unas con otras. Un día habrá los «Estados Unidos de Europa» y el líder de esa organización llegará a ser un dictador mundial, el anticristo. El escenario está listo. «La venida del Señor está cerca». Antes que Jesús vuelva, los cristianos debemos atravesar el «horno de fuego», pero no tenemos que temer, porque Él está con nosotros. Y es mejor entrar en el horno de fuego que vivir en un lago de fuego por la eternidad.

DANIEL 4

Este capítulo es un documento oficial de Babilonia, escrito por el mismo rey. Es la historia de su conversión y es tremenda historia. Tenga presente que se escribió siete años después de la experiencia misma, de modo que los versículos 1-3 y 37 son el testimonio público de Nabucodonosor de lo que Dios le hizo a él y por él. Consideraremos estos versículos al final de nuestro estudio. Ahora veamos el relato del sueño del rey.

I. El sueño recibido (4.4-18)

Era en un tiempo de paz y prosperidad que Dios le envió este sueño al rey, porque el mismo en realidad era una advertencia divina de que sus pecados a la larga lo iban a alcanzar. Él estaba seguro, pero era una seguridad falsa, similar a la que Jesús describió en la parábola del rico insensato (Lc 12.15-21). Es cuando este perverso mundo descanse en «paz y seguridad» que el juicio de Dios caerá (1 Ts 5.3). La única seguridad y descanso verdadero se halla en Jesucristo.

El sueño fue así: vio un enorme árbol que daba sombra en toda la tierra, con aves y animales refugiándose bajo él, y oyó una voz angélica diciendo: «Derribad el árbol». El árbol se derribó, pero la cepa se dejó en la hierba húmeda, con atadura de hierro durante «siete tiempos». No hace falta decirlo, el rey quedó muy perturbado con este sueño, especialmente porque había recibido otro sueño en los primeros años de su reinado y porque estaba relacionado con el futuro de su reino.

El rey convocó a sus sabios y les contó el sueño, pero no pudieron explicarlo. Recuerde cómo se jactaron en el capítulo 2: «Di el sueño[...] y te mostraremos la explicación». Los sabios según el mundo se jactan de su gran sabiduría, pero no pueden comprender ni explicar las cosas de Dios (1 Co 2.14-15). El rey sabía que sólo un hombre podía resolver el problema: Daniel, el hombre de Dios. Así que llamó a Daniel a su trono y le relató el sueño que le había dejado perplejo. Nabucodonosor tenía poder, riquezas y gloria, pero no podía descifrar el futuro. El cristiano más pobre es más rico que él, porque en la Palabra tenemos el programa de Dios para el futuro.

II. El sueño revelado (4.19-27)

Dios usó a Daniel para ser una «luz en las tinieblas», porque le reveló el significado del sueño. Pero la revelación dejó atónito al profeta durante una hora. Esta debe haber sido la hora más larga en la historia del rey. Para Daniel fue claro que el mensaje del sueño era inquietante. No lo tomó a la ligera ni lo dijo descuidadamente. Un verdadero profeta siempre simpatiza con su mensaje; siente la carga del mismo y entrega con fidelidad la Palabra de Dios. Muchos tienen la idea de que la sabiduría y conocimiento espirituales siempre conducen al gozo y al testimonio, cuando algunas veces llevan a la aflicción y al silencio. Véase en 10.1-3 la reacción de Daniel a la verdad respecto a los setenta años de cautividad.

La explicación no es difícil de captar. El árbol representaba a Nabucodonosor y su gran reino (vv. 20-22). Dios a menudo usa la figura de un árbol para ilustrar un reino; Ezequiel 31 es un ejemplo, al igual que Mateo 13.31-32. Un árbol es un buen símbolo de un reino terrenal, porque está arraigado en la tierra y depende de ella para su alimento y estabilidad. Las otras naciones que buscaban en Babilonia protección y provisión se indican mediante animales y aves que vivían en el árbol y bajo él. Sin duda, Babilonia llegó a ser un reino grande y poderoso. Pero Nabucodonosor no debía jactarse, porque fue Dios el que le dio el trono y el reino. Esta era la lección que el monarca iba a aprender por la vía difícil.

El «vigilante y santo» es un ángel de Dios, designado para trabajar en el reino de Babilonia. Daniel 10.4-20 nos informa que los ángeles están muy activos en los asuntos de las naciones del mundo. El ángel anunció: «Cortad el árbol; sacad a Nabucodonosor del trono». ¡Qué experiencia tendría el rey! En realidad dejaría de vivir como hombre y viviría como animal durante siete años. El árbol se cortaría y la atadura de hierro restringiría su crecimiento, pero el juicio no sería permanente. Después de siete años Nabucodonosor volvería a ser humano, se le devolvería su razón y ascendería a su trono en gran gloria.

¿Por qué Dios obraba de esta manera en la vida del rey? Para enseñarle humildad. Usted recordará que en el «sueño de la imagen» del rey se le describió como la cabeza de oro; y en el capítulo 3 el rey hizo una estatua de oro para atraer a sí la adoración y la alabanza. Dios le mostraría a este arrogante monarca que en realidad de corazón era una bestia. Es más, en el capítulo 7 Daniel tendrá una misión que muestra que *todos* los imperios no son sino bestias salvajes. Daniel le advirtió al rey que se arrepintiera y cambiara sus caminos. «Deja tus pecados», le suplicó, «y tal vez Dios te dará perdón y tiempo para que le sirvas». Después de todo, Dios le habló al rey en dos ocasiones diferentes: el sueño del capítulo 2 y el episodio del horno de fuego en el capítulo 3; y es peligroso cerrar los oídos a Dios.

III. El sueño realizado (4.28-36)

Ocurrió como Daniel dijo. Dios le dio a Nabucodonosor un año entero para considerar la advertencia y abandonar sus pecados, pero el rey hizo caso omiso. A decir verdad, se ensoberbeció más y más en sus logros. Véanse Eclesiastés 8.11 y Proverbios 29.1. Pero llegó el día cuando el juicio cayó y la naturaleza animal del rey se reveló para que todos la vieran. Lo arrojaron de su palacio y vivió siete años como una bestia en el campo, comiendo hierba como un buey. Cuando Dios quiere humillar a un rey orgulloso, puede hacerlo rápida y completamente.

Esto no fue para siempre. Después de siete años Nabucodonosor se convirtió. El primer paso (el rey nos lo dice) fue: «alcé mis ojos al cielo» (v. 34). Fue muy grave que no lo hiciera mucho antes. «Bendije al Altísimo, y alabé a Dios». Esto da la impresión de un hombre cuya vida ha sido cambiada por fe en el Señor. El rey aprendió su lección: él no era nada y Dios era todo. Léanse los versículos 34-35 para ver cuánta doctrina práctica aprendió Nabucodonosor mediante su experiencia humillante. Qué trágico que los orgullosos gobernantes del mundo actual no vean que son nada y que Dios lo es todo. El versículo 17 indica la lección claramente: «El Altísimo gobierna el reino de los hombres».

Ahora volvamos a los versículos 1-3. Aquí tenemos al poderoso dictador hablándoles a los pueblos del mundo y enviándoles *paz*. Nabucodonosor no se conoció por sus actividades pacíficas, porque fue un cruel hombre de guerra. El versículo 1 casi se lee como una epístola del NT de Pedro o Pablo. Nótese cómo en los versículos 2-3 le da toda la gloria a Dios y le atribuye la grandeza a Él. Esto, de nuevo, era poco probable en este dictador pagano; apenas siete años antes dijo: «¿No es esta la gran Babilonia que yo he edificado?» Se jactaba de *su* poder y *su* majestad, sin siquiera una sílaba de alabanza o gratitud a Dios. Pues bien, todo eso ha cambiado ahora; el rey escribe un documento oficial dando testimonio personal de lo que Dios ha hecho por él. El versículo 37 es el grandioso clímax: «Ahora yo[...] alabo y glorifico», no a Nabucodonosor, sino «al Rey del cielo», y «Él puede humillar a los que andan con soberbia». ¿Tenemos en este capítulo un vistazo previo de lo que ocurrirá a las naciones en los últimos días? Precisamente cuando ellas se jacten de su grandeza y gloria, Dios les enviará siete años de terrible juicio y las abatirá. Luego, al final del período de la tribulación, Cristo volverá a la tierra y establecerá su Reino. Las naciones que han confiado en Él entrarán en el Reino glorioso; las otras se arrojarán afuera. Como Nabucodonosor, los creyentes se convertirán de su orgullo e incredulidad y disfrutarán de las bendiciones de Dios.

DANIEL 5

Pasan aproximadamente veinte años entre los capítulos 4 y 5. Nabucodonosor sale de la escena, le sucedió un hijo que reinó apenas unos años, al cual más tarde lo asesinó su cuñado. Este, a su vez, reinó cuatro años, pero murió en batalla. Los siguientes dos gobernantes ocuparon el trono por un breve tiempo; el segundo de estos fue Nabonido. En realidad era el yerno de Nabucodonosor y estaba casado con la viuda de uno de los reyes anteriores. En este tiempo Nabonido era rey del Imperio Babilónico y su hijo Belsasar era el rey de la *ciudad* de Babilonia. Esto explica por qué se menciona a Daniel como el tercer señor (vv. 7,29). Mientras ocurren los hechos del capítulo 5, el rey Nabonido permaneció cuatro meses cautivo de los medos y los persas. Nótense las experiencias de Belsasar.

I. Disfruta de su fiesta (5.1-4)

Este banquete fue en honor de uno de los grandes dioses babilónicos y se celebró en el otoño del año 539 a.C. Los arqueólogos han desenterrado palacios de Babilonia que tienen enormes salones, lo suficiente grandes como para recibir miles de invitados. También han descubierto que las paredes estaban cubiertas con una sustancia blanca similar a la tiza, lo cual explica el asunto de la escritura en la pared. La principal idea de estos versículos es la bebida y el vino. El vino siempre ha estado asociado con Babilonia y el «sistema» babilónico de este mundo (Jer 51.7; Ap 14.8; 17.1-5; 18.3,13). El rey no se contentó con beber vino para sus dioses (v. 4 y véase Ap 9.20); quiso también blasfemar al Dios de los judíos. Así que hizo traer los vasos sagrados del templo para usarlos en este banquete idólatra y blasfemo (véase Dn 1.2). La palabra «padre» en 5.2 indica su «abuelo»; véase también el uso en los versículos 11,13. Por favor, tenga presente que los medos y los persas ya estaban en las afueras de las puertas de la ciudad cuando se estaba realizando este banquete. Tan confiado estaba el rey de que su ciudad fortaleza era inexpugnable, que se reía de los ejércitos invasores. Qué cuadro del mundo de hoy: el juicio está a punto de venir y sin embargo la gente está dándose a la alegría y adorando a sus dioses falsos. «Cuando digan: Paz y seguridad, entonces vendrá sobre ellos destrucción repentina» (1 Ts 5.3). Babilonia era una ciudad fuerte, con murallas de ciento cinco metros de altura y quince metros de espesor. El río Éufrates atravesaba diagonalmente a la ciudad y grandes puertas de bronce controlaban las entradas. ¿Cómo podía algún ejército invasor capturar tal ciudad?

II. Revela su temor (5.5-9)

Al parecer, los invitados no vieron de inmediato la aparición de la mano misteriosa, pero el rey miró sobre las cabezas de ellos y la vio en la pared opuesta. Imagínese cuán sorprendidos quedaron los invitados cuando vieron al rey temblando y sus rodillas dando la una contra la otra. El vino no pudo darle valor ahora; estaba frente a frente con un mensaje de Dios. El versículo 7 se puede leer: «Y el rey *lanzó alaridos*». Tenía que saber el significado de la mano y de la escritura. Es más, ofreció al hombre que pudiera explicarlos la posición de tercer señor de la tierra. (En pocas horas Belsasar ni siquiera estaría vivo y gobernando.) Como es usual, ninguno de los «expertos» del rey pudieron explicar la escritura en la pared y esto preocupó aún más al rey. Qué extraño que no conociera a Daniel, el hombre que asesoró a su abuelo Nabucodonosor. Pero Belsasar fue un joven despreocupado (en este tiempo tenía alrededor de treinta y cinco años) que estaba más interesado en el poder y el placer que en los asuntos espirituales. No sorprende que la ciudad cayera.

III. Descubre su futuro (5.10-29)

La reina madre resolvió el problema. Es posible que esta sabia mujer era la viuda de Nabucodonosor con quien Nabonido, padre de Belsasar, se casó para consolidar su poder en el reino. En cualquier caso, oyó la consternación en el salón del banquete y vino a aconsejar al rey: «Rey, vive para siempre», le dijo (v. 10); y antes que la noche se acabara él iba a estar muerto. Entonces le habló acerca de Daniel y cómo este asesoró al abuelo de Belsasar. Daniel era ya viejo en ese entonces y estaba «jubilado» del servicio público. Como miembro de honor de la familia oficial, quizás lo invitaron al banquete, pero él no se contaminaría ni comprometería su testimonio. Debido a su posición santa, Dios honró a Daniel (2 Co 6.14-18).

El rey trató de impresionar a Daniel (vv. 13-16), pero este no se dejó impresionar. Sabía que los regalos del rey no significaban nada en comparación con la bendición de Dios; y, a propósito, Belsasar no sería rey por mucho más tiempo. Antes de explicar la escritura, Daniel le predicó un sermón al rey, usando al abuelo del rey como ilustración. Le advirtió respecto a su orgullo y pecado, y le recordó que Dios juzgó con severidad a Nabucodonosor. «Y tú sabes todo esto», exclamó Daniel, «y sin embargo persistes en vivir una vida tan perversa. Ahora Dios te ha enviado un mensaje de juicio y es demasiado tarde». Dios le dio a Nabucodonosor un año para arrepentirse (4.28-33), pero para Belsasar no habría un año. Estaba sentenciado.

Ahora la explicación. Las palabras estaban en caldeo. En Babilonia una mina y un tekel eran pesas diferentes; y la palabra *peres* sencillamente significa «dividir». Cuando los magos vieron estas palabras en la pared, no pudieron entender su significado. Pero Dios le dio a Daniel la interpretación:

«Contado, pesado, dividido». Los días de Belsasar estaban contados y su tiempo había finalizado; Dios lo pesó en sus balanzas y lo encontró falto; ahora se le quitaría su reino y los medos y los persas lo dividirían. Y téngase presente que Darío estaba a las puertas de la ciudad en esa misma hora. ¿Creyó Belsasar el mensaje de Dios después de todo su temor y temblor? No. No vemos evidencia de arrepentimiento ni preocupación. Cumplió su promesa de hacer a Daniel el tercer gobernante como si su reino fuera a continuar para siempre. El orgullo, la lujuria, la indiferencia y la autosatisfacción del rey lo llevó a su caída.

IV. Encuentra su destino (5.30-31)

Si Belsasar hubiera estudiado al profeta Isaías, hubiera sabido precisamente cómo sería tomada la ciudad de Babilonia y quién lo haría. Ciro, el conquistador persa, derrotaría a los medos y luego caería sobre Babilonia (Is 41.25; 45.1-4). Excavaría un canal que desviaría el río Éufrates y luego metería a escondidas su ejército en la ciudad por *debajo* de sus puertas. Los babilonios vieron al enemigo excavar, pero pensaron que iban a construir un montículo en contra de la ciudad. En realidad lo que hacían era desviar el río. ¿Por qué tomaron por sorpresa a la ciudad? Porque la mayoría estaba borracha. Era un día de gran fiesta religiosa y la gente estaba demasiado metida en placeres como para pensar en la defensa. El enemigo entró precisamente al salón del banquete y mató al rey. ¡Qué advertencia para cualquier nación! Tenemos hoy un mundo tan enloquecido por el placer que a cualquier enemigo le será fácil tomarlo por sorpresa y la historia se repetirá.

¿Quién era Darío el medo? Isaías predijo que Ciro capturaría a Babilonia y libertaría a los judíos (Is 44.28—45.13); véanse también Daniel 1.21 y 10.1. A Darío se lo menciona como «rey» en Daniel 6.1,6,9,25,28; 9.1; 11.1. La solución se encuentra en la palabra «tomó» en 5.31; debe traducirse «recibió». Darío (el líder militar de Ciro) recibió el reino de parte de Ciro, rey de Persia, y gobernó a Babilonia en su nombre. En 6.28 vemos que era un reinado doble; Ciro era el rey del imperio, en tanto que Darío gobernaba en Babilonia y el área circunvecina. Ciro entró en Babilonia como un conquistador poderoso y procedió a tratar sabiamente con todos, incluyendo a los exilados judíos. Fue Ciro el que dictó los decretos que permitieron a los judíos regresar a su tierra y reedificar su templo (Esd 1.1-4; véase Is 44.28). Así, aun el levantamiento y la caída de los imperios es parte del plan de Dios para su pueblo.

La caída de Babilonia en el 539 a.C. es un cuadro de la futura caída de Babilonia (el sistema mundano del diablo) según aparece en Apocalipsis 17—18. Y los creyentes bíblicos pueden ver ya «la escritura en la pared». Pero los ciegos gobernantes del mundo continúan en su orgullo y placer, sin siquiera percatarse de que el Señor viene.

DANIEL 6

En este capítulo vemos un día de la vida del primer ministro del Imperio Medo-Persa: Daniel, el amado. Recuerde ahora que Daniel no es ningún adolescente en este capítulo; es un hombre de más de ochenta años. Esto demuestra precisamente que la edad no es barrera para servir a Cristo, ni tampoco es protección para la tentación y la prueba. Debido a que Daniel empezó joven como un hombre de fe y oración, fue fiel al Señor incluso en su ancianidad.

I. Aurora de devoción

¿Cómo empezaba el primer ministro cada día? Oraba al Señor. En 6.10 se nos dice que Daniel oraba tres veces al día, en una «cámara de oración» especial en el terrado de su casa. «Tarde y mañana y a mediodía oraré y clamaré», dice el Salmo 55.17. De modo que Daniel empezaba su día con Dios; y a muy buena hora lo hacía. El enemigo estaba al acecho y Daniel iba a enfrentar una de las más grandes pruebas de su vida. «Velad y orad» fue la advertencia de nuestro Señor. La oración no era algo incidental en la vida de Daniel; era lo más esencial. Tenía un lugar y horas especiales para la oración, y usted puede estar seguro de que hablaba con el Señor todo el día. No sorprende que Dios lo llamara «muy amado» (9.23; 10.11,19), lenguaje que en el NT Dios reserva para su Hijo. Fue el andar fiel de Daniel y su vida de oración constante lo que hizo de él uno de los «amados hijos» de Dios (léase con cuidado Jn 14.21-23). Cuán importante es empezar el día con el Señor. Abraham tenía este hábito (Gn 19.27); también David (Sal 5.3) y nuestro Señor Jesucristo (Mc 1.35).

II. Una mañana de engaño (6.1-9)

Dios honró a Daniel por su fidelidad, de modo que era prácticamente el segundo al mando en la tierra. Habían en realidad 124 personas involucradas en el liderazgo de la tierra: Darío el rey, los tres gobernadores (con Daniel como el jefe) y 120 sátrapas o príncipes. Vemos que Darío estaba tan impresionado con Daniel que planeaba hacerle oficialmente el segundo al mando. Los ascensos de Daniel en Babilonia muestran que un creyente no tiene que contemporizar para tener éxito (Mt 6.33).

Los otros 122 líderes no estaban contentos con el éxito de Daniel. Por algo: era un extranjero y judío. Satanás siempre ha aborrecido a los judíos y ha hecho todo lo posible para perseguirlos y eliminarlos. El perverso siempre aborrece al justo. Sin duda, el piadoso Daniel era honrado y atendía con cuidado los negocios del estado; los otros líderes le robaban al rey y cubrían sus robos con cuentas falsas. Es por esto que Darío reorganizó su gobierno, de modo que «el rey no fuese perjudicado». Los malos mintieron respecto al pueblo de Dios; le dijeron a Darío que todos los gobernadores estaban de acuerdo con el plan (v. 7), cuando ni siquiera le habían consultado a Daniel.

Cuán insensato fue Darío al firmar el decreto sin consultar antes a su primer gobernador. Pero la historia demuestra que Darío se dejaba influir con facilidad por la lisonja.

III. Un mediodía de decisión (6.10-13)

Daniel fue uno de los primeros en oír del nuevo decreto y tenía que decidir lo que iba a hacer. Por supuesto, su carácter piadoso y andar espiritual ya habían decidido por él: serviría al Señor y oraría a Jehová como siempre lo había hecho. Podía haber presentado excusas y hecho compromisos. «Todo el mundo lo hace». Y era un anciano que había servido a Dios fielmente toda su vida. Un poquito de compromiso al final de su vida no haría demasiado daño. ¿No podría ser más útil al Señor vivo que muerto? No. Daniel se negó a contemporizar. Prefirió que los leones se lo comieran antes que perderse un culto de oración.

Sus enemigos vigilaban mientras Daniel entraba a su cámara de oración en donde las ventanas siempre estaban abiertas («Orad sin cesar»), y podían verlo arrodillado y alzando sus manos hacia Jerusalén. Ahora lo tenían atrapado. Pero Daniel tenía paz en su corazón. Oraba, daba gracias y suplicaba, y esta es la fórmula para la paz (Flp 4.6-7). Esta no fue una «reunión de oración por crisis»; Daniel estaba acostumbrado a orar y lo había hecho desde que era un adolescente. Es sabio empezar a establecer hábitos espirituales cuando se es joven.

IV. Atardecer de desilusión (6.14-17)

El rey se percató de cuán necio fue, pero aun su poder y riqueza no podían abrogar la ley de los medos y los persas. Dios no quería que Darío pusiera en libertad a Daniel; eso era un privilegio que se había reservado para sí mismo. Daniel no dependía del rey tampoco (Sal 146.1-6). Había aprendido mucho tiempo atrás a confiar en el Dios vivo. Dios no quería salvar a Daniel *de* la cueva de los leones; quería libertarlo al *sacarlo* de allí.

V. Una noche de liberación (6.18-23)

Qué contraste entre Darío en su palacio y Daniel en la cueva de los leones. Darío no tuvo paz, sin embargo Daniel estaba en perfecta paz consigo mismo, con Dios y con los leones. Estaba en un lugar de perfecta seguridad, porque Dios estaba allí. Algún enemigo podía haber asesinado a Darío en su mismo dormitorio. Todo el día anterior Darío trabajó con afán para tratar de librar a Daniel del juicio, sin embargo no podía quebrantar sus propias leyes. Daniel simplemente le habló al Dios del universo y recibió todo el poder que necesitaba. En todo sentido Daniel vivía como rey mientras que Darío era un esclavo.

Fue la fe de Daniel en Dios lo que lo libró (6.23; Heb 11.33). Es asombroso que tuviera alguna fe, después de vivir tantos años en esa tierra pagana.

Su comunión diaria con el Señor era el secreto: tenía fe y fue fiel. Véase el Salmo 18.17-24.

Los cristianos de hoy enfrentan la tentación de contemporizar y a menudo aparece como el curso de acción «más seguro» seguir la corriente. Pero este es el más peligroso. En realidad, el único lugar seguro es la voluntad de Dios. Daniel sabía que era incorrecto adorar y pedir al rey, porque conocía la Palabra de Dios. Prefería morir obedeciendo la Palabra que vivir fuera de la voluntad de Dios. Satanás viene como león rugiente (1 P 5.8-9) y usa a nuestros enemigos para tratar de devorarnos (2 Ti 4.17), pero Dios puede librarnos para su gloria. No siempre es la voluntad de Dios librar a sus hijos del peligro; muchos cristianos han dado sus vidas en el lugar del deber. ¡Pero qué recompensa reciben! Léase Apocalipsis 2.10 cuidadosamente.

VI. Una mañana de destrucción (6.24-28)

Nuestra almas se rebelan al pensamiento de que familias enteras, incluyendo niños, sean arrojadas a los leones hambrientos. Pero esta era la ley de la tierra, la misma que estos hombres perversos trataron de usar en contra de Daniel. Qué trágico que sus hijos inocentes tuvieran que sufrir; sin embargo, tales son los terribles castigos del pecado. Creemos que los niños que aún no tenían la edad de responsabilidad fueron a estar con el Señor. Dios siempre vindica a los suyos. «El justo es librado de la tribulación; mas el impío entra en lugar suyo» (Pr 11.8). Si usted está atravesando persecución y se pregunta si Dios se preocupa, lea el Salmo 37.1-15 y confíe en Él así como Daniel lo hizo.

Ahora vemos por qué Dios permitió que Daniel atravesara esta experiencia (vv. 25-27). Glorificó el nombre de Dios. Pedro quizás tenía a Daniel en mente cuando el Espíritu le guió a escribir 1 Pedro 3.10-17. Cuando los cristianos vencen la tentación, siempre glorifican al Señor, aun cuando sólo los ángeles y los demonios lo vean. Ojalá nosotros, así como Pablo, deseemos que Cristo sea glorificado en nuestro cuerpos, «o por vida o por muerte» (Flp 1.20).

DANIEL 7–8

Hasta aquí Daniel ha interpretado los sueños de otros. Ahora Dios le da visiones extraordinarias a él mismo. Estos dos capítulos ocurren antes del capítulo 5, por supuesto, ya que Babilonia aún no ha caído ante los medos y los persas. Recuerde que el padre de Belsasar, Nabonido, era en realidad el rey de Babilonia (el imperio) y que Belsasar era su corregente en la ciudad de Babilonia. Nabonido llegó a ser rey en el 556 a.C., de modo que podemos fechar el capítulo 7 en el 556 y el capítulo 8 en el 554. Otros historiadores prefieren fechar el capítulo 7 en el 550, cuando Nabonido salió para Arabia y dejó a Belsasar oficialmente a cargo del imperio. Esto pondría el capítulo 8 en el año 548. En estas visiones Daniel ve el curso de la historia del mundo gentil y nos ayuda a comprender lo que le sucederá a los judíos al final de los tiempos.

I. La visión de las cuatro bestias (7)

En la Biblia el mar tempestuoso es un cuadro de las naciones gentiles (Ap 17.15; Is 17.12). Aquí es el Mar Grande o el Mediterráneo, y todos los imperios mencionados en esta visión estaban a orillas de ese mar. Daniel vio cuatro bestias y el ángel le explicó su significado. Cada bestia representaba un reino (v. 17).

A. El león con alas (v. 4).

Aquí tenemos a Babilonia, la cual corresponde a la cabeza de oro en el sueño de Nabucodonosor de la gran imagen (2.36-38). El león alado era una imagen favorita en Babilonia; se puede ver estas figuras en cualquier museo que exhibe piezas sobre Babilonia. El animal que se yergue como hombre nos recuerda la experiencia humillante de Nabucodonosor en 4.27-37. Babilonia aún reinaba en el mundo en ese tiempo, pero en unos pocos años (como lo explica el cap. 5), el imperio caería. Así esto nos lleva a la siguiente bestia.

B. El oso con las costillas (v. 5).

Aquí tenemos al Imperio Medo-Persa, al cual no se conoce por su agilidad ni su destreza, sino por su fuerza bruta, como la de un oso. Las tres costillas describen a los tres imperios ya derrotados (Egipto, Babilonia, Libia); y el hecho de que «se alzaba de un costado más que del otro» indica que una mitad del imperio (la mitad persa) era más fuerte y más honorable (más alta) que la otra mitad (los medos). El Imperio Medo-Persa conquistó Babilonia en el 539 a.C., pero su imperio duró sólo doscientos años.

C. El leopardo alado con cuatro cabezas (v. 6).

Sin duda, este es Grecia, dirigida por Alejandro Magno, quien ágilmente conquistó el mundo, derrotando a los persas alrededor del 331 a.C. Pero el gran general murió en el 323 y su vasto imperio se dividió en cuatro partes (y por esto las cuatro cabezas). Cuatro de sus principales generales tomó cada uno una parte del reino y gobernó como su monarca.

D. La bestia terrible (vv. 7-8,17-27).

Esta bestia dejó atónito a Daniel, porque nada en ella había aparecido en ninguna de las revelaciones anteriores. Parece claro que tenemos aquí al Imperio Romano, correspondiendo al hierro en la imagen de Nabucodonosor. Pero el cuadro parece ir más allá de la historia y a los «postreros días», porque vemos diez cuernos en la bestia y esto es similar a los diez dedos de los pies en la imagen del capítulo 2, el Imperio Romano que resurge en los últimos días. Los versículos 8 y 20 nos hablan del «cuerno [gobernante] pequeño» que aparecerá y derrotará a tres de los diez reinos representados por los diez cuernos y los diez dedos de los pies. Este cuerno pequeño se convertirá en un gobernante mundial, el anticristo. Su boca hablará grandes cosas y perseguirá a los santos (judíos y gentiles creyentes durante el período de la tribulación) durante tres años y medio (v. 25: tiempo, y tiempos, y medio tiempo). Esta es la última mitad del período de la tribulación, la «septuagésima semana», acerca de la cual Daniel nos hablará en el capítulo 9. De acuerdo a los versículos 11-12 los tres reinos anteriores (Babilonia, Media y Persia, y Grecia) los «tragarán» e incluirán en este gran imperio mundial, pero al final, se juzgará al anticristo y morirá. Léase Apocalipsis 13.1-2, donde Juan describe a la bestia (anticristo) y usa las mismas bestias que hallamos en Daniel 7. Pero nótese que el orden es a la inversa. Esto se debe a que Daniel miraba hacia adelante, en tanto que Juan miraba en retrospectiva.

E. El juicio (vv. 9-14,26-28).

Daniel debe haberse quedado pasmado al ver a un hombre en el cielo. Vio a Jesucristo, el glorioso Hijo del Hombre. Por supuesto, Dios no podía permitir que la bestia controlara el mundo. Enviará a su Hijo a juzgar la bestia y a destruir su reino, y entonces establecerá su glorioso Reino, con los santos de Dios reinando con Él.

Esta visión complementa y suplementa la del capítulo 2. Allí tenemos el punto de vista del hombre acerca de las naciones (metales preciosos) y aquí tenemos el punto de vista de Dios (bestias feroces). Véase el Salmo 49.12.

II. La visión del carnero y del macho cabrío (8)

Esta visión es en realidad una ampliación de 7.6, explicando cómo Grecia conquistará a los medo-persas. Volvemos en el capítulo 8 al lenguaje hebreo (hasta el final del libro; desde 2.4 ha estado en caldeo). El capítulo 8 sucede dos años después del capítulo 7 y describe los reinos que seguirán a Babilonia después de su caída. Dios llevó a Daniel en una visión a la capital de Persia, el palacio en Susa (véase Neh 1.1). ¿Por qué Susa? Porque Persia sería el próximo imperio.

El carnero (vv. 3-4) representa al Imperio Medo-Persa en sus conquistas (v. 20); el emblema de Persia era un carnero. En el momento preciso cuando el carnero acababa de «empujar», el macho cabrío apareció del oeste (v. 5) y saltó ágilmente al lugar donde el carnero había estado. Este carnero tenía dos cuernos, uno más alto que el otro, simbolizando a los medos y los persas, siendo los persas los más fuertes. El macho cabrío tenía un gran cuerno: Alejandro Magno. Ahora, el macho cabrío atacó al carnero, quebró los dos cuernos y llegó a ser muy grande (vv. 7-8). Esto representa la victoria de Grecia sobre el Imperio Medo-Persa. Pero entonces vemos al gran cuerno roto (la muerte de Alejandro) y cuatro cuernos ocupando su lugar (los cuatro generales que se dividieron el reino y lo gobernaron).

Sin embargo, aquí viene el «cuerno pequeño» de nuevo. Hallamos a un «cuerno pequeño» en 7.8 y ahora vemos a otro. El «cuerno pequeño» de 7.8 representaba al anticristo, el gobernante mundial del imperio mundial final antes de la venida de Cristo a la tierra. Pero este «cuerno pequeño» en 8.9

sale de una de las cuatro divisiones del reino de Alejandro. De modo que este no es el anticristo de los «últimos días», aun cuando tiene una relación definitiva con él. Este «cuerno pequeño» conquista a las naciones al sur y al oriente (Egipto, Persia) y luego invade Palestina («la tierra gloriosa»). No sólo ataca a los judíos políticamente, sino también religiosamente; porque trata de destruir su fe (v. 10) haciendo cesar los sacrificios en el templo (vv. 11-12). El versículo 13 nos dice que establecerá la «abominación desoladora» en el templo y profanará el templo durante dos mil trescientos días.

¿Quién es este hombre? La historia lo menciona: *Antíoco Epífanes*, un líder perverso que salió de Siria, una de las cuatro divisiones del imperio de Alejandro. Invadió Palestina y erigió una estatua a Júpiter en el templo. Incluso llegó a sacrificar un cerdo en el altar judío y a rociar su sangre en los atrios. Imagínese cómo se sentiría el judío ortodoxo respecto a esto. La historia nos dice que el templo quedó desolado hasta el 25 de diciembre de 165 a.C., cuando el patriota judío Judas Macabeo rededicó y purificó el templo. El número total de días entre la profanación y la dedicación fue de dos mil trescientos.

Pero esto no agota el significado de la visión. En los versículos 17-26 el ángel intérprete aclara que la visión llega hasta el tiempo del fin, los años finales de la historia judía. Antíoco Epífanes es sólo una ilustración, un bocado de prueba del hombre de pecado, el anticristo, el «cuerno pequeño» de 7.8. El versículo 23 lo llama «rey altivo de rostro». Este hombre hará un acuerdo para proteger siete años a los judíos (9.27), pero a mediados de ese período romperá su promesa, invadirá Palestina y se declarará dictador. Véanse los versículos 24-25, 2 Tesalonicenses 2.1-12 y Apocalipsis 13. Quitará los sacrificios diarios del templo, erigirá su propia imagen (esta es «la abominación desoladora» de Mt 24.15) y obligará al mundo a adorarle y a obedecerle. El versículo 25 nos dice que usará de sagacidad y mentiras para lograr sus propósitos. Incluso se levantará contra Cristo, el Príncipe de príncipes. Pero será una batalla perdida. Será quebrantado «sin mano» (véase 2.34), derrotado en la batalla del Armagedón (Ap 19). No sorprende que Daniel quedara atónito. Y así debemos estar nosotros al considerar las asombrosas profecías de la Palabra de Dios.

DANIEL 9-12

Estos capítulos finales contienen algunas de las profecías más detalladas de la Biblia y la mayoría de ellas ya se han cumplido. Queremos enfocar nuestra atención en el capítulo 9, porque una comprensión de las «setenta semanas de Daniel» es básica en la profecía bíblica. Este capítulo trata de dos períodos diferentes en relación con los judíos.

I. Setenta años de cautiverio (9.1-19)

A. La profecía (vv. 1-2).

Daniel era un estudioso de las Escrituras del AT, particularmente de aquellas profecías que se relacionaban con el destino de su pueblo. Ahora tiene noventa años de edad. Mientras leía Jeremías 25.1-14 el Señor le hizo ver que su pueblo estaría setenta años en Babilonia. Nótese que Dios no le da a la gente «visiones y sueños» cuando puede enseñarles por medio de su Palabra. Hoy su Espíritu nos enseña mediante la Palabra. Cuídese de las «nuevas revelaciones» que dicen recibirse de sueños y visiones. Daniel se dio cuenta de que los setenta años de cautiverio estaban a punto de concluir. Babilonia invadió Palestina y empezó su asedio en el 606 a.C. y Daniel comprendió las profecías en los años 539-38 a.C.; de modo que sólo quedaban dos años de los setenta que prometió Jeremías. ¡Qué tiempo tan emocionante tuvo Daniel en su estudio bíblico aquel día!

B. La oración (vv. 3-19).

La Palabra de Dios y la oración van juntas (Hch 6.4). Daniel no salió a jactarse de su perspectiva de la Palabra; es más, ni siquiera predicó un sermón. Cayó de rodillas para orar. Esta es la verdadera actitud del que estudia la Biblia con humildad. Es triste ver que la «verdad profética» hace a cierta gente jactanciosa en lugar de guerreros de oración. Qué extraño fue para la gente ver al ex primer ministro vestido de cilicio. La oración de Daniel es uno de los mejores ejemplos de intercesión en la Biblia. Confiesa sus pecados y los pecados de su pueblo. Repasa la historia de la Biblia y confiesa que la nación fue impía y Dios justo al juzgarlos. Conocía las advertencias que Moisés dio (v. 13, véase Lv 26), y sabía que él y su pueblo merecían mucho mayor desastre del que Dios les envió. Es maravilloso ver a Daniel identificándose con la nación pecadora, aun cuando él mismo no fue culpable de estos pecados. Después de confesar sus pecados y los del pueblo, Daniel empieza a orar por Jerusalén (vv. 16-19). Sin duda oraba a menudo por la ciudad santa; es más, esta es una de las razones por las cuales Dios le bendijo y le hizo prosperar (Sal 122.6-9). Pero, ¿por qué orar por la prosperidad de una ciudad desolada? Porque Dios no sólo prometió el fin del cautiverio, sino también llevar a los judíos de regreso a su tierra para que pudieran reconstruir el templo. Véanse Jeremías 29.10-14 y 30.10-24. En Isaías 44.28 Dios prometió que Ciro permitiría a los judíos reconstruir la ciudad de Jerusalén. De modo que Daniel se aferraba a estas grandes promesas y las convertía en oraciones de fe. Ahora veremos cómo Dios contesta sus oraciones. (Nótese cómo la oración de Daniel en Dn 9 es similar a las de Esd 9 y Neh 9.)

II. Setenta semanas de profecía (9.20-27)

No había sacrificio del atardecer que se ofrecía en Jerusalén, pero Daniel se ofrecía a sí mismo y a sus oraciones a la hora de la ofrenda del atardecer (véase Sal 141.1-2) y el ángel Gabriel vino a darle su respuesta. A Daniel le preocupaba Jerusalén y el monte santo (v. 20). ¿Sería restaurada la ciudad? ¿Sería reconstruido el templo? ¿Sería la nación alguna vez redimida del pecado y reinaría algún día la justicia en la tierra? Gabriel tenía todas las respuestas para Daniel y las hallamos en la famosa profecía de las «setenta semanas».

El número siete ha quedado estampado en Israel desde el principio. Tenía un *sabat* de días (Éx 23.12), apartando el séptimo día para honrar a Dios. También tenían un *sabat* de años (Lv 25.1-7); debían dejar la tierra sin cultivar en el séptimo año y darle descanso. Debido a que rompieron esta ley, los israelitas fueron llevados cautivos, un año por cada año sabático que no obedecieron a Dios (2 Cr 36.21; Lv 26.33-34). También tenían un «sabat de sabats», en el cual se apartaba el quincuagésimo año como el año del jubileo (Lv 25.8-17). Pero ahora a Daniel le presentan una nueva serie de *sabats*: setenta «semanas» (períodos de siete años), que hace un total de 490 años de tiempo profético para los judíos. (La palabra «semanas» en el versículo 24 es en realidad «sietes»: se determinan setenta sietes que hacen 490 años.) Por favor, note que este período se relaciona con Jerusalén y los judíos: «Tu pueblo[...] tu santa ciudad» (v. 24). Y Dios tenía propósitos específicos que cumplir en este período: remover el pecado e implantar la justicia. El resultado será la unción del lugar más santísimo del templo, o sea, el regreso de Jesucristo a la tierra para reinar en gloria desde su templo en Jerusalén.

Veamos ahora el bosquejo de los 490 años. El versículo 25 nos dice que los sucesos que desatarán los 490 años es un decreto (véase Neh 2.5 que permite que los judíos vuelvan a Jerusalén y reconstruyan la ciudad. (Es interesante que el hecho que desatará los últimos siete años de este período será el pacto del anticristo para proteger a los judíos. Hallamos un decreto al inicio y al final de los 490 años.) La historia nos dice que hubo cuatro decretos distintos relacionados con Jerusalén: Ciro, Darío y Artajerjes dictaron todos los decretos en relación a la reconstrucción del templo (Esd 1, 6, 7); y Artajerjes decretó que Nehemías podía volver y reconstruir las murallas (Neh 2). Esto ocurrió en el 445 a.C. y este es el decreto del cual habla Daniel 9.25; sucedió casi cien años después que Daniel recibió el mensaje de Dios. Gabriel dijo que habría un total de sesenta y nueve semanas, siete y sesenta y dos, entre la emisión del decreto y la llegada del Mesías, el Príncipe, en Jerusalén (69 x 7 = 483 años). Tenga presente que los «años proféticos» en la Biblia no son 365 días, sino de 360 días. Los eruditos han calculado que hubo 483 años proféticos entre el decreto del 445 a.C. y el día en que Jesús entró en Jerusalén el Domingo de Ramos (cf. *El Príncipe que ha de venir* de Sir Robert Anderson, Editorial Portavoz, 1980).

Pero Gabriel dividió estos 483 años en dos partes: siete semanas (7 x 7 = 49 años) y sesenta y dos semanas (62 x 7 = 434 años). ¿Por qué? Pues bien, se necesitaron cuarenta y nueve años para reconstruir Jerusalén y esto se hizo (como lo dijo Gabriel) en «tiempos angustiosos». Léase Nehemías y se verá cuán difícil tarea fue restaurar la ciudad. Entonces, 434 años más tarde vendrá el Mesías, el Príncipe, a quien «se quitará la vida» (su muerte en la cruz) por los pecados del mundo. Fue su muerte en la cruz lo que realizó los propósitos dados en el versículo 24. ¿Qué siguió a su muerte? ¿Aceptó Israel a Jesús y a su mensaje? No. Mintieron respecto a Él, persiguieron a sus mensajeros, apedrearon a Esteban y rehusaron reconocer su soberanía. ¿Qué ocurrió? Roma vino y destruyó la ciudad y derribó el templo. La nación «le quitó la vida» a Jesucristo y Él los quitó de ser una nación. Hasta el 14 de mayo de 1948 Israel no fue una nación libre.

A Roma se le llama «el pueblo de un príncipe que ha de venir». ¿Quién es este príncipe? No «el Mesías Príncipe», porque esto se refiere a Cristo. «El príncipe que ha de venir» es el anticristo. Será el líder del Imperio Romano restaurado. Así que, la destrucción de Jerusalén en el año 70 d.C. no es sino una ilustración de una futura invasión y destrucción dirigida por el anticristo. Este príncipe hará un acuerdo con los judíos para protegerlos de otras naciones y se establecerá este acuerdo durante siete años. Estos siete años finales son la conclusión del período de 490 años de Daniel. Entre la muerte de Cristo y la firma de este acuerdo se encuentra la era entera de la Iglesia, un «gran paréntesis» en el programa de Dios. Los 490 años están en vigencia sólo cuando Israel está en la voluntad de Dios como su pueblo. Cuando la nación de Israel crucificó a Cristo, fue dejada a un lado y el «reloj profético» dejó de marcar. Pero cuando el anticristo firme su pacto con Israel, los últimos siete años de las «setenta semanas» de Daniel empezarán a cumplirse. A este período de siete años se le conoce como la gran tribulación o el tiempo de aflicción de Jacob. Se lo describe en Apocalipsis 6–19.

Después de tres años y medio Gog y sus aliados invadirán Palestina (véase Ez 38–39) y Dios los juzgará. El anticristo invadirá la tierra, romperá su pacto y se declarará dictador mundial. Hará cesar toda adoración en el templo judío (véase 2 Ts 2) y obligará al mundo a adorarle a él y a su imagen. Esta es la abominación desoladora (véanse Mt 24.15; Jn 5.43; Ap 13). ¿Cómo concluirá este período? Jesucristo volverá a la tierra, enfrentará a los ejércitos rebeldes en el Armagedón y los derrotará (Ap 19.11-21).

Notas preliminares a los profetas menores

Los «profetas menores» no son menores en el sentido de ser menos importantes que Isaías, Jeremías, Ezequiel o Daniel. Sus mensajes son muy trascendentes en el programa de profecía de Dios. La Biblia hebrea pone estos doce libros juntos y simplemente los llama «los Doce». Los estudiosos de la Biblia los llaman «profetas menores», debido principalmente a la brevedad de sus escritos, aun cuando Sofonías de ninguna manera es un libro breve ni sencillo.

Por lo general, en cada uno de ellos se halla una lección triple: (1) histórica: cada uno de los profetas predicó y escribió para satisfacer una necesidad inmediata en la vida del pueblo; (2) profética: cada profeta ilustra o anuncia algo respecto al futuro de Israel, en juicio o en restauración; (3) práctica: los pecados de las naciones en ese día están con nosotros hoy, y existen muchas lecciones prácticas que podemos aprender de estos libros. Por ejemplo, en Oseas vemos la reincidencia de Israel, su castigo bajo Asiria y su futura limpieza y restauración. También vemos en este libro una lección para los creyentes de hoy que desobedecen al Señor y cometen «adulterio espiritual» al seguir al mundo.

He aquí una cronología sencilla de los profetas menores (y de algunos profetas mayores) para ayudarle a tenerlos en sus lugares históricos apropiados.

Reino del norte

Jonás, 780-750
Isaías, 750-680
Miqueas, 740-690

La toma de Asiria, 721

Reino del sur

Joel, 835-795
Amós, 765-750
Oseas, 755-715
Nahum, 630-610
Sofonías, 625-610
Jeremías, 626-586
Habacuc, 625-586
Abdías, 586

La toma de Babilonia, 586

Daniel, 606-534
Ezequiel, 593-571

Regreso del exilio, 536

Hageo, 520-516
Zacarías, 520-500
Malaquías, 450-400

(Nota: Los historiadores no siempre concuerdan en la exactitud de las fechas. Esta tabla tiene el propósito de mostrar la relación aproximada de los profetas entre sí.)

OSEAS

El nombre Oseas significa «salvación». Predicó en el reino del norte (Israel, también llamado «Efraín») durante un período de declinación nacional. Cuando Oseas empezó su ministerio, Jeroboam II era el rey y fue un tiempo de gran prosperidad. Pero la nación se podría internamente y se involucraba en alianzas extrañas en lugar de confiar en que Dios los guiaría y protegería. Oseas vivió para ver cómo los asirios llevaban cautivo a Israel en el 721 a.C. Léase en 2 Reyes 15–17 una parte del trasfondo histórico.

El mensaje de Oseas es para la nación de Israel, mostrando sus pecados y advirtiéndoles del juicio que se avecinaba. Como veremos, hay también un mensaje de esperanza para el futuro. Pero lo singular en cuanto a su mensaje es que tuvo que vivirlo antes de predicarlo a su pueblo. El profeta tuvo que experimentar profunda agonía en su matrimonio debido a los pecados de su esposa, pero todo eso fue una lección objetiva divinamente enviada tanto para él como para su pueblo.

I. Se describe la infidelidad de Israel (1–3)

Oseas quería casarse con una mujer llamada Gomer y Dios se lo permitió, pero le advirtió que ella le rompería el corazón. La advertencia de Dios se hizo realidad: Gomer le dio a Oseas tres hijos, luego lo dejó para irse con otros hombres. Imagínese cómo se destrozó el corazón de Oseas por el pecado de ella. Entonces Dios le ordenó al profeta que fuera a buscar a su esposa descarriada y la encontró: ¡estaba en venta en el mercado de esclavos! (3.1-2). Tuvo que comprarla, traerla a su casa y asegurarle su perdón y amor. Tenemos toda razón para creer que Gomer se arrepintió de sus pecados y llegó a ser una esposa fiel.

Todo esto es un cuadro de la infidelidad de Israel para con Dios. La nación estaba casada con Él (Éx 34.14-16; Dt 32.16; Is 62.5; Jer 3.14) y debía haberle permanecido fiel. Pero Israel cometió «adulterio espiritual» al olvidarse del verdadero Dios y adorar a los ídolos de sus enemigos. Ellos le prometieron muchos placeres, pero la nación descubrió que había idéntico dolor y sufrimiento. Como Gomer, Israel iría a la esclavitud (cautiverio) por sus pecados. Pero ese no es el fin de la historia. Así como Oseas buscó a su esposa y la compró de nuevo, el Señor buscaría a su pueblo, los libertaría y los restauraría a su amor y bendición.

Se puede trazar la historia de Israel en los nombres de los tres hijos: (1) *Jezreel* (1.4) que significa «esparcido», refiriéndose al tiempo que Dios esparciría a Israel entre las naciones; (2) *Lo-ruhama* (1.6) significa «no compadecida», dando a entender que Dios retiraría su misericordia de la nación y le permitiría sufrir por sus pecados; (3) *Lo-ammi* (1.9) significa «no pueblo mío», indicando este tiempo presente en el programa de Dios cuando Israel está fuera de la comunión con Él y su pueblo no es su pueblo como una vez lo fue. (En 2.1 vemos que habrá un tiempo cuando Dios llamará a Israel «Pueblo mío» y «Compadecida», cuando Cristo vuelva y restaure la nación y establezca su reino justo.) En 3.3-5 tenemos un resumen de la condición espiritual de Israel.

No podemos dejar estos capítulos sin destacar que el adulterio espiritual puede ser también un pecado de los cristianos del NT así como lo fue de los judíos del AT (1 Jn 2.15-17; Ap 2.1-7; Stg 4.1-10). Los cristianos que aman al mundo y viven para el pecado son falsos a su Salvador y le destrozan el corazón. Pablo advirtió a los corintios en contra de esto (2 Co 11.1-3).

II. Se proclaman los pecados de Israel (4–7)

Sin duda, todos los vecinos hablaban de los pecados de Gomer y la señalaban con dedo acusador. Pero ahora Oseas los señala a ellos con su dedo y revela sus pecados. Su mensaje parece ser como el periódico actual; léase especialmente 4.1-2. Jurar, mentir, embriaguez, homicidio, traición, adulterio, idolatría; estos pecados y muchos más campeaban en la nación. Y para empeorar las cosas, la nación trataba de cubrir sus pecados con un «avivamiento religioso» superficial (6.1-6). Oseas es un predicador maestro; analice cómo pinta la condición espiritual del pueblo: (1) *nube de la mañana* (6.4), aquí un minuto, desaparecida al siguiente; (2) *torta a medio cocer* (7.8), porque su religión no penetraba profundo en sus vidas, sino que era algo superficial; (3) *canas* (7.9), perdiendo su fuerza, pero ignorantes del cambio; (4) *paloma incauta* (7.11), inestable, revoloteando de un aliado político a otro; (5) *arco engañoso* (7.16), en el cual no se puede depender.

III. Se pronuncia el juicio sobre Israel (8–10)

El descarriado siempre es castigado (Pr 14.14), y esto era Israel: un descarriado (4.16; véase también Jer 3.6,11). Los cristianos que rompen sus votos hechos al Señor no pierden su salvación, por supuesto, pero pierden su gozo, poder y utilidad; y deben sufrir la disciplina de Dios. Oseas podía ver a Asiria viniendo a castigar a la nación y llevarla al cautiverio. Describe el juicio viniendo como un águila veloz (8.1), la ira del torbellino (8.7) y la ferocidad del fuego (8.14). La nación va a ser esparcida (8.8; 9.17) y cosecharán más de lo que han sembrado (10.12-15). Los pecadores siegan lo que siembran, por supuesto (Gl 6.7-8); pero también siegan más, porque aquellas pocas semillas plantadas se multiplican en una cosecha grande. ¡Qué terrible es segar la cosecha del pecado! David sembró una semilla de lujuria y vea qué cosecha de lágrimas segó.

¿Por qué permitió Dios que la perversa Asiria juzgara a Israel? Debido a que amaba a su pueblo. El amor siempre disciplina para hacer mejor al hijo (Heb 12.1-13; Pr 3.11-12). La mano que castiga es una mano de amor; es el Padre corrigiendo al hijo; no el juez castigando al criminal. Cuán agradecidos debemos estar por el castigo de amor de Dios; Salmo 119.71.

IV. Se promete la restauración de Israel (11–14)

Oseas no termina con una nota tétrica. Ve la gloria futura de la nación. Así como rescató a su esposa de la esclavitud y la restauró a su hogar y a su corazón, la nación un día se restaurará a su tierra y a su Señor. Estos capítulos finales magnifican el amor fiel de Dios en contraste con la infidelidad de su pueblo.

Dios amó a Israel (11.1) cuando la nación estaba cautiva y sin belleza ni gloria. Su gracia fue quien la redimió de la esclavitud, la guió y proveyó para todas sus necesidades. Pero desde el mismo principio de este «matrimonio» entre Jehová e Israel, el pueblo estuvo «adherido a la rebelión» (11.7). Dios los atrajo con cuerdas de amor (11.4), pero ellos trataron de romper esas cuerdas y seguir su propio camino. El pecado no sólo es quebrantar la ley de Dios; es destrozar el corazón de Dios. Léase 11.8-11 para ver el anhelante corazón de Dios al tratar de traer a su pueblo infiel de regreso al lugar de bendición. En el capítulo 12 vemos a la nación «hablando en grande» y jactándose de sus riquezas y logros; sin embargo Dios dice: «Se están alimentado de viento; todo no es sino aire caliente». El rebelde puede disfrutar de riqueza material y placeres físicos, pero esto jamás satisfará ni glorificará al Señor; y al final el rebelde empobrecerá, quedará arruinado, ciego y desnudo.

El capítulo 14 es el llamado amoroso de Dios a su «esposa» a volver a su corazón y bendición. Le pide sacrificios de labios, palabras de confesión y no sacrificios de animales. Le promete sanar su rebelión (14.4) y restaurarla a su favor. Describe a la nación como una viña o árbol fructífero (vv. 4-7) una vez que se haya vuelto de sus ídolos y regresado al Señor. Por supuesto, esto ocurrirá cuando Jesucristo venga a la tierra para establecer su Reino y cumplir las promesas hechas a los padres.

Pero, por favor, no se pierda el mensaje personal aquí: los rebeldes pueden volver al Señor, experimentar su perdón (1 Jn 1.9) y ser restaurados al lugar de bendición y utilidad. Los versículos finales presentan dos caminos: el del Señor, que es el recto, y el de los transgresores, que es el torcido. Aprópiese del versículo 4 y experimente la sanidad de los pecados perdonados.

JOEL

El mensaje de Oseas brotó de una tragedia personal en su familia; el mensaje de Joel brotó de una calamidad nacional: la invasión de una plaga de langostas. Junto con las langostas hubo una terrible sequía (1.19-20), y la combinación de ambas trajo a la tierra la hambruna. Joel tenía un mensaje para Judá, porque vio en estas calamidades la mano disciplinadora de Dios por los pecados del pueblo. Pero miró más allá de las langostas y vio otro «ejército», un ejército literal de naciones gentiles atacando a Jerusalén (3.2). En otras palabras, Joel usó el juicio inmediato de Dios (las langostas) como una ilustración de su juicio final, «el Día de Jehová». Así que el libro de Joel se divide en dos partes: (1) el mensaje presente respecto a la plaga de langostas, 1.1–2.27); y (2) el mensaje futuro respecto al Día de Jehová, 2.28–3.21.

Antes de mirar estos dos mensajes, debemos comprender lo que Joel quiere decir con «el Día de Jehová». Usa la frase cinco veces, en 1.15, 2.1,11,31 y 3.14. Otros profetas también la usan (Is 2.12; 13.6-9; 14.3; Jer 30.7-8; 46.10; y todo el libro de Sofonías). La frase «el Día de Jehová» se refiere a aquel tiempo futuro cuando Dios derramará su ira sobre las naciones gentiles *debido al pecado de estas contra los judíos* (véase Jl 3.1-8). Ocurrirá después que la Iglesia haya sido llevada al cielo (véanse 1 Ts 1.10; 5.9-10; Ap 3.10), durante ese período de siete años conocido como la tribulación. Se describe con más detalles en Apocalipsis 6–19. Este período concluirá con la batalla del Armagedón (Jl 3.9-17; Ap 19.11-21) y la venida de Jesucristo a la tierra para establecer su Reino.

I. Tipo del Día de Jehová (1.1–2.27)

A. *Proclamación (1.1-20).*

Joel se dirige a varios grupos diferentes de personas al describir la terrible plaga y sus devastadores resultados. A los ancianos (vv. 1-4) se les pregunta si pueden recordar tal tragedia en años pasados. No, no pueden. Es más, les contarán a sus hijos e incluso a sus bisnietos acerca del terrible acontecimiento. En el versículo 4 no tenemos cuatro insectos diferentes; en realidad tenemos la langosta en cuatro etapas diferentes de desarrollo. Hay como noventa variedades de langostas y todas son bien capaces de arruinar a una nación. Luego Joel se vuelve a los ebrios (vv. 5–7) que lloran y lamentan debido a que las viñas han quedado en ruinas y se ha acabado su provisión de vino. Después se vuelve a los adoradores (vv. 8-10) que deben ir al templo con las manos vacías debido a que no hay sacrificios que llevar. Más adelante se dirige a los agricultores (vv. 11-12) que claman debido a que sus cosechas están arruinadas. Por último, Joel se dirige a los sacerdotes (vv. 13-14) y les dice que ayunen y oren. Aquí llegamos al corazón del asunto, porque el pecado era el origen del castigo de Dios a la nación. Mientras el pueblo le obedecía, Él enviaba la lluvia y la cosecha; pero si se alejaban de Él, haría los cielos como bronce y destruiría sus campos. Véanse Dt 11.10-17; 2 Cr 7.13-14.

B. *Tribulación (2.1-11).*

Joel toca la trompeta de alarma para advertir al pueblo que el ejército destructor de langostas se acerca. La langosta en efecto se parece a un jinete en miniatura, y con frecuencia se ha visto su capacidad de comerse todo lo que halla a su paso. El versículo 10 sugiere enjambres tan numerosos que oscurecerán al sol y la luna.

C. *Humillación (2.12-17).*

Joel toca la trompeta la segunda vez, en esta ocasión para llamar a una asamblea para ayunar, orar y confesar pecados. Esto no debe ser el mero rasgar externo de vestidos, sino más bien el quebrantamiento del corazón. En 1.13 Joel llamó sólo a los sacerdotes a orar; en 2.16 llama a todos a participar en el ayuno. Sin duda les recordó la promesa de 2 Crónicas 7.14.

D. *Restauración (2.18-27).*

Hemos tenido la alarma y la asamblea; ahora tenemos la respuesta de Dios. Qué fe tenía Joel: «El Señor responderá». Dios promete alejar al ejército de langostas y restaurar los pastos. Es más, les dará «cosechas tan abundantes» que tendrán para reponer más de lo que destruyeron los años de la langosta (2.25). Lo hará, no porque se lo merezcan, sino para que ellos y las naciones paganas conozcan que Él es el Señor (v. 27).

II. Profecía del Día de Jehová (2.28–3.21)

Ahora Joel avanza y habla respecto al «Día de Jehová», un tiempo de juicio futuro que finalizará en bendición para los judíos.

A. *El espíritu derramado antes de aquel día (2.28-32).*

Pedro citó este pasaje en el día de Pentecostés (Hch 2.16-21), de modo que lea esta porción cuidadosamente. Pero note que Pedro *no* dijo «se cumplió la profecía de Joel». Más bien lo que dijo fue: «Esto es lo dicho por el profeta Joel». En otras palabras, «este es el mismo Espíritu del cual Joel habló». Toda la profecía de Joel, con sus señales dramáticas en los cielos, no se cumplirá sino hasta los últimos días. Por ningún esfuerzo de la imaginación se puede hallar las palabras de Joel cumplidas literalmente en el Pentecostés. No, lo que ocurrió en Pentecostés fue el principio de la bendición de Dios sobre Israel. Si la nación hubiera recibido a Cristo en lugar de arrestar a los apóstoles y matar a Esteban, los «tiempos de refrigerio» prometidos habrían llegado con la venida de Cristo y el establecimiento de su Reino (Hch 3.19-26). Joel nos dice que durante los últimos días de la historia de Israel, durante el período de la tribulación, el Espíritu de Dios obrará con gran poder para salvar tanto a judíos como a gentiles, y habrá señales poderosas y prodigios en los cielos. Esto aparece en el libro de Apocalipsis.

B. El juicio derramado durante aquel día (3.1-17)

El versículo 1 aclara que los judíos volverán a su tierra, libres del cautiverio en las naciones gentiles. Pero todas las naciones se congregarán para luchar contra Jerusalén. Dios las traerá al valle de Josafat, o sea, el área de la llanura de Meguido, donde se librará la batalla del Armagedón. Los versículos 2-8 dejan en claro que este juicio será el castigo de Dios sobre los gentiles por la manera en que han tratado a la nación y a la tierra de Israel. Palestina ha sido una tierra saqueada; muchas naciones gentiles les han robado a los judíos las riquezas que les pertenece legítimamente. Dios les recompensará en el Día de Jehová. En el versículo 2 cuando Dios promete «entrar en juicio» con las naciones, esto no significa que estas se arrepentirán. Las palabras «entraré en juicio» pueden traducirse «ejecutaré el juicio»; véanse Isaías 66.16 y Jeremías 25.31. El versículo 13 compara la batalla con una cosecha madura de uvas; véase en Apocalipsis 14.14-20, una descripción de la batalla del Armagedón. El «valle de la decisión» en el versículo 14 no se refiere a «tomar una decisión para el Señor». La palabra «decisión» sugiere trillar; las naciones serán trilladas, juzgadas por el Señor. Cristo defenderá su tierra, su pueblo y su ciudad santa.

C. Bendiciones derramadas después de aquel día (3.18-21).

Mientras Joel predicaba, la gente podía ver los campos secos, el ganado muriéndose de hambre y los graneros vacíos. Podía ver y oír a la langosta mientras devastaba la tierra. Pero Joel describe un tiempo cuando el vino, la leche y el agua van a fluir sin medida en la tierra. Esta es, por supuesto, la edad del Reino cuando Jesucristo se siente en el trono de David en Jerusalén y cuando se sane la tierra y la bendición de Dios se restaure. La nación se purificará y Dios morará en Sion. Esto nos recuerda las palabras finales de Ezequiel: «Y el nombre de la ciudad desde aquel día será JEHOVÁ-SAMA».*

No debemos perdernos la aplicación personal del mensaje de Joel a los creyentes de hoy. No cabe duda que Dios envía desastres naturales cuando las naciones rehúsan obedecerle. Guerras, cosechas pobres, epidemias, terremotos, tormentas; Dios puede usar todo esto para hacer que la gente caiga de rodillas. Dios puede usar incluso pequeños insectos para hacer su voluntad si los hombres y mujeres no le obedecen. Nuestras vidas quizás lleguen a secarse y a ser infructuosas si andamos fuera de la voluntad de Dios. Cuán importante es experimentar un arrepentimiento sincero (2.12-13) para que Dios pueda perdonarnos y enviarnos de nuevo su bendición.

*N. del E.: Esto es, *Jehová allí.*

AMÓS

Esto sucede casi veinticinco años antes de la caída de Israel. Estamos de visita en la ciudad de Bet-el, donde el rey Jeroboam II tiene su capilla privada y Amasías es su sacerdote. La nación disfruta de paz y prosperidad; es más, vive en lujo. El impresionante culto está a punto de empezar, con Amasías a cargo, cuando oímos una conmoción fuera de la capilla: «Ay de los que están cómodos en Sion», clama una voz. «Dios enviará juicio sobre esta perversa nación». Salimos corriendo y hallamos a un «predicador rural», un campesino de Tecoa, llamado Amós («carga»). No es un profeta en el sentido profesional, porque su padre no era profeta ni asistió a la escuela de profetas (7.10-17). Pero es el hombre de Dios con un mensaje de Dios, y está advirtiendo del juicio que se cierne sobre Israel. Usa la palabra «cautiverio» varias veces (5.5,27; 6.7; 7.17). Hagamos una pausa y escuchemos a este campesino predicador y tratemos de entender el mensaje que trae.

I. Mira alrededor (1–2)

Amós inicia su mensaje mirando a las naciones circunvecinas y anunciando ocho juicios. El versículo 2 aclara que Dios ruge en ira, como un león que salta sobre su presa (véase 3.8). Amós empieza con *Siria* (1.3-5) y la acusa de terrible crueldad en la guerra. Luego señala a *Filistea* (Gaza, 1.6-8) y la condena por el pecado de la esclavitud. Los *fenicios* son los que siguen (Tiro, 1.9-10), y a estos también se les juzga por la cruel esclavitud. A *Edom,* el antiguo enemigo de Israel, se le acusa de no mostrar compasión sino mantener un odio constante (1.11-12). A *Amón* se le juzga por su amarga crueldad y codicia egoísta (1.13-15); a *Moab* por crueldad contra Edom (2.1-3); y a *Judá* por rechazar la ley de Dios (2.4-5).

A los israelitas de Bet-el les debe haber alegrado oír a Amós condenar a sus vecinos, pero Amós no se detuvo allí. El octavo juicio estaba reservado para Israel. En 2.6-16 el profeta menciona los pecados del pueblo: soborno, codicia, adulterio, inmoralidad, egoísmo, ingratitud, embriaguez (incluso forzando a los nazareos a emborracharse) y el rechazamiento de la revelación de Dios. Amós clama: «Estoy aplastado bajo la carga del pecado». (El nombre «Amós» significa «carga».) ¿Cómo Dios puede perdonar alguna vez a nación tan perversa? Antes de condenar a estas naciones del pasado, haremos bien en examinar nuestra propia nación y nuestros corazones, porque tal vez seamos culpables de los mismos pecados.

II. Mira adentro (3–6)

Después de anunciar juicio a las naciones, Amós mira dentro de los corazones del pueblo y explica por qué viene este juicio. Recuerde que Israel disfrutaba de un tiempo de paz, prosperidad y «avivamiento religioso». El pueblo asistía a los cultos religiosos y traía ofrendas generosas. Pero los verdaderos siervos de Dios no miran la apariencia externa; miran al corazón. En estos capítulos Amós da tres sermones, cada uno comienza con: «Oíd esta palabra» (3.1; 4.1; 5.1).

A. Un mensaje de explicación (3.1-15).

«¿Cómo puede Dios enviar juicio sobre nosotros?», se preguntaba el pueblo. «¿No somos su pueblo escogido?» Pero esa era precisamente la razón del juicio. Donde hay privilegio, debe haber responsabilidad. Los versículos 1-2 lo aclaran. Amós usa un argumento de causa y efecto. Si dos personas andan juntas, deben estar de acuerdo (v. 3). Si el león ruge, tiene presa (v. 4). Si un ave cae en una trampa, alguien armó la trampa (v. 5). Si se toca la trompeta, la calamidad se acerca (v. 6). Si el profeta predica, Dios debe haberlo enviado (v. 7). Entonces Amós anuncia que los asirios vienen para destruir la nación (vv. 9-15) y los hermosos cultos de Bet-el no los detendrán. Es triste, pero las casas de verano y de invierno (¡qué lujo!) serán destruidas.

B. Un mensaje de acusación (4.1-13).

El intrépido profeta «empieza a inmiscuirse» ahora y comienza a mencionar pecados. Llama a las mujeres que viven en abandono y lujo «vacas gordas de Basán». Las ve diciéndoles a sus esposos que traigan más licor. A Amós no le impresiona la religión de Bet-el; para él no es sino otro pecado en su lista. Dios le ha enviado sus advertencias (vv. 6-11), pero no quieren escuchar. Él ha llevado sus mejores jóvenes para morir en la guerra (4.10), pero sin embargo la nación sigue sin arrepentirse. Dios no usará más estos desastres naturales. Ahora vendrá Él mismo (v. 12). «Prepárate para venir al encuentro de tu Dios».

C. Un mensaje de lamentación (5.1-6.14).

Amós llora al contemplar los juicios que le vienen a su nación. El versículo 3 sugiere que el noventa por ciento de las personas morirán. Nótese la repetición de la palabra «buscar» (5.4,6,8,14). «¡No busquen cultos religiosos; ¡busquen al Señor!» Había algunos en la nación que decían: «El Día de Jehová vendrá y entonces Dios nos librará» (5.18-20). No se percataban de que el Día de Jehová sería un tiempo de juicio para *ellos* y para sus enemigos. Eran como los cristianos de hoy que «anhelan» la venida de Cristo y sin embargo no están preparados para encontrarse con el Señor. En 5.24 tenemos el versículo clave del libro: léase «justicia» en lugar de «juicio». Amós anhelaba ver a la nación obedeciendo a Dios y ejecutando su justicia en la tierra. En el capítulo 6 Amós sigue lamentando los pecados del pueblo: indiferencia e indulgencia (vv. 1-6); injusticia, inmoralidad e idolatría (vv. 7-14). «Los reposados en Sion», ¡qué descripción de algunos creyentes hoy!

III. Mira hacia adelante (7—9)

En la parte final de su mensaje Amós contempla cinco visiones y en ellas descubre lo que Dios hará a la nación. (1) *Visión de la langosta* (7.1-3): La langosta está a punto de destruir la cosecha, pero Amós intercede y Dios la detiene. (2) *Visión del fuego* (7.4-6): Una terrible sequía agosta la tierra; el profeta ora y Dios libra la tierra. (3) *Visión de la plomada* (7.7-9): Dios está junto (no «sobre») a la pared y la prueba para ver si está derecha. Dios mide a Israel y esta no anda conforme a su Palabra; por consiguiente, el juicio viene. En este punto de su mensaje el «sacerdote oficial» Amasías ya no pudo soportar más e interrumpió. «No eres patriota. Llévate tu púlpito improvisado y vete a predicar a las montañas». Amós no temía. Le dijo al falso sacerdote: «Dios me llamó a predicar y debo obedecer. En cuanto a ti, Amasías, pagarás por tus compromisos y pecados, porque tu esposa se convertirá en una prostituta y tu familia morirá por la espada».

(4) *Visión de la fruta de verano* (8.1-14): Debemos tomar una breve lección de hebreo para comprender esta visión. La palabra hebrea para «fruta de verano» es *jayitz* y la palabra para «fin» en el versículo 2 es *jatz*. Estas palabras se ven y suenan parecidas y Amós usa la una para llevar a la otra. «¡El fin viene! Israel, como fruta de verano, está madura para el juicio». De nuevo en los versículos 4-14 el profeta menciona los pecados del pueblo: roban a los pobres en sus casas (8.4); se quejan de que los días sagrados interfieren los negocios (8.5); fijan precios exorbitantes que dañan al pobre (8.6). Dios advierte que enviará su ira sobre el pueblo, no sólo con desastres naturales, sino con hambre por la Palabra de Dios. No escucharon la Palabra cuando tuvieron la oportunidad; por consiguiente, Él se la quitará. En este día sus ídolos de Dan y Beerseba no les servirán de nada (8.14).

(5) *Visión del altar* (9.1-10): Ahora Amós ve al Señor mismo y no algún símbolo. ¿Por qué Dios está en el altar? Porque el juicio empieza por la casa de Dios (1 P 4.17). La religiosidad del pueblo era externa, pero no eran sinceros de corazón. Dios ordena que se derriben los capiteles y se derrumbe el techo. Los versículos 8-9 resumen lo que Dios planea hacer. Compara el juicio venidero con el acto de trillar el grano (véase Lc 22.31-34). La buena semilla (los verdaderos creyentes, el remanente creyente) será salva, pero el tamo será quemado.

Amós concluye con una nota de victoria, porque en 9.11-15 tenemos la promesa de restauración futura. Los versículos 11-12 se citan en Hechos 15.14-18 en el primer concilio de la Iglesia. Hoy Dios llama de las naciones a un pueblo para su nombre, la Iglesia; pero cuando esta quede completa, Él volverá y restaurará el tabernáculo (casa) de David y establecerá el reino judío. La tierra será fructífera de nuevo y el pueblo bendito para siempre.

ABDÍAS

Año: 586 a.C.; lugar: Jerusalén; suceso: la destrucción de Jerusalén por los ejércitos de Babilonia. Vemos a los soldados iracundos destruir las murallas, masacrar a la gente e incendiar la ciudad. Pero notamos algo más. Vemos al otro lado a un grupo de vecinos, los edomitas, que animan a los babilonios a arruinar la ciudad. «¡Destrúyanla! ¡Destrúyanla!», gritan. «¡Estrellen sus niñitos contra las rocas y exterminen a los judíos!» (Sal 137.7-9). ¿Quiénes son esos que deseaban que cosas tan terribles les ocurrieran a sus vecinos? Son hermanos de los judíos. Los edomitas eran descendientes de Esaú, el hermano mayor de Jacob (Gn 25.21-26). Esaú era por fuera un hombre mucho mejor que el tramposo Jacob, sin embargo, Dios rechazó a Esaú y escogió a Jacob. Esaú se mudó a las montañas del sur y estableció el reino edomita (Idumea), pero continuaron como enemigos.

Este pequeño libro de Abdías (el más corto del AT) trata de estos dos hermanos, Jacob y Esaú: Edom e Israel. El profeta presenta un mensaje doble:

I. La venganza de Dios sobre Esaú (vv. 1-16)

En Jeremías 49.7-22, el profeta anunció la caída de Edom; es más, hay aquí en Abdías algunas citas de esta profecía. Este es el «rumor» o «pregón» que Abdías oyó: Dios vengaría a Israel y destruiría a Edom. ¿Por qué? Por sus pecados. ¿Cuáles fueron estos pecados?

A. Orgullo (vv. 3-4).

Edom era una nación pequeña, pero se jactaba de grandes logros. En realidad, Edom estaba labrada en las rocas; el pueblo literalmente «puso su nido» en ellas (v. 4). La principal ciudad de Edom, Petra, estaba labrada en las laderas de las montañas y la fortaleza parecía inexpugnable. Compárese Isaías 14.12-15.

B. Alianza (v. 7).

En lugar de compartir la carga de sus hermanos en Israel, los edomitas se aliaron con las naciones circunvecinas para oprimir a Jerusalén.

C. Violencia (v. 10).

Los edomitas ayudaron a destruir a Jerusalén. ¿Cómo? Al no hacer algo para impedirlo y al animar a los que realmente hicieron el daño. Se pusieron «delante» (v. 11) y rehusaron ponerse al lado de los judíos. Esto nos recuerda al sacerdote y al levita en la parábola de Cristo del buen samaritano (Lc 10.31-33). Tal vez no levantemos la mano para dañar a otro, pero al observar sin hacer algo, participamos del crimen.

D. Regocijo (v. 12).

Edom debía llorar por la calamidad de su hermano, pero en su lugar se regocijaba y mofaba. Véase Proverbios 24.17-18.

E. Saqueo (v. 13).

Se aprovecharon de la suerte de los judíos y robaron la riqueza de la ciudad. Dios vio este saqueo a pesar de que los ladrones escaparon.

F. Frenan el escape de los judíos (v. 14).

Algunos judíos trataron de escapar y proteger sus familias, pero los edomitas bloquearon el camino. Incluso ayudaron a capturar a los que huyeron y los entregaron a los babilonios.

G. Embriaguez de celebración (v. 16).

Los edomitas echaron mano a su provisión de vino e hicieron gran celebración. Al final su enemigo fue derrotado.

Pero nótese el versículo 15: Dios los trataría de la misma manera que trataron ellos a los judíos. Véase también el Salmo 137.8-9. Traicionaron a los judíos; por lo tanto, sus propios aliados los traicionarían (v. 7). Saquearon y robaron, y del mismo modo les robaron a su nación (vv. 5-6). Edom fue violento, así que sería exterminado por completo (vv. 9-10). Edom quería la destrucción de los judíos, por eso Babilonia destruiría a Edom (vv. 10,18). Edom segaría lo que sembró. Véanse también Isaías 34.5-15; Ezequiel 25.12-14; 35.1-15; Amós 1.11-12.

II. La victoria de Dios para Jacob (vv. 17-21)

Esa pequeña palabra «mas» en el versículo 17 marca el punto decisivo. Dios promete liberación y purificación al monte de Sion. Sí, Israel pecó y por sus pecados destruyeron el templo, pero Dios limpiaría y restauraría a «la casa de Jacob» y no a la casa de Esaú (los edomitas). Nótese en el versículo 18 que hay tanto reunión como restauración, porque la casa de José (las tribus del sur) y la casa de Jacob serán como fuego contra Edom. El día vendrá cuando los judíos «recuperarán sus posesiones»: su tierra, su templo, su ciudad y su reino. La palabra clave en los versículos 17-20 es «poseer». Sin duda Israel posee la tierra debido a la promesa de Dios a Abraham. La nación posee su ciudad también. Pero no las posee por completo, porque durante siglos las naciones gentiles la han pisoteado. Hay un día venidero, sin embargo, cuando Jesucristo le dará de nuevo a Israel sus posesiones para que las disfruten y usen para la gloria de Dios.

«Y el reino será de Jehová». ¡Qué maravillosa manera de concluir este breve libro! Hoy el Rey ha sido rechazado y el trono de David está vacío en Jerusalén. Los judíos están en la condición triste que describe Oseas 3.4-5: sin rey, sin sacerdote, sin sacrificio ni sacerdocio. Pero cuando Cristo vuelva, la nación mirará al que traspasaron, serán limpiados y perdonados, y el Reino se establecerá. Daniel vio a Cristo, la Piedra, descender y aplastar a todos los reinos del mundo (Dn 2.44-45). No importa lo que ocurra en los asuntos de Israel mientras las naciones gentiles tratan de controlarla o capturarla, puede estar seguro de que Dios cuidará a su pueblo y un día les dará el Reino prometido.

Pero debemos mirar más profundamente en este libro si queremos obtener todo el mensaje espiritual, porque «Esaú» y «Jacob» representan más que dos hermanos o dos naciones. Representan dos fuerzas opuestas: la carne y el Espíritu. Esaú era un hombre atrayente, activo, saludable, extrovertido, atlético; Jacob era un hombre de casa, lleno de engaño y planes egoístas. Si usted tendría que escoger a uno de estos muchachos, sin duda habría seleccionado a Esaú; pero Dios escogió a Jacob. A través de toda la Biblia se conoce a Dios como «el Dios de Jacob». Esta es la gracia de Dios. La salvación no es por mérito; es por gracia y únicamente por gracia. Dios usó a Jacob para ser el padre de las tribus de Israel. Dios le dio sus pactos y promesas a Jacob, no a Esaú.

De modo que Jacob representa al hijo de Dios, escogido por la gracia de Dios, a menudo pecando y fracasando, pero a la larga obteniendo su herencia. Representa la lucha entre la carne y el Espíritu (Gl 5.16-26). Esaú ilustra la carne: atractiva, poderosa, arrogante, conquistadora, rebelde y siempre pareciendo estar del lado de la victoria. Sin embargo, Dios ha pronunciado juicio contra la carne y un día ese juicio caerá. Edom era arrogante y rebelde; Edom se rió cuando Jerusalén cayó. Cinco años más tarde, no obstante, Edom también cayó ante Babilonia, ¿y dónde está Edom hoy? Este mundo se jacta en la carne, en lo que esta ha conseguido, cuán fuerte es la carne; pero un día toda carne caerá ante la victoria de Cristo. Léase Apocalipsis 19.11-21 y nótense en especial los versículos 17-18, donde se menciona continuamente a «la carne».

El conflicto entre Esaú y Jacob, la carne y el Espíritu, corre a través de toda la Biblia. Los Herodes del NT eran edomitas. Uno de ellos mató a los niños judíos en su intento de destruir a Cristo (Mt 2.16-18). Otro Herodes asesinó a Juan el Bautista; otro mató a Santiago, el hermano de Juan (Hch 12). El conflicto actual entre israelíes y árabes no es sino una continuación de esta misma batalla que empezó en Génesis 25.21-26. La carne vs. el Espíritu, orgullo vs. sumisión, el camino del hombre vs. el camino de Dios: el conflicto continuará hasta que Cristo vuelva y establezca su Reino.

Hay una ley de retribución escrita en la historia: las naciones reciben en retribución lo que les han dado a otros (v. 15). Véase Jeremías 50.29. Las naciones gentiles en particular se llamarán a rendir cuentas por la manera en que han tratado a los judíos. Quizás falten años, pero el juicio caerá sobre todos los que se han negado a hacer la voluntad de Dios.

JONÁS

Que Jonás fue una persona real en la historia se verifica por 2 Reyes 14.25, donde hallamos su profecía de que Jeroboam II expandiría su reino. Este mensaje le dio popularidad. Pero cuando Dios llamó a Jonás para que predicara a la ciudad de Nínive, capital del Imperio Asirio, el profeta se rebeló. La historia nos dice que los asirios eran crueles y despiadados, que no les importaba sepultar vivos a sus enemigos, desollarlos vivos o ensartarlos en postes afilados a pleno sol. «Si la ciudad de Nínive iba a ser derribada, pues que sea derribada», arguyó Jonás. «Prefiero desobedecer a Dios antes que ver a mis enemigos salvos del juicio». En los cuatro capítulos de su libro, Jonás traza sus experiencias y las lecciones que aprendió.

I. Renuncia: La lección de la paciencia de Dios (1)

En lugar de ir a Nínive, Jonás fue en dirección opuesta. Huyó «de la presencia de Jehová», lo que quiere decir que renunció a su oficio profético. Jonás sabía que no podía huir de la presencia de Dios (Sal 139.7ss), pero sí podía renunciar a su llamado y dejar de predicar. Así llegó a ser un profeta rebelde.

A. *Las causas de su rebeldía eran muchas.*

Primero, tenía una actitud equivocada respecto a la voluntad de Dios; pensó que era algo difícil y peligroso. Y tenía la actitud equivocada sobre testificar; pensaba que podía «encender y apagar su testimonio» cuando le apetecía y no se percataba de que testificaba por Dios o en contra de Él, sin importar dónde estuviera. También tenía la actitud equivocada hacia sus enemigos: *quería* verlos perecer.

B. *La ruta de su rebeldía fue hacia abajo.*

Descendió a Jope, descendió a las entrañas de la nave, descendió al mar y al vientre del gran pez. La desobediencia siempre lleva hacia abajo. Pero nótese que a menudo las cosas parecen «dar resultados», incluso para el creyente rebelde, porque la nave lo esperaba y tenía dinero para pagar el pasaje. ¡Estaba tan tranquilo que incluso se echó a dormir en medio de la tormenta!

C. *Las consecuencias de su rebeldía fueron trágicas.*

Perdió la voz de Dios, porque ahora Él tuvo que hablarle en una tormenta. Perdió su energía espiritual y se echó a dormir en el interior de la nave. Perdió su poder en la oración e incluso su deseo de orar. Los paganos oraban, pero Jonás dormía. Perdió su testimonio ante los hombres de la nave y perdió su influencia para bien, porque era la causa de la tormenta. También casi pierde su vida. Pero qué paciente y magnánimo fue Dios con él.

II. Arrepentimiento: La lección del perdón de Dios (2)

Jonás fue, antes que todo, castigado por la mano amorosa de Dios. Admitió que Él lo echó al mar y no las manos de los marineros (v. 3). Cuando las pruebas y aflicciones nos llegan debido a nuestros pecados, es importante que reconozcamos la obra de Dios (Sal 119.67). Léase en Hebreos 12.5-11 el significado del castigo divino. Luego Jonás fue condenado por sus pecados y esto, después de todo, es el propósito del castigo: traernos al lugar de convicción y confesión. Perdió la presencia de Dios (2.4; véase Sal 51.11); admitió que creyó en las mentiras del diablo (v. 8); y mostró verdadera tristeza por sus pecados (v. 9). En fe le pidió a Dios perdón, mirando hacia el templo (v. 4), como se le enseñaba al judío del AT que hiciera (2 Cr 6.36-39). Esto equivale a nuestro 1 Juan 1.9. Dios limpió a Jonás y le dio otra oportunidad.

De acuerdo a Hebreos 12.5-11 hay varias maneras en que los cristianos pueden responder al castigo de Dios: podemos despreciarlo, como Jonás lo hizo durante tres días, y rehusar confesar; podemos desmayar y darnos por vencidos; o podemos soportar el castigo de Dios, confesar nuestros pecados y confiar en que Él hará que todo obre para nuestro bien y para su gloria. Rebelarnos contra la mano de Dios es buscar problemas. Jonás se sometió, oró y confió, y Dios le perdonó.

III. Avivamiento: La lección del poder de Dios (3)

La palabra clave en este capítulo es «grande». Jonás vino a la gran ciudad para predicar el mensaje de Dios. Había casi un millón de personas en Nínive y alrededor de ella, y la ciudad tenía grandes murallas y torres. Era el centro del ascendente Imperio Asirio. Pero era una ciudad pecadora (léase Nah 3) debido a que los asirios era un pueblo cruel y despiadado, que no tenía ninguna compasión por sus enemigos. «Violencia» era su principal pecado (v. 8). Dios le dio a Jonás una gran comisión, predicar a estos gentiles que podían escapar de la ira de Dios y ser perdonados. ¡Qué mensaje! Jonás tenía que sobreponerse a sus prejuicios pecaminosos para predicar este mensaje. Entonces Dios obró un gran cambio en la ciudad, porque desde el rey hasta el ciudadano más humilde mostraron temor y arrepentimiento. Dos cosas contribuyeron a esto: el mensaje de Jonás y el milagro de la liberación de Jonás del gran pez, ya que las noticias del hecho llegaron a la ciudad. Llevó tres días recorrer todo Nínive, pero el avivamiento llegó el primer día del ministerio de Jonás. El pueblo «creyó a Dios» (v. 5), demostrando su fe con obras de contrición. Y Dios les perdonó. Esta fue sin duda una de las cosechas de evangelización más grandes de la historia. Muestra lo que Dios puede hacer con un frágil instrumento humano dispuesto a predicar el mensaje de Dios.

Jesús usó a Nínive para ilustrar un punto importante (Mt 12.38-41). Predicó tres años a esa generación y reforzó sus mensajes con milagros, sin embargo, no querían arrepentirse ni creer. Los ninivitas oyeron *un* sermón y *un* predicador, y ese sermón enfatizaba la ira, no el amor; y sin embargo se arrepintieron y fueron perdonados. Los judíos oyeron durante tres años al

Hijo de Dios, oyeron el mensaje del perdón de Dios, sin embargo rehusaban arrepentirse. Sin duda, su condenación será más grande.

IV. Rebelión: La lección de la compasión de Dios (4)

Si usted hubiera escrito este capítulo final, quizás hubiera mostrado a Jonás en la ciudad de Nínive, enseñando al pueblo y ayudándolos en sus decisiones espirituales. Pero Dios no lo escribe así. En lugar de hallar a un predicador regocijándose, nos hallamos con uno rebelde, furioso contra el pueblo y contra Dios. Vemos a un adulto actuando como niño, un creyente actuando como incrédulo. Vemos a Jonás sentado fuera de la ciudad, tratando de hallar un poco de comodidad y en realidad esperando que el juicio de Dios cayera sobre el pueblo. Aquí tenemos lo asombroso: ¡Dios envió un gran despertamiento bajo la predicación de un hombre que ni siquiera amaba a las almas del pueblo al cual predicaba!

Esta es la lección clave del libro: El amor y la compasión de Dios por las almas perdidas. Jonás se autocompadecía e incluso sintió lástima por la planta que le cobijaba y luego murió, pero no tenía ningún amor ni compasión por las multitudes en la ciudad de Nínive. Es posible servir al Señor y sin embargo no amar a las personas. Qué diferente es Jonás en este capítulo de Jesucristo, porque Jesús miró a la ciudad de almas perdidas y lloró. Dios podía controlar el viento y las olas en el capítulo 1, el pez en el capítulo 2, la enredadera, el gusano y el viento en el capítulo 4, pero no podía controlar a Jonás sin la rendición del profeta. Todo en la naturaleza obedece a la Palabra de Dios, excepto los seres humanos, y estos tienen la más grande razón para obedecer. Al parecer Jonás arregló cuentas con Dios, confesó sus pecados y continuó su ministerio. Y Dios en efecto perdonó a la ciudad de Nínive durante un siglo y medio.

Por supuesto, Jonás es un tipo de Jesucristo (Mt 12.39-41) en su muerte, sepultura y resurrección. Cristo fue más grande que Jonás en su persona (es el Hijo de Dios), su alcance (el mundo entero, no una ciudad), su sacrificio (murió para salvar a otros) y su amor por quienes no se lo merecían. Algunos ven en Jonás un cuadro de la nación judía: desobediente, echada de su tierra; «tragada» por el mar de gentiles; preservada a pesar de la oposición; traída de regreso y teniendo una segunda oportunidad.

MIQUEAS

Los nombres de los reyes en Miqueas 1.1 nos dicen que el profeta predicó en la misma época que Isaías (Is 1.1). No es difícil imaginarse a estos dos hombres ministrando en Judá, animándose mutuamente y procurando difundir la Palabra de Dios. De los gobernantes, Jotam y Ezequías fueron buenos reyes que ayudaron a la nación, pero Acaz fue un hombre impío que vendió a la nación a la idolatría.

Este pequeño libro se compone de tres «sermones» que Miqueas predicó al pueblo y cada mensaje empieza con la palabra «oíd». Analiza tres temas muy prácticos e importantes:

I. El juicio viene (1–2)

Miqueas no pierde tiempo para entrar en su mensaje. Dios le ha hablado y advertido que los pecados del pueblo eran tan grandes que debía enviar juicio. Nombra las ciudades capitales en el versículo 1: Jerusalén (capital de Judá, el reino del sur) y Samaria (capital de Israel, el reino del norte). Es más, en este primer mensaje Miqueas nombra a doce ciudades y destaca sus pecados. Los pecados de estas ciudades contaminaban la nación entera. Esto suena muy actual.

¿Cuáles era algunos de los pecados que Dios juzgaría? La idolatría («lugares altos», en 1.5) era el pecado principal. El pueblo insistía en adorar «las obras de sus manos» (5.13). Pero la gente también lo hace hoy. Quizás no tallemos estatuas y a lo mejor no nos inclinemos ante ellas, pero vivimos por las cosas que hemos fabricado: automóviles, vestidos, casas, dinero. Aquello a lo cual servimos y por lo cual nos sacrificamos es lo que adoramos. Miqueas advirtió que vendría el día cuando Dios destruiría los ídolos del pueblo y los convertiría en polvo (1.6-7).

En 2.1 vemos el pecado de la codicia: el pueblo se desvelaba por la noche pensando en nuevas maneras de conseguir «cosas» y luego se levantaba temprano para realizar sus planes. De acuerdo a Colosenses 3.5 la codicia es idolatría. Muchos tienen hoy un apetito insaciable de conseguir más cosas. «Mirad, y guardaos de toda avaricia», previno Jesús, «porque la vida del hombre no consiste en la abundancia de los bienes que posee» (Lc 12.15). El pueblo no sólo era codicioso, sino que usaba medios ilegales para conseguir lo que quería: fraude, amenazas, violencia (2.2). El rico se aprovechaba del pobre y los gobernantes no obedecían la ley de Dios.

¿Cómo respondió Miqueas a este terrible mensaje de juicio? Lloró y lamentó (1.8-9). Entonces envió un mensaje personal a cada una de las perversas ciudades, advirtiéndoles que el día de la ira de Dios estaba a la vuelta de la esquina. Usa un poco de sarcasmo en 1.10-16, relacionando cada mensaje al nombre de la ciudad en particular a donde era enviado. Vemos

Bet-le-afra, donde afra significa «polvo», y ellos se revolcarían en el polvo. Safir quiere decir «hermoso», pero la gente saldrá desnuda. Zaanán quiere decir «salir», pero los ciudadanos temerían demasiado para salir.

¿Cómo reaccionó la gente a la predicación de Miqueas? Trató de detenerlo. En 2.6 dice: «¡Deja de predicar cosas tan terribles! Tú sabes que eso no nos ocurrirá a nosotros. Somos el pueblo de Dios». Pero Miqueas dice: «Debo predicar, el Espíritu de Dios me compele». Miqueas sabía que el pueblo no quería predicación sincera; preferían a sus falsos profetas borrachos que vivían tan perversamente como el pueblo (2.10-11).

II. El Libertador viene (3–5)

Sin desanimarse por sus calumnias, Miqueas avanza ahora a su segundo mensaje, uno de esperanza. Primero condena a los líderes perversos de la tierra: los gobernantes, los falsos profetas y los sacerdotes (3.1-7). Devoraban al pueblo en lugar de ayudarlo, y rehusaban servir a menos que se les pagara. Era el pecado de la codicia de nuevo. Los profetas predicaban lo que la gente quería oír: «Todo está bien; nada malo nos sucederá». Pero Miqueas sabía que Israel caería ante Asiria (esto ocurrió en el 721) y que los babilonios llevarían a Judá cautiva (esto ocurrió en 606-586).

El capítulo 4, sin embargo, toma un nuevo tema maravilloso: un día habrá paz en la tierra y la justicia reinará. El monte de Sion será la capital del mundo; todos los ejércitos serán desmantelados y las armas destruidas. ¿Cómo ocurrirá? Por medio de la promesa dada en el capítulo 5: El Libertador vendrá. Miqueas mencionó doce ciudades; pero ahora menciona una más: Belén, el lugar de nacimiento de Jesús (5.2-3; Mt 2.6). Es esta profecía la que guió a los sabios a Jesús. Por supuesto, los judíos rechazaron a su Príncipe de paz, de modo que no ha habido paz en el mundo. Pero cuando Cristo vuelva a la tierra, establecerá su reino de paz y no habrá más guerra.

Entretanto los hombres y mujeres pueden tener paz en sus corazones confiando en Cristo como Salvador (Ro 5.1). Y este es el tema del mensaje final de Miqueas, porque llama al pueblo a tomar la decisión de confiar en Dios y obedecerle.

III. Confíen en el Señor ahora (6–7)

La escena aquí es una corte judicial y Dios ha llamado a su pueblo para juicio. «Declara tu caso contra mí», dice Él. «Tengo una queja contra ti», anuncia el Señor, «porque he hecho todo lo que podía y sin embargo me has rechazado. Te saqué de Egipto; te conduje por el desierto; te protegí de tus enemigos. ¿Qué más podía haber hecho?»

En 6.6-8 el pueblo responde: «Sí; hemos pecado. ¿Cómo podemos reparar todo lo que hemos hecho? Podríamos traer sacrificios, pero estos nunca lavarían nuestros pecados. Jamás nos podrá salvar toda nuestra religión. Incluso si sacrificáramos a nuestros hijos, eso no nos limpiaría. Sabemos lo que Dios quiere que hagamos; actuar con justicia, amar misericordia y andar

humildemente delante de nuestro Dios». ¡Cuán cierto! Dios no quiere regalos y sacrificios extravagantes; quiere nuestros corazones (Sal 51.16-17; 1 S
15.22; Is 1.10-18).

Dios habla de nuevo en 6.9-16. «Debes arrepentirte y obedecer, porque
el juicio se acerca. Entonces descubrirás cuán terribles han sido tus pecados,
engaños y mentiras. Trataréis de satisfaceros vosotros mismos, pero no dará
resultados. Comeréis, pero seguiréis con hambre; ahorraréis dinero, pero se
desvanecerá; sembraréis, pero nunca cosecharéis». Qué cuadro más trágico.
Imagínese ver que todo lo que usted hace no logra nada porque está fuera de
la voluntad de Dios.

Miqueas el profeta habla en 7.1-10. Lamenta que la nación es tan perversa que no puede hallar un hombre honrado. La coima, la injusticia, la falta
de honradez y la codicia rigen la tierra. Pero Miqueas tiene fe en Dios
(7.7-10). Si Él va a castigar, todo lo que Miqueas puede hacer es esperar con
paciencia a que Él obre. Si el Señor castiga a su pueblo por sus pecados, sin
duda también castigará al enemigo por los suyos.

En 7.11-17 Dios le promete al pueblo que le restaurará en el futuro. Las
ciudades perversas serán restauradas y limpiadas, y la nación será establecida
en gloria. Pero antes los judíos deben atravesar un tiempo de tribulación.
Durante siglos han sufrido, por supuesto, pero habrá un tiempo especial de
prueba después de que Cristo lleve a la Iglesia al cielo. Esta es la tribulación
o el tiempo de aflicción de Jacob.

Los versículos finales (7.18-20) son una maravillosa confesión de fe, el
propósito total del mensaje de Miqueas. Quiere traer al pueblo a la fe en el
Señor. Dios en el Único que puede perdonar pecados (Mc 2.7; Sal 32.5). Sólo
Él mostrará misericordia y amor a los pecadores; arrojará los pecados a lo
profundo del mar. Es por esto que Cristo murió, para que los pecadores
puedan ser perdonados. ¿Ha confiado en Él y le ha pedido que perdone sus
pecados? Este es el tema final del mensaje de Miqueas: «¡Confíe en el Señor
hoy!»

NAHUM

Imagínese qué contentos se pusieron los de Judá cuando oyeron: «¡Nínive ha caído! ¡El Imperio Asirio ya no existe!» (cf. 1.15). Asiria fue un enemigo despiadado que practicó la brutalidad sobre hombres, mujeres y niños. Sus ejércitos destruían y saqueaban; sepultaban vivos a sus enemigos, e incluso los desollaban vivos; los clavaban vivos en postes afilados y los dejaban bajo el candente sol. Dios usó a Asiria para castigar al reino del norte, Israel; eso ocurrió en el 721 a.C. En el 701 a.C. los asirios trataron de conquistar Judá, pero Dios intervino y destruyó su ejército (Is 36-37). Sin embargo, Asiria siempre fue azote de las naciones; todas les temían y trataban de ganarse su aprobación. Finalmente, en el 612 a.C. Los medos y los babilonios destruyeron a Nínive; y su conquista fue tan completa que las ruinas de la ciudad no se descubrieron hasta 1842.

Fue concerniente a esta destrucción futura de Nínive que escribió Nahum. Escribió este pequeño libro en un tiempo cuando Asiria estaba en la cumbre de su poder. Nadie hubiera soñado que la poderosa Nínive caería, pero Dios conoce el futuro y le dio su mensaje a Nahum para que lo diera al atemorizado pueblo de Judá. Este no fue un mensaje de advertencia para los de Nínive; ellos oyeron la advertencia de Dios a través de Jonás un siglo y medio antes. No, no había esperanza para Nínive; la paciencia de Dios se había agotado y su juicio iba a caer. Más bien fue un mensaje de esperanza para Judá, para animarles a confiar en Dios en la hora de mayor peligro. Cada uno de los tres capítulos nos dicen algo acerca de Dios y también acerca de la caída de la ciudad.

I. Dios es celoso: Nínive caerá (1)

Cuando se aplica la palabra «celoso» a Dios, no sugiere envidia ni egoísmo. Lleva la idea del celo de su gloria y santidad. Dios arde con aborrecimiento contra el pecado, aun cuando ama al pecador. Así como un esposo cela a su esposa y por consiguiente la protege, Dios es celoso por su pueblo y su ley, y por lo tanto debe actuar en santidad y justicia. Es lento para la ira; es más, les dio a los de Nínive ciento cincuenta años de misericordia. Pero ellos fueron tan lejos en su brutalidad y violencia, que Dios tenía que juzgarlos.

¿Tiene Dios el poder para juzgar? Por supuesto que sí. Mire su poder en la naturaleza (vv. 3-6), en los vientos y las tormentas, en la lluvia y la sequía, en la tierra y en el mar. ¿Quién puede permanecer delante de su poder? Las naciones de hoy parecen olvidar el poder del Dios Todopoderoso. Actúan como si no hubiera Dios. Pero usted puede estar seguro de que el día del juicio vendrá y de ese día ninguna nación podrá escapar.

En los versículos 8-13 Nahum describe la caída de la ciudad con dos cuadros: una gran inundación de aguas que barre con todo; y un fuego que los consumirá como hojarasca seca. Es interesante notar que Nínive en efecto cayó debido a una inundación. Los medos y los babilonios sitiaron la ciudad durante muchos meses y no lograron avanzar casi nada. Luego vino la temporada de lluvias y los dos ríos junto a Nínive empezaron a crecer. Un historiador dice que los medos rompieron uno de los diques del río. Pero en cualquier caso, las aguas crecidas dieron con ímpetu contra las gruesas murallas de Nínive y las derribaron. La ciudad fue literalmente destruida por la inundación; véase también Nahum 2.6. Dios no necesita ejércitos; ¡puede usar gotas de lluvia!

Dios hace dos maravillosas promesas a su pueblo en este capítulo. En 1.7 les asegura su bondad y les dice que estarán seguros siempre que confíen en Él. En 1.12 les asegura que no los afligirá de nuevo con los ejércitos asirios de la manera en que afligió antes a Israel. Cualquiera que sea la dificultad, podemos confiar en que Dios nos cuidará y nos hará salir adelante.

II. Dios es Juez: La caída de Nínive es grande (2)

En el texto hebreo 1.15 es realmente el principio del segundo capítulo. Es el anuncio gozoso de que Nínive ha caído. Véase también en Isaías 52.7 un anuncio similar acerca de la caída de Babilonia: y véase cómo Pablo lo usa para hoy en Romanos 10.15. La persona que trae un mensaje de esperanza y de victoria es alguien que tiene pies hermosos. Como cristianos debemos tener pies hermosos al llevar el mensaje del evangelio a los perdidos.

El capítulo 2 es un cuadro vívido de la invasión de la ciudad y su caída final. Asiria despojó a Israel en el 721; ahora Dios iba a restaurar a su pueblo castigando al enemigo (vv. 1-2). Los medos usaban uniformes escarlatas y escudos del mismo color (v. 3). Los ejércitos con sus espadas y lanzas parecían un bosque de cipreses. Por favor, no haga de 2.4 una profecía del automóvil moderno. Sólo es un cuadro de los carros tirados por caballos en las calles de la ciudad. El versículo 7 quizás se refiere a la reina llevada en gran humillación.

Nótese la referencia a leones repetida en los versículos 11-13. El león era el símbolo del Imperio Asirio, según se puede ver en los cuadros de la historia y libros de arqueología. Construyeron enormes estatuas de leones con cabezas de hombre. «¿Dónde están tus leones ahora?», pregunta Nahum. «¿Dónde están tus gobernantes, tus paladines?»

«Estoy contra ti» (v. 13). Dios trajo a los medos y a los babilonios contra Nínive y les permitió saquear la ciudad y llevarse su riqueza. Dios esperó ciento cincuenta años para que Asiria se arrepintiera, pero rehusaron hacerlo. Dios es Juez entre las naciones; debe actuar.

III. Dios es justo: Nínive merece caer (3)

Aquí Nahum trata de la justicia de este acto. Algunos pudieran decir: «Pero Dios usó a Asiria para castigar al reino del norte, Israel. ¿Por qué castigar a Nínive cuando una vez la usó como su instrumento?» O algunos pudieran argüir: «Mire al reino de Judá. Está lleno de pecado también. ¿Por qué no castigarlo?» Pues bien, Dios castigaría a Judá a los pocos años (606-586); permitiría que los babilonios destruyeran a Jerusalén y llevaran cautivo al pueblo. Pero su propósito para Judá sería diferente al de Nínive. Dios castigaría a Judá en amor para enseñarle una lección; castigaría a Asiria en ira para destruirla por sus pecados.

En 3.1 vemos una lista de los grandes pecados de Asiria: homicidios, mentiras y codicia. Los asirios asesinaron a miles de inocentes; ahora matarían a los suyos y sus cuerpos apilados en las calles como si fueran leña. Nínive sostuvo un lucrativo comercio con otras naciones y se enriqueció mediante mentiras y violencia. Pero ahora toda su riqueza se desvanecería en manos de los saqueadores. Esta es la justicia de Dios. Y en ese día de juicio los soldados asirios (por lo general muy valientes) actuarían como mujeres asustadas. Todo medio de fortificación caería.

En los versículos 15-17 Nahum compara la batalla con una plaga de langostas. Así como los gusanos devoran las cosechas, el enemigo devorará a la ciudad. Los soldados asirios serían tan fuertes como saltamontes. Luego, en el versículo 18, Nahum ve a los asirios como un rebaño de ovejas masacrado, sus pastores (gobernantes) durmiendo muertos.

La palabra «fama» en el versículo 19 significa «nuevas, informe». Cuando las naciones recibieron el informe de la destrucción de Asiria, aplaudieron y gritaron de gozo. Dios juzga los pecados de las naciones y de los individuos. Es trágico rechazar sus advertencias y persistir en el pecado. «Tenga por seguro que sus pecados lo alcanzarán».

HABACUC

¿Ha mirado alguna vez a este mundo con su injusticia y violencia y se ha preguntado: «Por qué Dios no hace algo»? Da la impresión de que el malo prospera y el justo sufre. Los piadosos oran, pero parece como si sus oraciones no sirvieran para algo. Este es el problema que enfrenta y resuelve Habacuc. Nótense tres actos en este drama personal conforme el profeta enfrenta sus dudas y halla seguridad en su fe.

I. El profeta desea saber (1)

A. «¿Por qué Dios está en silencio e inactivo?» (vv. 1-4).

Este fue el primer problema que asombraba al profeta. Miraba el mundo de su día y veía violencia (1.2-3,9; 2.8,17), injusticia, destrucción, rencilla y contención. La ley no se cumplía; no se protegía legalmente a los inocentes que sentenciaban como culpables. Abogados egoístas y oficiales crueles manipulaban las cortes. Toda la nación sufría debido a la iniquidad del gobierno. Sin embargo, parecía que Dios no hacía algo al respecto. Junto con estos problemas internos estaba la amenaza del Imperio Babilónico que barría en todo el paisaje político.

Dios le dio al profeta una respuesta en 5-11. «Estoy realizando una obra que te asombrará», dijo. «Levantaré a los caldeos, quienes conquistarán a las naciones y serán mis instrumentos para castigar al pueblo». Cuán cierto es que Dios obra en nuestro mundo y que no nos damos cuenta de ello (Ro 8.28; 2 Co 4.17). Pablo cita 1.5 en Hechos 13.41, aplicándolo al esparcimiento del evangelio entre los gentiles. Dios describe a los ejércitos caldeos en estos versículos y el cuadro no es alentador. Son feroces y ágiles; son terribles y formidables; vuelan como águilas y caen en picada para matar. No hacía falta hablarle a Habacuc del terror de los caldeos, porque conocía cuán perversos eran.

B. «¿Cómo Dios puede usar una nación impía en una causa santa?» (vv. 12-17).

La respuesta de Dios en 5-11 sólo le creó un nuevo problema a Habacuc. No entendía cómo un Dios santo usaba a una nación tan malvada para castigar a su propio pueblo, los judíos. «Es verdad que hemos pecado», dice Habacuc, «y merecemos el castigo; pero los caldeos son mucho más perversos que nosotros. Si alguien merece castigo, son ellos». ¿Puede un Dios santo sentarse impávido y ver que a su pueblo lo atrapan como a un pez y lo pisotean como insecto? (vv. 14-15). Los caldeos se jactarían: «*Nuestros* dioses nos han dado la victoria. Jehová no es el Dios verdadero» (énfasis añadido).

No hay nada malo en que el creyente luche con los problemas de la vida y trate de resolverlos. A veces parece como si a Dios no le importara nada; parece que se ha olvidado de los suyos y ayuda a los paganos. Cuántos millones de creyentes han sufrido el martirio por su fe. ¿Podemos adorar, confiar y servir con sinceridad a un Dios cuyos caminos parecen ser contradictorios?

II. El profeta vela y espera (2)

En lugar de convertirse en un ateo o agnóstico, Habacuc fue a su fortaleza para orar, meditar y esperar en el Señor. Sabía que Dios oía su queja y que pronto le enviaría una respuesta. Dios *en efecto* contestó. «Tengo un plan y un calendario», dijo Dios. «Todo será a su debido tiempo, de modo que no te impacientes». Entonces Dios le asegura a Habacuc tres cosas maravillosas para animarlo y fortalecerlo durante esos días difíciles.

A. «El justo por su fe vivirá» (v. 4).

Este es uno de los versículos más importantes de la Biblia. Forma el texto de tres libros del NT: Romanos (1.17; enfatiza *el justo*); Gálatas (3.11; enfatiza *vivirá*); y Hebreos (10.38; enfatiza *por fe*). El versículo 4 describe dos clases de personas: las que «se enorgullecen» debido a que confían en sí mismas, y las que son salvas y humildes debido a que confían en el Señor. Véanse al fariseo y al publicano en Lucas 18.9-14. Los caldeos eran los que se enorgullecían de sus victorias, sin percatarse de que era Dios el que les capacitó para conquistar.

B. «La tierra será llena del conocimiento de la gloria de Jehová» (v. 14).

La tierra en el día de Habacuc no estaba llena de mucha gloria, ni tampoco lo está hoy. Mire los cinco «ayes» de este capítulo y descubrirá los pecados que Dios aborrece: avaricia y codicia violenta (vv. 5-11); homicidio a sueldo (v. 12); embriaguez (vv. 15-16); e idolatría (v. 19). Estos son los mismos pecados que contaminan a las naciones en la actualidad. Y Dios los aborrece tanto hoy como lo hizo en el día de Habacuc. Pero la promesa sigue en pie, la gloria de Dios un día llenará la tierra, porque Jesucristo volverá, derrotará todo pecado y establecerá su Reino justo.

C. «Jehová está en su santo templo» (v. 20).

Dios sigue en su trono (Is 6). No tenemos necesidad de quejarnos ni de dudar, porque Él reina e interviene en los asuntos de las naciones. Habacuc pensaba que a Dios no le interesaban los problemas de la vida, pero descubrió que a Él le importaban mucho y que obraba según su plan y a su tiempo. Es por ello que el justo vive *por fe.* «Porque por fe andamos, no por vista» (2 Co 5.7; 4.18). Si miramos a nosotros mismos o a las circunstancias, nos desanimaremos y desearemos darnos por vencidos, pero si miramos a Dios por fe y hacia adelante a la gloriosa venida de Cristo, nos animaremos y seremos capaces de avanzar en victoria.

III. El profeta adora (3)

¡Habacuc es un hombre cambiado! En vez de quejarse, alaba al Señor. Dios cambia los suspiros en canto si nosotros (como Habacuc) nos damos tiempo para esperar ante Él en oración y oír su Palabra.

Primero, el profeta ora (v. 2). «Veo que estás obrando en este mundo», dice el profeta refiriéndose a 1.5. «Ahora, continúa obrando; mantén viva tu obra y conclúyela». Aquí la palabra «aviva» no tiene que ver con nuestras «campañas de avivamiento» modernas. Habacuc simplemente le pide al Señor que continúe obrando. Sabe que habrá ira y juicio, pero ora que el Señor se acuerde también de la misericordia.

Luego el profeta medita (vv. 3-16). Repasa la historia de Israel y las obras maravillosas del Señor. Esta descripción poética del poder formidable de Dios no parece seguir ningún patrón especial, ni tampoco abarca los principales hechos de la historia judía. Pero Habacuc sabía que Dios obró en el pasado y por consiguiente podía confiar en que Él obrará en el presente y en el futuro. Las montañas temblaron ante el Señor; y lo mismo ocurrirá con los caldeos. «Jehová es un hombre de guerra». Israel era su pueblo; Él los cuidaría.

Finalmente el profeta alaba (vv. 17-19). Estos versículos representan una de las más grandes confesiones de fe que se hallan en la Biblia. «Aunque todo a mi alrededor falle: los campos, las viñas, los rebaños, el ganado, con todo yo me regocijaré en el Señor». Esta es la versión del AT de Filipenses 4.11-13. Habacuc sabía que no tenía fuerza propia, pero que Dios podía darle la fuerza que necesitaría para atravesar las pruebas que se avecinaban. «Él me hará como un ciervo; saltaré sobre las montañas».

Cuánto más debe esto significar para nosotros. Habacuc miraba a través de la niebla y se maravilló del programa de Dios, pero en Cristo nosotros *conocemos* los planes de Dios para esta edad (Ef 1.8-10; y cap. 3). Tenemos la Biblia para estudiar y Habacuc no la tenía. Tenemos la vida, muerte, resurrección y ascensión de Jesucristo, así como la promesa de su venida. Si alguien debe andar por fe y regocijarse en el Señor, es la iglesia cristiana de hoy. Sin embargo, demasiado a menudo dudamos, nos quejamos, nos adelantamos a Dios e incluso criticamos lo que Él hace.

Habacuc nos muestra cómo lidiar con los problemas de la vida: (1) admitirlos con sinceridad; (2) hablarle a Dios al respecto; (3) esperar en silencio delante de Él en oración y meditación en la Palabra; (4) cuando Él habla, escuchar y obedecer. Nunca huya de las dificultades de la vida, porque Dios quiere usarlas para fortalecer su fe. «Nunca dude en la oscuridad lo que Dios le ha dicho a la luz». El justo por su fe vivirá.

SOFONÍAS

Este hombre no era ningún predicador ordinario. Era el tataranieto del rey Ezequías, uno de los más famosos gobernantes de Judá. Tenía sangre real en sus venas, pero más importante aún, tenía el mensaje de Dios en sus labios. Extraño como parece, Sofonías predicó durante el reinado del buen rey Josías y era un tiempo de «avivamiento» religioso (véase 2 R 22–23). Josías subió al trono a los ocho años y a los dieciséis se consagró al Señor. Cuando tenía veinte años empezó una gran reforma en la tierra, derribó los ídolos y juzgó a los falsos sacerdotes y profetas. Luego empezó a reedificar el templo y dirigió a la nación a celebrar la Pascua. Por todas las apariencias, era un tiempo de interés religioso y consagración.

Pero Sofonías veía más adentro; vio los corazones de las personas y sabía que el celo religioso no era sincero. Las reformas eran sólo superficiales; la gente se deshizo de sus ídolos en sus casas, pero no de los ídolos de sus corazones. Los gobernantes de la tierra aún eran avaros y desobedientes, y la ciudad de Jerusalén era la fuente de toda clase de iniquidad en la tierra. Incluso hoy muchos creyentes carecen de discernimiento y piensan que todo «movimiento religioso» es una obra genuina del Señor. Algunas veces la reforma simplemente externa sólo prepara el camino para la obra del diablo (Mt 12.43-45).

Podemos dividir el mensaje de Sofonías en tres partes; dos que tratan del juicio y una de la misericordia.

I. Dios juzgará a Judá (1.1–2.3)

¡Qué declaración!: «Destruiré por completo todas las cosas de sobre la faz de la tierra». El juicio viene y nada escapará. Incluirá las aves, las bestias y los peces; especialmente afectará a los ídolos («tropezaderos») de los impíos; y exterminará a la población de la tierra. En el versículo 4 Dios menciona los puntos críticos: Judá y Jerusalén. ¿Qué? ¿El pueblo de Dios atravesará juicio? ¡Sí! ¿Cómo puede Dios destruir su pueblo santo y su ciudad santa? Lo hace por sus pecados y en particular los pecados de idolatría (vv. 4-6). El profeta describe tres clases de pecadores en estos versículos: los que se olvidan de Jehová y adoran sólo ídolos, vv. 4-5a; los que adoran *tanto* a Jehová como a los ídolos, v. 5b; y los que se olvidan abiertamente del Señor y no quieren tener nada que ver con Él, v. 6. Estas mismas actitudes están con nosotros hoy.

El juicio que viene se describe en los versículos 7-18. Lo llama «el Día de Jehová», una frase que usan muchos escritores del AT, Joel en especial. «El Día de Jehová» tiene un doble significado: (1) localmente, los juicios de Dios sobre Israel y Judá en el pasado; (2) proféticamente, ese tiempo futuro de juicio cuando Dios derrame su ira (Ap 6–19). En este caso, «el Día de Jehová» sería la invasión babilónica del 606 a.C., y la destrucción de la ciudad y del templo en el 586 a.C. Sofonías ve esta invasión como un gran «sacrificio»; véase también Apocalipsis 19.17-18. El ruido de la invasión empezará en la puerta del Pescado, la puerta más distante de la ciudad, y luego avanzará hasta la misma cima del monte Sion. Pero no serán los soldados extranjeros los que harán el trabajo; será Dios el que buscará en la ciudad, como con una lámpara, desenmascarando el pecado y castigando la iniquidad. Los versículos 14-16 usan once palabras diferentes para describir el Día de Jehová que vendrá. Ricos y pobres sufrirán por igual; ni plata ni oro les salvará.

En 2.1-3 el profeta se vuelve a Jerusalén y a Judá y suplica al pueblo que se vuelva a Jehová y se arrepientan de sus pecados. «Antes de que tenga efecto el decreto de Dios, mientras que aún hay tiempo, volveos a Dios y pedid misericordia». Es triste, pero la nación se contentaba con ser «religiosa»; no se volverían de sus pecados.

II. Dios juzgará a las naciones (2.4–3.7)

El profeta menciona a varias naciones gentiles alrededor de Judá y anuncia que Dios las juzgará también por sus pecados. Empieza con Filistea (vv. 4-7) y predice que sus populosas costas serán potreros para el ganado. Luego menciona a Moab y a Amón (vv. 8-11), descendientes del rebelde Lot (Gn 19.33-38). Maltrataron al pueblo de Dios y con arrogancia «se engrandecieron»; por lo tanto, Dios los humillará. Sus tierras quedarán en ruinas. Se demostrará que sus ídolos son impotentes.

Egipto es el siguiente en la lista (v. 12) y le promete guerra que matará a sus jóvenes. Asiria y su capital Nínive serán destruidas de tal manera que su tierra será un desierto (vv. 13-15). Las aves salvajes morarán allí con los animales. Sus hermosos edificios quedarán sepultados bajo la arena. Nahum también profetizó la caída de Nínive y su completa destrucción.

De nuevo Sofonías termina su mensaje con una apelación a su pueblo (3.1-7). Si Dios juzga los pecados de los paganos, ¿cuánto más juzgará los pecados de Judá, la «nación santa de Dios»? Llama a Jerusalén rebelde y contaminada; a pesar de que Josías quitó todos los ídolos. Dios podía ver sus corazones y en ellos vio rebelión. No tenían fe verdadera en el Señor. Los príncipes y jueces eran como animales al acecho, buscando a quien devorar. Los profetas eran «livianos»; les faltaba seriedad de pensamiento y de interés. También eran «traicioneros», porque hacían descarriar al pueblo. Los sacerdotes contaminaban todo lo que tocaban, aun el santuario sagrado. Podían ver el juicio de Dios día tras días, pero no le daban cabida en su corazón. Veían que Dios castigaba a otras naciones, pero decían: «Esto nunca ocurrirá aquí».

Pues bien, allí ocurrió. En el 606 a.C. los babilonios vinieron y destruyeron a la nación, la ciudad y el templo. «El pecado es oprobio de cualquier pueblo», especialmente del pueblo de Dios.

III. Dios restaurará a su pueblo (3.8-20)

Sofonías concluye su mensaje con una gran promesa: Dios un día volverá a reunir a su pueblo, castigará a las naciones gentiles y restaurará a Israel y a Judá a su tierra. El versículo 8 es sin duda una predicción de la batalla del Armagedón, cuando todas las naciones se congregarán contra Jerusalén en los últimos días (Ap 19.11-21). Pero Cristo volverá y juzgará a estas naciones, y entonces establecerá su Reino. Volverá a reunir a los judíos esparcidos, los limpiará de sus pecados y establecerá su Reino justo, sentándose sobre el trono de David en Jerusalén. Véase Zacarías 12–13.

¿Ha notado el énfasis de Sofonías en «el remanente»? (2.7,9; 3.13). En su día había un remanente creyente, un pequeño grupo de personas fieles a Dios, así como hay un remanente creyente hoy. No todos los judíos seguirán al Señor en los últimos días, pero el remanente sí lo hará.

¿Qué debían hacer los judíos creyentes debido al mensaje de Sofonías? Por un lado, debían esperar (3.8) y dejar que Dios realice sus propósitos. Entonces debían cantar (3.14ss) y regocijarse por la bondad del Señor. La nación tendría que atravesar un tiempo de aflicción y prueba, pero Dios estaría en medio de ella (3.17) y no debía temer aun en el tiempo del juicio. Dios los amaría y los cuidaría. Luego, cuando su ira haya terminado, restaurará a la nación y se regocijará por ella. Afligirá a los que afligieron a los judíos (3.19) y traerá a los judíos de regreso a su tierra. Esto ocurrió después de cumplidos los setenta años del cautiverio.

Pero hay una futura reunión y restauración para Israel cuando, de acuerdo al versículo 20, serán alabanza para toda la tierra. Eso no ha sucedido. Hoy son una fuente de contención internacional. Pero cuando Jesús vuelva, serán una fuente de gozo y gloria en la tierra, y el mundo tendrá paz.

HAGEO

Para comprender la obra de estos tres últimos profetas (Hageo, Zacarías y Malaquías) debemos repasar la historia judía. En el año 536 Esdras llevó de regreso aproximadamente cincuenta mil judíos a la Tierra Santa. Reedificaron el altar y empezaron de nuevo los sacrificios y en el 535 se colocaron los cimientos del templo. Pero hubo una considerable oposición y el trabajo se detuvo. No fue sino hasta el 520 que el pueblo empezó de nuevo la obra; y en el 515 finalmente el templo quedó completo. Fue la obra de cuatro hombres piadosos que condujo la tarea hasta su final: Zorobabel, el gobernador; Josué, el sumo sacerdote; y Hageo y Zacarías, los profetas. Véanse Esdras 5.1 y 6.14.

El propósito del ministerio de Hageo fue despertar al pueblo ocioso y animarlos a concluir el templo de Dios. Fue fácil lograr empezar el trabajo cuando acababan de llegar a la Tierra Santa, por cuanto todos tenían dedicación y entusiasmo. Pero después de meses de pruebas y oposición, la obra se hizo más lenta y a la larga se detuvo. En este pequeño libro tenemos cuatro sermones de Hageo y cada uno tiene una fecha específica. En cada mensaje Hageo destaca un pecado particular que les impedía cumplir la voluntad de Dios y terminar la obra.

I. Ponerse por delante del Señor (1.1-15)

Fue el 1º de septiembre de 520 cuando Hageo predicó este mensaje. Habían pasado dieciséis años desde la colocación de los cimientos y el templo aún estaba inconcluso. Este mensaje se le predicó a los dos líderes de la nación, Zorobabel y Josué, líder civil y religioso respectivamente. Hageo no desperdicia tiempo; va directo al punto de su mensaje: «El pueblo está dando excusas y descuidan la casa de Dios. Pero es tiempo de poner manos a la obra y terminar la casa de Dios».

Destaca el egoísmo de ellos; construyeron sus casas, pero decían que no tenían tiempo para edificar la casa de Dios. En otras palabras, se anteponían al Señor. Algunos de los judíos tenían incluso «casas artesonadas», lo cual sería lujo en aquel día. Este pecado está con nosotros hoy, anteponemos nuestros deseos a la voluntad del Señor. ¡Qué fácil es dar excusas para no hacer la obra de Dios! El tiempo es demasiado malo como para salir a visitar o para asistir a los cultos, pero no para salir de cacería o ir de compras. La gente se queda sentada durante un partido doble de béisbol y jamás se queja, sin embargo, empiezan a moverse incómodos si el culto de la iglesia se extiende cinco minutos.

Hageo nos advierte que en realidad perdemos cuando nos anteponemos a Dios. En 1.6 nos dice que nuestras ganancias se desvanecen y nuestras posesiones no duran cuando se deja a Dios fuera. Dios retuvo la lluvia (v. 10) y por eso las cosechas fracasaron (v. 11). Al fin y al cabo, los judíos conocían la promesa de Dios de que bendeciría su tierra si le honraban (véase Dt 28), pero no confiaron en la Palabra, de modo que perdieron la bendición. Mateo 6.33 es una gran promesa a la cual aferrarse; lo mismo que Filipenses 4.19.

El mensaje se recibió con convicción real (vv. 12-15) y los líderes se entusiasmaron para hacer la voluntad de Dios. «Yo estoy contigo», prometió Dios. «Yo seré glorificado». Nótese que toda la empresa fue una aventura espiritual y no una simple obra de la carne. El pueblo de Dios se levantó y puso a Dios primero en sus vidas.

II. Mirar atrás en lugar de mirar hacia adelante (2.1-9)

Ya el pueblo había trabajado alrededor de siete semanas cuando Hageo predicó su segundo sermón, el 21 de octubre, el último día de la Fiesta de los Tabernáculos (Lv 23.34). Se suponía que debía ser un gran día de gozo y alabanza, pero en vez de eso fue uno de desánimo y quejas. ¿Por qué? Porque el pueblo miraba hacia atrás en lugar de mirar hacia adelante. Cuando colocaron los cimientos, dieciséis años atrás, los ancianos lloraron porque recordaban la gloria del templo de Salomón (Esd 3.12); y ahora algunas de las personas estaban desanimadas porque al nuevo templo le faltaba esplendor y gloria.

Por supuesto, el problema del pueblo se debía a sus pecados, pero a pesar de esto, no era razón para mirar hacia atrás. En la obra de Dios debemos mirar hacia adelante por fe. «¡Esforzaos y no temáis!», les dijo Dios a los líderes desanimados. «Voy a hacer temblar al mundo y un día estableceré mi reino». Véase Hebreos 12.26-29. Dios promete que la gloria de la casa final (el templo durante el reino milenial) excederá grandemente a la de la casa anterior (el templo de Salomón). «Y entonces les daré paz». Lo mejor aún no ha llegado.

III. Fracasar por no confesar nuestros pecados (2.10-19)

El pueblo esperaba bendiciones materiales el mismo día que empezaron a trabajar en el templo, pero ya era el 24 de diciembre y las cosas seguían difíciles. Hageo explicó por qué Dios no los había bendecido: todavía estaban inmundos; no habían confesado sus pecados. «Vosotros no podéis dar a nadie santidad ni salud», explicó, «sino que podéis darle la inmundicia y enfermedad que poseéis». Y debido a que el pueblo era inmundo su obra también lo era (v. 14). Léase Zacarías 3 en conexión con este mensaje: Zacarías predicó en el octavo mes del mismo año (Zac 1.1), apenas un mes antes de Hageo 2.10-19. Dios podía limpiar al pueblo de sus pecados, si tan solo se arrepentía.

Una vez que la nación fue limpiada Dios le prometió bendecirla (v. 19). No es suficiente hacer la obra de Dios; debemos hacerla con manos limpias y corazón puro. El pecado no confesado es uno de los obstáculos más grandes para realizar la obra del Señor.

IV. Incredulidad (v. 20-23)

Este mensaje final, predicado el mismo día del tercer mensaje, fue dirigido al gobernador personalmente. Sin duda Zorobabel necesitaba estímulo especial al dirigir la obra de Dios. Satanás siempre ataca a los líderes espirituales y es nuestro deber orar por ellos y trabajar con ellos. Tal vez Zorobabel vio a los grandes imperios que los rodeaban y temía por el futuro del diminuto remanente de judíos. Las circunstancias tienen la facultad de desanimarnos a su modo cuando tratamos de hacer la obra del Señor.

Pero Dios estimuló la fe del gobernador. La incredulidad siempre nos roba las bendiciones de Dios. «Haré temblar los cielos y la tierra», dijo Dios. «No les temas a estos reinos. Los derrocaré y los destruiré. En cuanto a ti, Zorobabel, tú eres para mí como un anillo de sellar, una joya muy preciosa. Yo te escogí; no te des por vencido». Cómo este mensaje debe haber animado y fortalecido la fe del gobernador.

Zorobabel fue un antepasado de Jesucristo; su nombre aparece en las genealogías (véanse Mt 1.12 y Lc 3.27). Zorobabel es un tipo o ilustración de Cristo en el AT. Aquí se ve a Cristo como el anillo de sellar de Dios, su sello precioso. Un anillo de sellar habla de autoridad y honor. Dios le dio a Zorobabel la autoridad para terminar el templo; Dios le dio a su Hijo la autoridad para salvar a los perdidos y edificar su templo, la Iglesia (Jn 17.1-3).

¿Qué obra le ha llamado Dios a hacer antes de que Cristo vuelva? ¿La ha empezado pero no la ha acabado? ¿Está desanimado? Entonces tenga cuidado de estos pecados que estorban la obra del Señor: anteponerse uno a Dios; mirar hacia atrás en lugar de hacerlo hacia adelante; el pecado sin confesar; incredulidad. Pero note las maravillosas promesas que Dios nos da: «Yo estoy con vosotros» (1.13); «no temáis» (2.5); «os bendeciré» (2.19); «yo te escogí» (2.23). ¡Aprópiese de la promesa de Filipenses 1.6 y levántese y haga la obra del Señor!

ZACARÍAS

Bosquejo sugerido de Zacarías

Introducción: Un llamado al arrepentimiento, 1.1-6
(noviembre de 520 a.C.)

I. Ocho visiones de aliento (1.7–6.15) (24 de febrero de 520)

A. El jinete (1.7-17): Dios no olvidó a Jerusalén
B. Los artesanos (1.18-21): Dios destruirá a sus enemigos
C. El agrimensor (2.1-13): Jerusalén será restaurada
D. Josué el sumo sacerdote (3.1-10): Una nación limpiada
E. El candelero (4.1-14): El poder de Dios los capacita
F. El rollo volante (5.1-4): El pecado será juzgado en la tierra
G. La mujer (5.5-11): La maldad llevada a Babilonia
H. Los carros de guerra (6.1-8): Dios controla a las naciones

Coronación del Sacerdote-Rey (6.9-15): El clímax del plan de Dios
será la coronación de Jesucristo como el Sacerdote-Rey. Israel nunca
tuvo un sacerdote-rey; sólo reyes y sacerdotes. Esto puede ser
únicamente un cuadro de Jesucristo.

Interludio: Preguntas respecto a los ayunos (7–8)
(4 de diciembre de 518)

II. Dos oráculos de aclaración (9–14)

A. El primer oráculo (9–11)
 1. La conquista de Alejandro Magno (9.1-8)
  La venida del Mesías (9.9)
 2. Victoria de los macabeos (9.11-17)
  La venida del Mesías (10)
 3. Conquista de Roma (11.1-9)
  La venida del Mesías (11.10-14)
  La venida del anticristo (11.15-17)

B. El segundo oráculo (12–14)
 1. Israel en la tribulación (12.1-9)
  El regreso de Cristo (12.10–13.9)
 2. La batalla del Armagedón (14.1-3)
  El regreso de Cristo (14.4-7)
 3. El establecimiento del Reino (14.8-21)

Notas preliminares a Zacarías

I. El escritor

Zacarías ministró con Hageo durante los difíciles días del regreso a Palestina de cincuenta mil judíos y el reestablecimiento de su ciudad y la adoración en su templo. El remanente volvió en el 536 a.C. y colocó los cimientos del templo en el 535, pero la oposición surgió y la obra se detuvo. En el 520, Dios levantó a Hageo y a Zacarías para estimular a los líderes y al pueblo, y en el 525 terminaron el trabajo. Zacarías fue tanto un profeta como un sacerdote (véase Neh 12.4,16) y por Zacarías 2.4 descubrimos que era joven. Su nombre significa «Jehová recuerda». El nombre de su padre significa «Jehová bendice» y el de su abuelo «Su tiempo». Poniéndolos juntos tenemos «Jehová recuerda bendecir a su tiempo».

II. Tema

Este libro se coloca junto a Daniel en el develamiento del plan de Dios para los judíos. La ciudad de Jerusalén se menciona cuarenta veces en Zacarías. En Zacarías 1.14-17 encontrará los versículos clave del libro: Dios tiene celo por Jerusalén; castigará a los paganos por lo que le han hecho a su ciudad; y un día restaurará a la ciudad a su gloria y paz. El hecho de que Dios ha escogido a Jerusalén en su gracia se menciona a menudo en este libro (1.17; 2.12; 3.2). Tendrá misericordia de la ciudad (1.12) y un día morará en ella (8.3,8).

III. Interpretación

Como con la mayoría de la profecía del AT, debemos distinguir entre los significados inmediatos y lejanos de lo que Zacarías dice. En un versículo describirá la caída de Jerusalén bajo los romanos y en el siguiente la venida del Mesías para reinar. El nombre favorito de Zacarías para Dios es «Jehová de los ejércitos». Ve al Señor viniendo para derrotar a los enemigos de Israel y establecer a Jerusalén en paz y gloria. Interpretar estas magníficas profecías como refiriéndose a la iglesia actual es privarle al libro de significado y poder. Es cierto que hay aplicaciones espirituales para todas las edades, pero la interpretación básica debe ser para la nación judía y Jerusalén.

IV. El libro

Como se verá en el bosquejo sugerido, el libro se divide en tres partes. En los capítulos 1–6 el profeta describe ocho visiones, las cuales resumen el mensaje del libro: Jerusalén será librada, limpiada y reestablecida en paz y prosperidad. La sección concluye con la coronación de Josué como el rey-sacerdote, un cuadro de Jesucristo.

Los capítulos 7-8 se refieren a una visita de algunos judíos para preguntar sobre sus ayunos en conmemoración de la caída de Jerusalén. Este ayuno se realizaba en el quinto mes (2 R 25.8; Jer 52.12). Hay una pregunta: Si Jerusalén va a ser reconstruida, ¿por qué seguir ayunando? Zacarías replica que el ayuno debe ser del corazón y no por el calendario, y promete que en la ciudad glorificada sus ayunos se convertirán en festividades.

La sección final (9-14) es una descripción de Jerusalén y de la victoria de Dios sobre las naciones gentiles. En 9-11 tenemos la primera «carga» y en 12-14 la segunda. Como se ve en el bosquejo, Zacarías trata de la invasión de Alejandro Magno, el tiempo de los macabeos (patriotas judíos que por un breve tiempo libraron a Israel de la opresión), e incluso la caída de Jerusalén ante los romanos. Zacarías también salta a «los últimos días» para mostrarnos la batalla del Armagedón, la venida de Cristo a la tierra y el establecimiento del Reino.

V. Cristo

Zacarías nos muestra a Jesucristo en muchos aspectos de su ministerio: el Rey (9.9; Mt 21.4-5); la Piedra (3.9; 10.4; Ro 9.31-33); el esclavo vendido por treinta piezas de plata (11.12; Mt 27.3-10); el Pastor herido (13.7; Mt 26.21); el Renuevo (3.8; 6.12; véanse Is 4.2; 11.1; Jer 23.5; 33.15); el Rey glorioso (14.1-4,9,16-17).

ZACARÍAS

La ciudad de Jerusalén aparece con frecuencia en las noticias de la actualidad y la gente se pregunta: «¿Cuál es el futuro de esta antigua ciudad? ¿Pueden los judíos retener a Jerusalén? ¿Será atacada de nuevo?» Las respuestas a estas y muchas otras preguntas se hallan en el libro de Zacarías. La ciudad de Jerusalén se menciona cuarenta veces en este libro. En 1.12-17 Dios aclara que Él está en control del destino de la ciudad: «Tendré misericordia. Tengo celo por Jerusalén. Mi casa será edificada. El Señor consolará a Sion y escogerá a Jerusalén».

Zacarías profetizó en un tiempo cuando Jerusalén estaba aún en ruinas. En el 586 los babilonios destruyeron la ciudad y llevaron cautivo al pueblo a Babilonia. En el 536, después de la caída de Babilonia, Ciro permitió a un remanente de judíos regresar a su tierra y en el 535 colocaron los cimientos del templo. Pero el trabajo se detuvo y no fue sino hasta el 520 que los judíos empezaron de nuevo a reconstruir la casa de Dios. Esto sucedió bajo la predicación de Hageo y Zacarías. Pero Zacarías no vio a una nación débil en una ciudad en ruinas; miró a través de los siglos y vio el futuro de la ciudad y la venida del Rey de Jerusalén, el Mesías. Sabía que el templo se reconstruiría (1.16; 4.9; 6.12-14; 8.9). Averigüe en Zacarías los grandes acontecimientos relacionados con la ciudad de Jerusalén.

I. Protegida por el Señor (9.8)

En 9.1-8 el profeta describe la conquista de Alejandro Magno, el general griego. La historia nos cuenta que Alejandro destruyó muchas ciudades, pero no Jerusalén. Amenazó a la ciudad, pero nunca cumplió sus amenazas. Antes de que el general llegara, el sumo sacerdote judío soñó lo que sintió que era de Dios y en el sueño se le dijo que se vistiera con sus atuendos y saliera al encuentro de Alejandro afuera de la ciudad. Con él fueron los sacerdotes con sus túnicas blancas. La escena asombró a Alejandro. Es más, supuso que él también había soñado la misma escena. Alejandro entró a Jerusalén pacíficamente y nunca hizo daño a la gente ni a la ciudad en ninguna manera.

II. Visitada por el Mesías (9.9)

Tal vez Zacarías vio en la visita de Alejandro un pequeño destello anticipado de la venida de Jesucristo a la ciudad santa, porque en el versículo siguiente (9.9) predice la llegada de Cristo a Jerusalén. Esto se cumplió en el «Domingo de Ramos» cuando Jesús entró en la ciudad montado sobre un asno (Mt 21.4-5; Jn 12.12-16). Alejandro traía guerra; Jesús trajo paz. ¿Cómo lo trataron? Zacarías 13.7 nos dice que sería arrestado (Mt 26.31) y herido. Lo vendieron por el precio de un esclavo (Zac 11.12; Mt 27.3-10). El resultado: lo hirieron en la casa de sus amigos (Zac 13.6) y lo traspasaron en la cruz (Zac 12.10). Qué tragedia que la «Ciudad de Paz» rechazara al «Príncipe de Paz» y le crucificara.

III. Destruida por Roma (11.1-14)

Toda la sección es un cuadro gráfico de los últimos días de Jerusalén y su destrucción por parte de los ejércitos romanos, anunciada seiscientos años antes de que ocurriera. Zacarías ve la tierra devastada; oye el alarido de la gente. ¿Qué causó esta tragedia? La infidelidad de los gobernantes (pastores). Los líderes religiosos del pueblo rechazaron la verdad y permitieron la crucifixión de su Mesías. Israel fue «el pueblo de Dios, las ovejas de su prado», pero ahora eran «ovejas de la matanza» (vv. 4,7), destinadas a ser masacradas por Roma. Zacarías muestra aquí al Mesías mientras este usa dos cayados de pastor (Sal 23.4), uno llamado *Gracia* (belleza) y el otro *Ataduras* (unión). Cuando Israel vendió a su Mesías (v. 12), el día de la gracia de Dios estaba a punto de cerrarse para la nación. No permanecería unida en el Señor; se iba a quebrantar a la nación. En el 70 d.C. Roma invadió a Israel y destruyó a Jerusalén. Véase Mateo 23.37-39.

IV. Protegida por el anticristo (11.15-17)

El rebaño de Israel rechazó a su verdadero Pastor y le hirió (13.7), pero aceptó al falso pastor, el «pastor ídolo»: el anticristo. Jesús lo predijo en Juan 5.43. Daniel 9.27 nos dice que después del Arrebatamiento de la Iglesia, el líder de la Europa federada (los diez reinos de Dn 7.7-8) harán un pacto con los judíos para protegerlos durante siete años. Jerusalén tendrá tres años y medio de paz, una falsa paz que será el preludio de tres años y medio de terrible tribulación. Durante esos primeros tres años y medio los dos testigos de Apocalipsis 11.1ss darán el mensaje de Dios; y Apocalipsis 11.4 los relaciona a los dos olivos de Zacarías 4. En los días de Zacarías los dos olivos representaban a Josué el sumo sacerdote y a Zorobabel el gobernador, mediante los cuales el Espíritu obraba. Pero la aplicación final de los dos testigos será en los últimos días.

V. Atacada por los gentiles (12.1-8; 14.1-3)

Jerusalén ha atravesado muchos ataques y desolaciones, pero sigue en pie. Durante los días de la tribulación (los últimos tres años y medio), sólo un tercio de la nación sobrevivirá para entrar en el Reino (Zac 13.8-9). Note que la frase «en aquel día» se repite diecisiete veces en Zacarías 12–14, en relación al Día de Jehová. En 12.1-8 y 14.1-2 vemos a las naciones gentiles reunidas contra Jerusalén. El anticristo entra en Jerusalén, rompe su pacto con los judíos y hace del templo su cuartel general para la adoración mundial. Véanse 2 Tesalonicenses 2 y Apocalipsis 13. Durante la segunda mitad de la tribulación los reyes de la tierra empezarán a reunirse para la gran batalla final, la batalla del Armagedón (Ap 16.12-16; 19.19-21). Note en Zacarías 14.1-2 que Jerusalén en efecto sufre terriblemente en esta batalla antes de que el Señor vuelva para librarla. Algunos maestros remiten este pasaje a la batalla de Gog y Magog, Ezequiel 38–39, pero esto no parece ser lógico. Gog y Magog está en medio de la tribulación. La batalla en Zacarías 14, como

Armagedón, involucra a las naciones gentiles. Aún más, Cristo no regresa después de la batalla de Gog y Magog para librar a Jerusalén, como lo hace en Zacarías 14.4ss.

VI. Librada por Jesucristo (12.9–14.11)

Cuando la batalla esté en su peor momento, Jesús volverá al Monte de los Olivos (14.4). Esto cumplirá la promesa de Hechos 1.11-12. La gloria se apartó de allí (Ez 11.22-23) y volverá desde allí (Ez 43.2). Un terremoto cambiará la topografía del área. Véanse Miqueas 1.4; Nahum 1.5; y nótese Apocalipsis 16.18-19. Sin duda, este cambio hará posible el nuevo paisaje requerido para el templo magnífico de Ezequiel (Ez 40–48), puesto que al presente haría imposible una estructura tan enorme. El valle que se forme también será un camino de escape para los de Jerusalén, pero la victoria final será de Cristo (Ap 19.11-21).

VII. El Señor la limpia y la glorifica (12.10–13.1; 14.9-21)

La nación mirará al que traspasaron (12.10; Jn 19.37; Ap 1.7) y se arrepentirá de sus pecados y se lamentará. Dios abrirá su fuente de gracia y los limpiará de sus pecados. Nótense los grupos específicos de personas que se arrepentirán (12.12-14). David (realeza), Natán (los profetas), Leví (los sacerdotes). A través de la historia de Israel han sido los profetas, los sacerdotes y los reyes los que con frecuencia hicieron descarriar a la nación.

El Renuevo establecerá el templo glorioso (6.12-13) y Cristo el Rey Sacerdote reinará en majestad y paz. «Jerusalén será habitada confiadamente» (14.11) por primera vez en la historia. Las gloriosas aguas de vida fluirán para sanar la tierra (14.8 y Ez 47.1ss). Las naciones gentiles adorarán en Jerusalén (14.16ss) y la santidad caracterizará a la ciudad que Sofonías llamó «inmunda». La limpieza de Zacarías 3 será una realidad y habrá paz en el mundo. «Pedid por la paz de Jerusalén» (Sal 122.6). Porque cuando Jerusalén tenga paz, las naciones tendrán paz.

MALAQUÍAS

Sabemos muy poco respecto a este penúltimo de los profetas del AT (Juan el Bautista fue el último; Mal 3.1 y 4.5-6, con Mt 11.10-15; Mc 1.2; y Lc 1.17). Ministró a la restaurada nación judía alrededor de cuatrocientos años antes de Cristo. Los pecados descritos en este libro se hallan en Nehemías 13.10-30. Malaquías dirige su primer mensaje a los sacerdotes y luego se vuelve al pueblo en general: «De tal pueblo, tal sacerdote». Conforme el profeta entrega la Palabra de Dios, el pueblo responde discutiendo. Nótese la repetición de «¿en qué?» (1.2,6-7; 2.17; 3.7-8,13). Es peligroso cuando el pueblo discute con Dios y trata de defender sus caminos pecaminosos.

Malaquías recalca los terribles pecados del pueblo y de los sacerdotes.

I. Dudaban de su amor (1.1-5)

«Te he amado», dice Dios a su pueblo. «¿Ajá?», respondieron ellos, «¿en qué nos has amado? ¡Demuéstralo!» Dudar del amor de Dios es el principio de la incredulidad y la desobediencia. Eva dudó del amor de Dios y comió del árbol prohibido; pensó que Dios le privaba de algo. Satanás quiere que nos sintamos abandonados por Dios. «Miren a sus circunstancias difíciles», le dijo al remanente judío. «¿Dónde están sus cosechas? ¿Por qué Dios no los cuida?»

Dios demostró su amor a su pueblo de dos maneras: (1) En su gracia escogió a Jacob, su padre, y rechazó a Esaú, quien de muchas maneras era un mejor hombre; y (2) juzgó a los edomitas (los descendientes de Esaú) y le dio a Israel la mejor de las tierras. Le prometió a Israel una tierra que fluía leche y miel, pero, trágicamente, sus pecados contaminaron la tierra. Incluso entonces, Él en su gracia los restauró a su tierra y los libró del cautiverio.

II. Menospreciaban su nombre (1.6-14)

Ahora Dios se vuelve a los sacerdotes, quienes deberían haber sido los líderes espirituales de la tierra. Los sacerdotes no honraban el nombre de Dios; tomaban lo mejor para sí mismos. No valoraban los privilegios espirituales que Dios les dio: servir al altar, quemar incienso y comer del pan consagrado de la proposición. Y no traían lo mejor para los sacrificios: traían lo peor de los animales (cf Dt 15.21). Dios les dio lo mejor y a su vez pedía lo mejor, pero ellos no querían obedecerle.

El versículo 10 debería decir: «¿Quién es lo suficiente espiritual como para cerrar las puertas del templo y acabar con esta hipocresía?» Dios prefería ver el templo cerrado antes que tener al pueblo y a los sacerdotes «jugando a la religión» y guardándose lo mejor para sí mismos. Los sacerdotes ni siquiera aceptaban un sacrificio si antes no recibían su porción. Era esta clase de pecado lo que llevó a la derrota a Israel en los días de Elí (1 S 2.12-17 y

4.1-18). El versículo 11 indica que los gentiles paganos ofrecían mejores sacrificios al Señor que su propio pueblo. Es muy malo que los inconversos sacrifiquen más para su religión que los que conocen de verdad al Señor.

Somos sacerdotes mediante Cristo y nosotros también debemos traerle «sacrificios espirituales» (1 P 2.5). ¿Cuáles son estos sacrificios? Nuestros cuerpos (Ro 12.1-2); nuestras ofrendas (Flp 4.14-18); alabanza (Heb 13.15); buenas obras (Heb 13.16); almas que hemos ganado para Cristo (Ro 15.16). ¿Estamos dándole lo mejor o sólo lo que nos conviene?

III. Profanaban su pacto (2.1-17)

No era cosa liviana ser sacerdote, porque esto era un don de la gracia de Dios mediante su pacto con Leví. Los versículos 5-7 describen al sacerdote ideal: teme al Señor y le obedece; recibe la Palabra y la enseña; vive lo que enseña; procura alejar a otros del pecado. Pero los sacerdotes en los días de Malaquías en realidad hacían descarriar al pueblo (2.8) y profanaban el santo pacto.

¿Qué les haría Dios? «Maldeciré vuestras bendiciones». Esto se relaciona con 3.9 y la falta de diezmos y ofrendas. Dios maldijo las cosechas; el pueblo estaba pobre; no traían las ofrendas a los sacerdotes y por tanto estos padecían hambre. Al pecar contra el pacto de Dios estaban simplemente dañándose a sí mismos. Pero los versículos 10-16 destacan otro terrible pecado de los sacerdotes: se divorciaban de sus esposas judías y se casaban con mujeres paganas. Traicionaban sus mujeres y sus familias; véanse Éxodo 34.10-17, Esdras 9.1-4, Nehemías 13.23-31. Todo su llanto sobre el altar (2.13) no cambiaría las cosas; tenían que dejar sus pecados. Léase el versículo 15 así: «¿No hizo el Señor uno al esposo y la esposa? ¿Para qué? Para que establecieran una familia piadosa». En realidad la liviandad de la nación respecto al divorcio ponía en peligro la promesa de la Simiente, Cristo. Dios aborrece el divorcio; es el rompimiento del pacto entre esposo y esposa y entre ellos y Dios.

IV. Desobedecían su Palabra (3.1-15)

En 2.17 el pueblo preguntó con sorna: «¿Nos castigará Dios por nuestros pecados? ¿Realmente le importa?» Dios responde prometiéndole enviarles a su mensajero (Juan el Bautista), el cual anunciaría al Mensajero del pacto (Jesucristo). Jesús, en efecto, vino al templo y descubrió sus pecados y purificó sus atrios. En su ministerio reveló los pecados de los líderes religiosos, tanto, que ellos al final le crucificaron. Por supuesto, hay una aplicación futura aquí, cuando el Día de Jehová refine a Israel y separe a lo verdadero de lo falso. ¿Por qué Dios no abandona a su pueblo rebelde? El versículo 6 es la respuesta: Él no cambia y debe ser fiel a sus promesas (Lm 3.22).

El pueblo desobedeció a Dios robándole los diezmos y las ofrendas. En realidad, cuando el pueblo de Dios no es fiel en sus ofrendas, no sólo le roban a Dios, sino que se roban a sí mismos. Dios cerró la lluvia y arruinó las cosechas debido al egoísmo de su pueblo. Diezmar, por supuesto, no es «regatear con Dios»; sino que Dios promete bendecir y cuidar a quienes son fieles en su mayordomía (Flp 4.10-19). Dios no está en bancarrota; Él quiere nuestros diezmos y ofrendas como expresiones de nuestra fe y amor. Cuando el amor de un creyente hacia Cristo se enfría, por lo general lo demuestra en el área de la mayordomía. Si cada miembro de la iglesia trajera al Señor lo que le corresponde (el diez por ciento de los ingresos, el diezmo) y luego añadiera las ofrendas (como expresión de gratitud), nuestras iglesias locales tendrían más que suficiente para sus ministerios. Y podrían dar con generosidad a muchos otros buenos ministerios que merecen respaldo.

Malaquías concluye su mensaje con algunas maravillosas promesas a los fieles (3.16–4.6). En esa época había ese fiel remanente que no olvidaba la casa de Dios, pero que se congregaba para bendición (3.16-18; véase Heb 10.25). «Son mis tesoros», dice el Señor. Qué hermoso cuadro del creyente fiel. Las joyas son preciosas y nosotros somos preciosos a los ojos de Dios. Él nos compró con su sangre. Nos está puliendo con pruebas y aflicciones; y un día en gloria brillaremos con belleza y esplendor.

A Cristo se le describe como el Sol de Justicia. Para la Iglesia Él es «la estrella resplandeciente de la mañana» (Ap 22.16; 2.28), porque aparecerá cuando la hora es más oscura y llevará a la Iglesia a su hogar. Pero para Israel Él es el Sol que trae el «Día de Jehová», un día que significará ardor para los perdidos, pero sanidad para los judíos y gentiles salvos. «Elías» en 4.5-6 se refiere a Juan el Bautista (Mt 17.10-13; Mc 9.11-13), pero tiene una referencia también a uno de los dos testigos del que se habla en Apocalipsis 11. La última palabra en nuestra versión castellana del AT es «maldición». Al final del NT leemos: «Y no habrá más maldición» (Ap 22.3). ¿La diferencia? Jesucristo.

9 781418 598938